Paul und Sylvia Botheroyd:
Schottland/Wales/Cornwall – Auf den Spuren von König Artus

Mit zahlreichen Abbildungen

Herausgegeben von Timur Schlender

Inhalt

Einleitung
   Artus: König, Gott und Held   7

Routenbeschreibungen
   Route 1: Südengland und Cornwall 25
   Route 2: Wales 105
   Route 3: Neuengland und Schottland 203

Kommentiertes Ortsverzeichnis 241

Dies ist ein Buch aus dem Literaturkontor Alte Schmiede.

Für ihre großzügige praktische Unterstützung möchten wir uns bei den Mitarbeitern der Touristen-Informations-Zentren, Museen und Stadtbibliotheken der mit König Artus verbundenen Orte Großbritanniens herzlich bedanken.

We should like to thank the staffs of the Tourist Information Centres, Museums and Public Libraries of the places in Great Britain connected with King Arthur for their generous practical assistence.

Sylvia & Paul Botheroyd
Literaturkontor Alte Schmiede

Bildnachweis:
British Tourist Authority: S. 42–43, 226–227, 233 und Karten S. 26–27, S. 106–107 und S. 204–205
Archiv Literaturkontor: S. 34, 54, 55, 88, 89
Paul F. Botheroyd und Brendan-Martin Botheroyd: alle andern Fotos und Karten.

Artus: König, Gott und Held

Wo immer man heute eine Buchhandlung betritt – in England, Frankreich, Italien, der Schweiz, Österreich oder in Deutschland –, überall steht, und das nun auch schon seit längerer Zeit, Marion Zimmer Bradleys Roman *Die Nebel von Avalon* zuvorderst auf der Verkaufstheke. Doch ist dieser Bestseller, der weltweit in die Millionen geht, bis dato nur das letzte allgemein bekannte aus einer langen Reihe von Werken, die von König Artus und seinem Hof handeln. Seit mehr als 800 Jahren ist der Stoff ein Dauerbrenner, der die Basis für Versepen, Romane, Dissertationen, Vorlesungen, lyrische Gedichte, Theaterstücke und Hörspiele, Filme, Opern und Musicals, aber auch Wandgemälde, Bilder, Comics und sogar Ballette samt Sekundärliteratur, Kritiken und Rezensionen abgegeben hat. Wenn die Stadtbibliotheken gleich mehrere Exemplare von Bradleys Roman vorrätig haben und trotzdem lange Wartelisten anlegen müssen, zeigt das nicht nur, daß der Artusstoff den Leser von 1988 wie eh und je zu faszinieren vermag, sondern auch, daß er eine nie gekannte Popularisierung erfahren hat. Weiteste Kreise der Bevölkerung verschlingen den Roman und leben und leiden mit Figuren, die ursprünglich Erzählungen entstammen, die mündlich an die 700 Jahre früher als die niedergeschriebene Form kursierten.

Bradley hat im Grunde nichts anderes getan als alle ihre Vorgänger – Geoffrey of Monmouth, Chrétien de Troyes, Wolfram von Eschenbach, Sir Thomas Malory, Alfred Lord Tennyson, um nur die illustersten Namen zu nennen. Sie erzählt den Stoff auf eine einer gewissen Gesellschaftsschicht entsprechende Art wieder – der persönliche Memoirenstil der weiblichen Hauptfi-

gur eignet sich besonders gut zum engen Kontakt mit einer weiblichen Leserschaft, die sich auf eine anspruchsvolle Art unterhalten möchte – und legt großes Gewicht auf jene Themen und Probleme im Artusgeschehen, von denen sie weiß, daß sich Menschen am Ende des 20. Jh. ohnehin damit beschäftigen. Das Resultat ist ein Artusroman, in dem die sexuelle Revolution und die Frauenemanzipation im Bewußtsein der Protagonistin vorweggenommen werden, sowie auch die Einsicht, daß das Auseinanderdriften von Geist und Materie dem Christentum anzulasten sei und daß die Folgen davon für Mensch und Natur verheerend sein könnten. Tatsächlich klingen solche Themen im Sagenkreis um Artus an und können nach Belieben aktualisiert werden.
Zeitlosigkeit in diesem Sinne ist jedoch nur *ein* Grund, warum im Verlaufe der Jahrhunderte immer neue Versionen der Artusgeschichte entstanden. Die Story ist an und für sich einfach: Der mächtigste König Britanniens macht sich schuldig – bewußt, indem er die Liebesbeziehung seiner Frau, Ginevra, zu seinem besten Ritter und Freund, Lancelot du Lac, duldet; unbewußt, indem er unwissentlich mit seiner Schwester einen Sohn zeugt. Diese beiden Faktoren führen zu seinem Sturz und zum Untergang seines glorreichen Reiches. Komplex wird es aber, wenn es um die menschlichen Beziehungen der Figuren untereinander geht. Artus liebt sowohl seine Gemahlin wie auch seinen Freund von Herzen und möchte keinen von beiden verlieren. Jung und heißblütig, aber doch schon als König, läßt er sich von einer schönen Frau verführen, ohne zu ahnen, daß diese seine Schwester ist, die ihn haßt und im Ehrgeiz den Thron für ihre Nachkommen sichern will. Artus ist aber auch eine öffentliche Figur; als christlicher König sucht er die Werte der römischen Zivilisation zu verteidigen, aber sein Verhältnis zu seinen Rittern, von denen seine Siege über die Barbaren abhängen, ist ein streng persönliches. Ginevra und Lancelot ge-

ben sich Mühe, christliche Moral zu praktizieren, können aber doch nicht ernstlich voneinander lassen, bis die Katastrophe nicht mehr zu vermeiden ist. Der ganze Artushof, offiziell ein Modell christlicher Sittlichkeit, ist mit dieser tragischen Dreiecksgeschichte konfrontiert. Dazu kommt, daß die Artusritter von dem Augenblick an, in dem der Heilige Gral erscheint, nicht mehr als Privatpersonen handeln können. Sie werden zu Geweihten auf göttlicher Suche. Und damit tragen sie, obwohl sie auf ein positives Ziel ausgerichtet sind, zum Untergang des Reiches bei, da sie durch ihre Suche bedingt die Tafelrunde, das Rückgrat von Hof und Reich, aufgeben und sich in alle Winde zerstreuen.

Den Anstrich echt menschlicher Tragik erhält das Ganze dadurch, daß einer am Hof das Ende des Königs, der Tafelrunde und des Reiches im voraus kennt, und, obwohl er dem König treu ergeben ist, keinen Deut daran zu ändern vermag. Merlin, der Magier, der Sohn einer Klosterfrau und eines gefallenen Engels, überschaut das Vergangene und Zukünftige gleichermaßen. Er ist der eigentliche Königsmacher, vom Schicksal dazu ausersehen, die Figur zu schaffen, die Britannien aus dem drohenden Chaos führt und ihm eine zigjährige Friedenszeit beschert; vom gleichen Schicksal, das dann seinem Wirken und demjenigen seines Herrn Einhalt gebietet durch Verzauberung und todesähnlichen Schlaf. Und da beides nicht unwiderruflich ist, schließt es die Hoffnung auf eine Wiederkehr mit ein. So ist die Artussage auch eine Darstellung der grundsätzlichen menschlichen Situation mit ihren Höhen und Tiefen, Hoffnungen, Enttäuschungen, Triumphen, mit Versagen und Schuld, in der sich der Leser jeder Epoche wiedererkennen kann.

Schon im Mittelalter nahm die Artussage ihren festen Platz in der kontinentalen Literatur ein, neben solch prestigebeladenen Stoffen wie den klassischen Sagen und den fränkisch-germanischen Heldenepen. Es scheint allerdings, als habe sie jene an

Popularität sogar noch übertroffen: Einem hübschen Anekdötchen von ca. 1200 nach unterbrach ein kluger Abt seine Abendpredigt, über der die Klosterbrüder sanft schnarchend entschlummert waren, mit dem Hinweis, einst habe es einen König Artus gegeben – schlagartig waren sie alle wach und spitzten die Ohren.

Aufs Festland kam der Artusstoff zuerst durch jene britischen Kelten, die unter dem Druck der Sachsen in die Bretagne ausgewichen waren und ihre mündlichen Überlieferungen mitgebracht hatten. Bald gehörten sie zum Repertoire der fahrenden Sänger und Dichter bzw. der Troubadoure.

Die erste große Niederschrift verdanken wir Chrétien de Troyes (1140–1190), der das Sagenmaterial in die Form des höfischen Epos kleidete und damit einer Oberschicht das Ritterideal propagierte. Er wiederum fand seine Vorlage in Geoffrey of Monmouths *Historia Regum Britanniae* (Geschichte der britischen Könige), einem Geschichtswerk, das in Britannien wie eine Kanonenkugel einschlug und in die Volkssprachen Walisisch, Englisch und Normannisch übersetzt seinen Triumphzug durch Europa antrat. In diesem Werk erscheint Artus nicht nur als britischer Held und König, sondern als ein dem römischen Kaiser ebenbürtiger Herrscher. Seinen Eroberungszug durch Gallien und Oberitalien bricht er vor Rom nur deshalb ab, weil ihn die Nachricht von Mordreds Verrat erreicht.

Chrétien de Troyes' Modellfassung zog auch in Deutschland einen Rattenschwanz von Werken nach sich, aus denen die Artusromane von Hartmann von Aue und Wolfram von Eschenbachs und Gottfried von Straßburgs Epen herausragen.

Diese Autoren haben die Tendenz, das Universale an Artus zu betonen und sein Reich immer mehr von der physischen Geographie abzulösen. Sie sprechen von seinem Stammland als von der »blauen Bretagne« und von seinem Reich als dem »Reich Logres« (an sich nur der walisische Name für England), dessen

Grenzen nie bestimmt werden. In Frankreich und Italien sind typische Märchenschauplätze – der undurchdringliche Forst, die weite Ebene, das Gebirge, die Waldlichtung, die Zelle des Einsiedlers, die einsame Kapelle, die Trutzburg oder die befestigte Stadt – wichtiger als exakte Ortsangaben. Kommen Ortsnamen vor, so lassen sie sich häufig nicht mit realen Städten und Burgen identifizieren, wie im Falle von Corbenic, Sarras oder Carduel.

Das ist anders in Geoffrey of Monmouths Britannien oder im keltischen Material. Hier herrscht das Lokale vor, und bis auf den heutigen Tag ist die Artussage, vor allem in den keltischen Randgebieten von Großbritannien, Cornwall, Wales und Schottland, fest mit der einheimischen Topographie verbunden. Was sie an auffallenden Punkten zu bieten hat – seltsam geformte Berggipfel, scheinbar bodenlose Seen, Höhlen, jäh ansteigende Hügel, freistehende Felsbrocken, aber auch von Menschenhand Geschaffenes, Steinzeitgräber, eisenzeitliche Hügelbefestigungen, Menhire, frühe Kirchen – wird in der Erinnerung der Völker, die da leben, seit Generationen mit Artus in Verbindung gebracht.

Spätestens angesichts dieser über hundert real zu besichtigenden Stätten drängt sich die Frage nach Artus' historischer Fixierbarkeit auf: Wann hat er gelebt? An diesem Punkt ergibt sich scheinbar ein eklatanter Widerspruch, denn seit dem Erscheinen von Geoffrey of Monmouths *Historia* streiten sich die Gelehrten, ob Artus überhaupt eine historische Persönlichkeit sei.

Geoffrey hat ganz korrekt die Quellen seines Werkes angegeben: Ein altes Buch in bretonischer Sprache habe ihm sein Freund, der Erzdiakon Walter of Oxford (gest. 1151), aus der Bretagne mitgebracht. Leider ist bis heute nicht einmal eine Kopie davon aufgetaucht, und seine Zeitgenossen nehmen auch keinen Bezug darauf. Der Historiker William of Newburgh, der zur selben Zeit wie die *Historia* das Licht der Welt erblickte (1136), und Giraldus Cambrensis aus der nächsten Geschichtsschreibergeneration (geb. 1146) nennen sie rundheraus einen »Haufen Lügen«, was prominente Historiker bis auf den heutigen Tag alle paar Generationen wiederholen. Bis vor einigen Jahrzehnten ging die allgemeine Tendenz in der Forschung dahin, Artus als Fantasiegebilde von Geoffrey abzutun. Heute ist, dank der vielen ausgezeichneten Einzelstudien und der immer perfekter arbeitenden Archäologie, ein historischer Artus so gut wie gesichert.

Zweifler machen geltend, daß es keine zeitgenössische historische Dokumentation von Artus gibt. Der Mönch Gildas hält wohl in *De Excidio et Conquestu Britanniae* (Von der Vernichtung und Besiegung Britanniens) die Schlacht am Mount Badon fest, die dem Vordringen der Sachsen auf Jahrzehnte Einhalt gebot, nennt aber den Namen des siegreichen britischen Heerführers nicht. Allerdings ist historische Detailtreue auch nicht sein Anliegen; er verwendet vielmehr all seine Energie darauf, den Mächtigen seiner Zeit Moral zu predigen!

Aber auch Beda Venerabilis (673–735), der u. a. Gildas als Quelle für seine *Historia Ecclesiastica Gentis Anglorum* (Kirchengeschichte des Volkes der Angeln) benutzt, läßt nichts von Artus verlauten. Erst in der *Historia Brittonum*, einem Manuskriptsammelsurium, das mangels eines besseren unter dem Namen »Nennius«, dem des walisischen Herausgebers, zitiert wird, erscheint ein Artus als »dux bellorum«, als Heerführer. Der Text wurde Mitte des 10. Jhs. zusammengestellt; das Material ist jedoch bedeutend älter. Artus wird als Sieger von 12 glorreichen Schlachten gefeiert – die wichtigste ist die von Mount Badon, in der er ganz allein 960 Mann erschlägt – einer Aufzählung, deren Vorlage ein zeitgenössisches walisisches Kampfgedicht gewesen sein könnte. In die gleiche Sammlung gehören die sog. *Annales Cambriae*, die für das Jahr 518 angeben: »Bellum badonis in quo arthur portavit crucem domini nostri jesu christi tribus diebus et tribus noctibus in humeris suis et brittones victores fuerunt«, daß Artus in der Schlacht von Badon drei Tage und drei Nächte das Kreuz unseres Herrn Jesus Christus auf seinen Schultern getragen habe und die Briten Sieger wurden. Für 539 ist die »Schlacht von Camlan« eingetragen, »in welcher Artus und Mordred zu Tode kamen«.

Die historische Situation, in der sich dieser Artus bewegte, sieht in groben Zügen folgendermaßen aus: Nachdem Barbaren die römische Provinz Britannien schon seit den sechziger Jahren des 4. Jahrhunderts regelmäßig heimgesucht hatten und die römischen Truppen um 410 endgültig abgezogen waren, wurde die Insel zu einem Puzzlespiel angelsächsischer, britischer, piktischer, irischer und schottischer Klein- und Kleinststaaten, die in immer wechselnden Konstellationen miteinander in Fehde lagen. Da die Pikten jedoch stetig an Boden gewannen und die Hilfegesuche an den römischen Kaiser kein Gehör fanden – das Römische Reich erlebte die ersten Anstürme der Völkerwanderung –, beschlossen die romanisierten britischen Fürsten, die sich als Erben der römischen Kultur verstanden, Angeln, Juten und Sachsen als Söldner gegen die Pikten anzuwerben.

Nach Beda tat es Vortigern, der walisische Stammeskönig, seinem illustren Schwiegervater, Magnus Maximus, dem Usurpator des Weströmischen Reiches, gleich. Allerdings nur im Kleinformat: Er schwang sich zum »superbus tyrannus«, zum Oberkönig Britanniens, auf – wobei er natürlich mit den anderen Königen, vor allem dem König der Dumnonier, Ambrosius Aurelianus, in Konflikt geriet – und nahm in dieser Position die Germanenanführer Hengist und Horsa gegen die Pikten in Sold. Daß er sich dabei in die blonde Rowenna, Hengists hübsches Töchterlein, verliebt und sie gegen die Grafschaft Kent eingetauscht habe, ist recht romantisch, aber nicht belegt.

Das Bündnis funktionierte anfangs gut, aber nach und nach

setzten sich immer mehr Sachsen im Südosten fest, veranstalteten ihrerseits oder im Verein mit den Pikten Raubzüge und breiteten sich mit Feuer und Schwert immer weiter aus. Die Briten, ihre Sprache und Kultur, wurden, wo sie im Wege standen, vernichtet oder gegen Schottland, Wales und Cornwall abgedrängt, eine Entwicklung, die im 9. Jahrhundert so weit fortgeschritten war, daß die keltischen Völker durch einen breiten angelsächsischen Keil voneinander getrennt waren.
Nur einmal wurden sie empfindlich attackiert, und zwar im frühen 6. Jahrhundert, als Artus am Mount Badon die Sachsen zum Stehen brachte und den Briten einen über Generationen hinweg dauernden Frieden schenkte – die goldene Zeit vor dem endgültigen Zusammenbruch des romanisierten britischen Reiches. Kein Wunder, daß Artus zum strahlenden Helden der Keltenvölker wurde!
Allerdings gibt es auch Stimmen, die sich weniger begeistert über Artus äußern: In den Heiligenlegenden kommt er durchwegs schlecht weg. Caradoc of Llancarfan gibt ihm zwar in seiner *Vita St. Gildae* noch vor Geoffrey of Monmouth den Titel »König«, sagt jedoch von ihm, er sei ein »rex rebellis«, ein Unrechtmäßiger, ein Usurpator. Er schildert, wie Artus Gildas Bruder Hueil, einen rivalisierenden Stammeskönig aus dem Norden, unerbittlich verfolgt und schließlich erschlägt, wofür er nach keltischem Recht an dessen Familie eine Kompensation zahlen muß. Er tut dies auch und damit ist dem Gesetz Genüge getan. Jahre später übernimmt Gildas sogar die Vermittlerrolle zwischen Artus und Melwas, dem König von Somerset, nachdem dieser Ginevra nach Glastonbury entführt hat. Aber verziehen hat er Artus wohl nie – das dürfte der Grund sein, warum er in seinem Werk zwar die Schlacht am Mount Badon erwähnt, den Namen des Siegers aber »vergißt«. Auch Heilige reagieren mitunter recht menschlich!
Die Vita von St. Cadoc aus dem frühen 12. Jahrhundert zeigt,

wie Artus aus jeder Situation Profit zu schlagen sucht. Einem Unterkönig, der drei von Artus' Mannen umgebracht hatte, gewährten die Mönche von Llancarfan siebenjähriges Asyl. Artur verlangte öffentlich dessen Herausgabe, und als dies nichts fruchtete, die höchstmögliche Wiedergutmachung: 300 rotweiße Milchkühe. Aber ein Wunder geschah: Wie die Mönche die Tiere durch eine Furt trieben und Artus' Krieger am andern Ufer gierig danach grapschten, hielten sie nichts in den Händen als trockene Farnkrautbündel. Wenn auch Artus vor Wut fast platzte, so mußte er doch die göttliche Intervention hinnehmen und seine Forderung fallenlassen.

In einer anderen Episode steht Artus als schamloser Lüstling da. Mit zwei seiner Ritter, Kai und Bedivere, beobachtet er, wie ein junges Liebespaar vor dem wutschnaubenden Schwiegervater in spe flieht. Statt aber seine Hilfe anzubieten, hätte Artus das Mädchen viel lieber für sich und muß von seinen beiden Gesellen daran erinnert werden, daß ein rechter Ritter den Bedrängten beizustehen hat, besonders wenn es sich um junge Damen handelt.

Die Biographien von St. Carannog und St. Padarn stellen ihn als überaus habgierigen Zeitgenossen und überdies als Dieb hin. In der ersten Legende stiehlt er St. Carannogs wunderbaren Altar, der auf dem Wasser schwimmen kann, und rückt erst damit heraus, nachdem der Heilige mit seinen Gebeten einen wilden Lindwurm zähmt, dem Artus selbst nicht beikommen konnte. Immerhin überläßt er St. Carannog Land in Somerset, jedoch mit dem Hintergedanken, daß ein Lindwurmbezwinger in seiner Nähe für die Zukunft nützlich sein könnte.

In der zweiten will er just eine prächtige Tunika, das Geschenk des Patriarchen von Jerusalem an St. Padarn, mitgehen lassen; da wird er für den Frevel von der Erde bis zum Kinn verschluckt und muß den Heiligen demütig um Verzeihung bitten, bevor er wieder freigelassen wird.

Heute, da man einsieht, daß Heiligenviten, auch wenn sie viel frommen Schwindel enthalten, historisch nicht wertlos sind, und man sich bemüht, an die kulturelle Situation heranzukommen, die sie widerspiegeln, erscheint es folgerichtig, daß Artus bei der Kirche schlecht angeschrieben war.

Als Heerführer, bei der Verpflegung und Besoldung seiner Truppe, zeigt er gewiß mehr Interesse an den materiellen als an den spirituellen Gütern der Klöster und war wohl nicht zimperlich, wenn es um deren Beschaffung ging. Zudem regierte er nach keltischem Recht, das bei jedem Vergehen eine genau festgelegte Kompensation für die geschädigte Partei vorschrieb, ein System, das unvereinbar war mit dem kirchlichen, wonach Sünden nach der Buße dem Individuum vergeben werden konnten, wofür aber Schenkungen an die Kirche erwartet wurden. Im Streit mit den Mönchen von Llancarfan prallen die beiden Systeme aufeinander, denn in diesem Falle war der König auch noch selbst die geschädigte Partei! Daß Artus in den Heiligenbiographien überall den kürzeren ziehen muß, dürfte auch mit seinem Prestige beim Volk zusammenhängen: Er drohte wohl den Heiligen ernsthaft Konkurrenz zu machen, so daß die frommen Vitenschreiber ein für allemal klarstellen wollten, wem an erster Stelle Ruhm und Ehre gebührte, indem sie den Heiligen die Starrolle gaben.

Ähnlich verhält es sich mit der frühen walisischen Dichtung, die lange als fantastisch und historisch unzuverlässig eingestuft wurde. Wenn Aneirins Gedicht *Y Gododdin* (6. Jh.) mit unverkennbarer Hochachtung dem Kämpfer Gwawrddur bestätigt, er habe die schwarzen Raben auf der Festungsmauer (mit Leichen) gemästet, »...obwohl er nicht Arthur war«, so darf man doch annehmen, daß Artus schon zu dem Zeitpunkt zum sprichwörtlichen Kriegshelden geworden war.

Im fast gleichzeitig entstandenen *Preideu Annwfn*, das Taliesin zugeschrieben wird, unternimmt Artus eine Fahrt in die keltische Anderswelt *Annwn*, um unter großen Opfern den magischen Kessel der Fülle – eine Vorstufe zum Heiligen Gral – in die Welt der Menschen zu bringen. Es genügten also ein paar Jahrzehnte nach seinem Tode, um Artus ganz in die keltische Sagenwelt zu integrieren. Das Dialogfragment zwischen Artus und seinem Torhüter aus dem *Black Book of Carmarthen* (niedergeschrieben ca. 1200) kennt Kai und Bedivere als Artus' wichtigste Gefährten, und in *Kulhwch ac Olwen* aus dem *Mabinogion* der walisischen Sagensammlung schlechthin, die im 11. Jh. zu Pergament gebracht wurde, aber einen Bodensatz ältester keltischer Überlieferungen enthält, haben wir bereits einen König Artus, der hofhält, in den Grundzügen so, wie es dann bei Geoffrey of Monmouth nachzulesen ist.

Diese paar Beispiele dürften genügen, um anzudeuten, daß schon vor Geoffrey eine lebendige keltische Artus-Überlieferung bestand.

Die moderne Archäologie hat zwar bis jetzt noch keinen eindeutig mit Artus identifizierbaren Gegenstand gefunden, etwa einen Becher mit der Aufschrift: »Artus, dux bellorum«, oder eine Münze mit Konterfei nach römischem Vorbild – das Schwert Excalibur wäre natürlich auch nicht übel –, aber sie hat Erhebliches geleistet, um uns ein realistisches Bild vom täglichen Leben in Artus' Britannien zu geben.

Durch den Fund sog. »Tintagel-pottery«, Tonware aus dem Mittelmeer, wissen wir z. B., daß das kornische *Tintagel* tatsächlich im späten 5. und frühen 6. Jh. bewohnt war, und zwar von einer christlich-britischen Gemeinschaft, die römische Lebensart kannte und reich genug war, sich Delikatessen, Wein, Olivenöl, Spezereien zu leisten, die in Amphoren nach Britannien transportiert wurden. Bodenfunde und Gebäudeüberreste ließen auf ein keltisches Kloster schließen, aber da beim Brand von 1983 Dutzende neuer Fundamente zum Vorschein kamen, scheint sich doch der alte Volksglaube zu bestärken, daß Tintagel das Basislager eines mächtigen Königs gewesen sei.

Fest steht, daß ein einflußreicher, romanisierter Keltenfürst zu dieser Zeit auf *Cadbury*, der großen eisenzeitlichen Hügelbefestigung in Somerset, residierte – Cadbury, das seit dem frühen 16. Jh. schriftlich mit *Camelot* identifiziert wurde, von dem aber die mündliche Überlieferung bis in die Namensgebung von jeher behauptete, daß dort »Artus' Palast« gestanden habe. In den Ausgrabungen von 1966–70 kam denn auch u. a. das Fundament einer großen hölzernen Halle zu Tage, vom Typ, wie sie keltische Könige benützten, um hofzuhalten. Aber noch erstaunlicher war die Entdeckung, daß diese eisenzeitliche Hügelbefestigung im letzten Drittel des 5. Jhs. mit großem Aufwand neu befestigt und zu einem Militärlager für 1000 Mann ausgebaut worden war. Cadbury war damit Südbritanniens größte und stärkste Festungsanlage geworden, und es ist durchaus möglich, daß der Sieger vom Mount Badon hier seine Truppen zusammenzog und nach der Schlacht den Sieg in der großen Halle feierte mit Wein, der in Amphoren vom Mittelmeer hergeschafft worden war, denn auch auf Cadbury wurde »Tintagel-pottery« gefunden.

Unfreiwillige Archäologie betrieben 1191 die Mönche der Abtei von *Glastonbury*, Somerset, indem sie die Gebeine von Artus und seiner Gemahlin auf dem alten Friedhof ausgruben und somit den direkten Zusammenhang zwischen König Artus und einem realen topographischen Punkt nachwiesen, denn auf dem Bleikreuz, das im Sargdeckel lag, stand die Inschrift: »HIC IACET SEPULTUS INCLITUS REX ARTURIUS IN INSULA AVALONIA« (Hier liegt der berühmte König Artus auf der Insel Avalon begraben). Weil aber die Buchstabenform die Schreibart des 10. Jhs. verriet, galt der Fund als eine jener Fälschungen, womit sich mittelalterliche Mönche ökonomische und politische Privilegien zu erschleichen pflegten.

Die archäologische Untersuchung des alten Friedhofs in den sechziger Jahren warf ein neues Licht auf die Geschichte, stieß man doch, unweit vom Grabloch der Mönche, auf das Fundament eines nachweislich schon im 10. Jh. verfallenen und daher abgetragenen Mausoleums eines Heiligen. Gleichzeitig fiel auf, daß der Friedhof zum Teil neu aufgeschüttet worden war. Da es heute noch zum Vorrecht der alten keltischen Familien gehört, möglichst nahe bei ihrem Lokalheiligen begraben zu werden, hätte dieser Grabplatz Artus, »dux bellorum«, eindeutig zugestanden. Es ist somit denkbar, daß Artus im Zuge der Friedhofssanierung im 10. Jh. in einen neuen Sarg umgebettet und der im 6. Jh. übliche Grabstein mit Namen durch das Kreuz mit Inschrift ersetzt wurde.

All diese Informationsbruchstücke lassen sich zu einer groben Biographie des historischen Artus zusammensetzen: Geboren wurde er um 470 im Südwesten des seit etwa zwei Generationen von den Römern verlassenen Britanniens, in einer Familie romanisierter Kelten, die sich als Bürger des Römischen Reiches betrachteten. Kaum volljährig, sammelte er Jugendliche aus der gleichen sozialen Schicht um sich und trat mit seiner Söldnerbande in den Dienst verschiedener britischer Kleinkönige, jagte in deren Namen irische Piraten oder zog gegen deren Feinde, wer immer sie waren. Früh machte er sich dabei einen Namen, denn es sieht so aus, als habe ihn Ambrosius Aurelianus, der letzte offizielle General der britischen Armee, persönlich zum Nachfolger bestimmt.

Hauptbestandteil seiner Truppe muß eine gut ausgebildete Kavallerie gewesen sein, anders hätten sich die großen Distanzen zwischen den Kampfplätzen nicht bewältigen lassen. Wichtige Positionen gingen an langerprobte Freunde, wie Kai, Bedivere und Gawain.

Obwohl Artus kein König war, sondern nur »dux bellorum«, besaß er als Oberbefehlshaber der vereinigten Streitkräfte der

britischen Könige mehr Macht als sie alle zusammengenommen, bewahrte sich jedoch seine persönliche Unabhängigkeit.
Er war ein tatkräftiger, überdurchschnittlich begabter, exakt berechnender, skrupelloser Feldherr, der zwölf große Schlachten hintereinander gewann – im Norden gegen Pikten, Schotten, Iren und Sachsen, aber auch gegen mit ihm konkurrierende Territorialfürsten, wie Hueil, Gildas' Bruder; im Süden vor allem gegen die germanischen Stämme und später, in einer Bürgerkriegssituation, gegen seinen jungen Verwandten Mordred. Seinen Feldzügen gab er einen betont christlichen Anstrich, indem er heilige Embleme im Kampf gegen die heidnischen Sachsen mitführte; er gehörte natürlich der keltisch-christlichen Kirche an, aber er wollte sich auch der großzügigen materiellen Unterstützung der Klöster versichern – eine Rechnung, die allerdings nicht ganz aufging.
Als Ausgangsbasis diente ihm eine starke Festung, die auch seiner persönlichen Truppe Raum bot – vieles spricht für Cadbury. Er hielt dort in einer Mischung von keltischer Sitte und römischer Lebensart Hof.
Der Höhepunkt seiner Laufbahn war die Schlacht am Mount Badon, womit er die Sachsen aufhielt, was ihm bei seinen Zeitgenossen nicht nur die Stellung des größten Kriegshelden aller Zeiten sicherte, sondern auch die eines ungekrönten Königs: Schon zu Lebzeiten war er eine Legende.
Kaum hatte der Druck von außen nachgelassen, war es um die Einigkeit der britischen Fürsten geschehen. Ein gewisser Mordred aus Artus' Sippe zettelte eine Rebellion an und scheute nicht vor Bündnissen mit den Erzfeinden, den Pikten und Sachsen, zurück. Die beiden Streitmächte trafen um 540 in der Schlacht von Camlan mit aller Wucht aufeinander – beide Anführer wurden tödlich verwundet. Den sterbenden Artus brachte man an den einzigen Ort, wo eine Heilungschance bestand: zur Insel Avalon, die die Überlieferung mit großem

Nachdruck Glastonbury gleichsetzt, eine einleuchtende Gleichung, wenn man bedenkt, daß Glastonbury, als ehemalige bedeutende keltische Mysterienstätte, druidisches und christliches Wissen vereinte. Aus Prestigegründen – Glastonbury Abbey rühmte sich, von der ältesten Kirche Britanniens, einer Gründung von Joseph von Arimathia, abzustammen – dürfte hier auch Artus' Grab zu suchen sein.

Artus' Tod leitete das Ende der britischen Unabhängigkeit ein; keiner der Territorialfürsten vermochte die anderen unter seine Autorität zu zwingen, um Front gegen die Sachsen zu machen.

Mit einer Nostalgie, die sich über die Jahrhunderte nur noch steigerte, erinnerten sich die Keltenvölker an ihre glorreiche Zeit vor der Herrschaft der Germanen, und später der Normannen, und überhöhten ihren Artus immer mehr, indem sie ihm die Attribute der keltischen Sagenhelden oder auch diejenigen der keltischen und vorkeltischen Götter gaben. Das erklärt, warum Artus z. B. in Cornwall als Riesenbezwinger, in Wales, dem nördlichen England und Schottland sogar selbst als Riese auftritt, und warum Bergspitzen und Hügel, die dem Sonnengott geweiht waren, seinen Namen tragen.

Geoffrey of Monmouth hätte mit der Glorifizierung der britischen Vergangenheit allein – obwohl er darin schwelgte – nie ganz Britannien und den Kontinent so nachhaltig beeindrucken können. Neu war, daß er den Artusstoff für seine Gegenwart aktualisierte, politische und kulturelle Wünsche erfüllte, indem er den normannischen König darauf hinwies, daß er Artus' Erbe übernommen habe, und den normannischen Feudaladel an das Vorbild der britischen Ritter erinnerte. Damit war eine ganze neue Gesellschaftsschicht motiviert, die auch den menschlich-moralischen Problemen im Artuskreis Interesse entgegenbrachte, sich mit dem Stoff zu befassen. Damit leitete er, wie wir wissen, einen weltweiten Prozeß ein, der noch nicht abgeschlossen ist.

Und doch sind uns die Kelten um eine Nasenlänge voraus, denn sie projizieren Artus nicht nur in die Vergangenheit zurück, bis zu den Göttern – sie haben Artus auch für die Zukunft gepachtet, indem sie ihn unsterblich machten. Sie schufen nicht nur den Mythos, daß Artus auf Avalon von seinen Wunden genesen werde, sondern überall im alten Britannien, von Wales bis Schottland, gilt, daß König Artus in einer Höhle, tief im Berg, von seinen Rittern umgeben, seiner und Britanniens Apotheose entgegenschlummere.

Wenn wir uns auf die Spuren von König Artus durch Britannien begeben, haben wir Gelegenheit, Artus auf allen vier Ebenen näherzukommen. Die historische Spur führt zu den britannisch-römischen Städten wie Caerleon und Caerwent in Wales, zu eisenzeitlichen Hügelbefestigungen, die im 5./6. Jh. neu befestigt wurden, zu christlich-keltischen Klosterstätten und den vielen kleinen und großen Museen, die den britischen Alltag zwischen 470 und 540 veranschaulichen. Die Spuren des Artus der keltischen Sagen und der Götterwelt bringen einen in die schönsten, aber oft auch entlegensten Gebiete Britanniens, auf Berggipfel, Hochmoore, zu nachtdunklen Seen, wilden Wäldern, einsamen Menhiren und Steinzeitgräbern. Die Spur zur Gegenwart, zur jeweiligen Aktualisierung des Artusstoffes, schließt natürlich das Vorhergehende mit ein, fügt aber noch u. a. die Anlage von Tintagel, imposante normannische Burgen und Schlösser, und die weitläufigen Ruinen der Abtei von Glastonbury hinzu.

Und die Spur in Artus' Zukunft weist in geheimnisumwitterte Höhlen, Erdspalten und Felswände im ganzen alten britischen Reich, denn die Prophezeiung der Wiederkehr ist überall lebendig: »Artus rex quondam rexque futurus« – der einstige und künftige König!

Mit konventionellem Reisen hat das Folgen von Artus' Spuren wenig gemein; man weiß nie, was einen am nächsten Ort erwar-

tet. Das mit modernsten Mitteln ausgestattete Museum, die steile Berggratwanderung, die beschauliche Besichtigung von Ruinen, das Waten durch feuchte Moorlandschaft, der Einblick in winzige Kirchen, der Fußmarsch zu steinzeitlichen Überresten, der Genuß eines großartigen Panoramas, die Führung durch ein mittelalterliches Schloß, das Herumkriechen in dunklen Höhlen – all das reiht sich in bunter Folge aneinander. Feste Schuhe und vernünftige Allwetterkleidung sind unerläßlich.
Am allerwichtigsten ist jedoch die Einstellung, die nicht die übliche, passive, sein darf. Die keltische Landschaft, die ganze Atmosphäre des Ortes wollen miteinbezogen werden und die Bereitschaft sollte vorhanden sein, sich Artus und die mit ihm verbundenen Gestalten mehr oder weniger konkret vorzustellen, sie aus der Literatur in die Landschaft zu versetzen, kurz, selber ganz persönlich die Aktualisierung des Artusstoffs an Ort und Stelle vorzunehmen.

Route I

Süd-England und Cornwall

Übersichtskarte Route 1.

Anreise: Route 1.

Dünkirchen nach *Ramsgate* (Sally Line); Zeebrugge nach *Dover* (P & O); Oostende nach *Dover* (P & O); Calais nach *Dover* (Hoverspeed, Sea Link und P & O); Boulogne nach *Dover* (Hoverspeed und P & O). Von Dover nach Ramsgate, dem Ausgangspunkt unserer Reise, sind es ca. 30 km.
Vgl. das jährlich von der Britischen Zentrale für Fremdenverkehr, Neue Mainzer Str. 22, 6000 Frankfurt a. M., und der Irischen Fremdenverkehrszentrale, Untermainanlage 7, 6000 Frankfurt a. M., neu herausgegebene Verzeichnis: *Autofähren: Großbritannien und Irland*. Buchungen sind in jedem Reisebüro möglich.

Ramsgate ist mehr als eine praktische Anlegestelle für die Fähre vom Kontinent: In nächster Nähe finden sich Zeugen des politisch-kulturellen Konflikts, der der Artussage zugrunde liegt: der Zusammenprall der zivilisierten romano-keltischen christlichen Briten mit den barbarischen heidnischen Germanenstämmen.

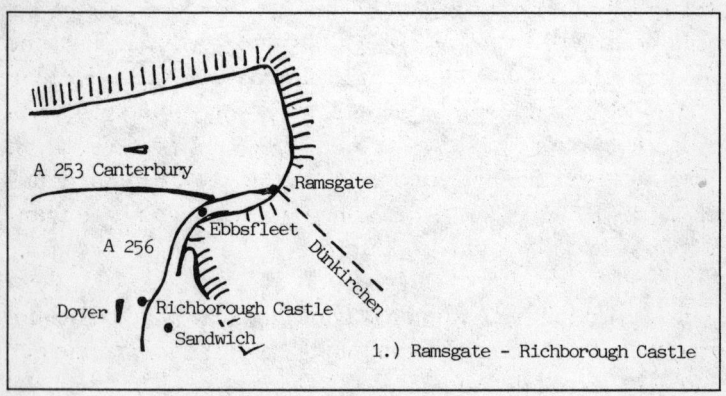

1.) Ramsgate - Richborough Castle

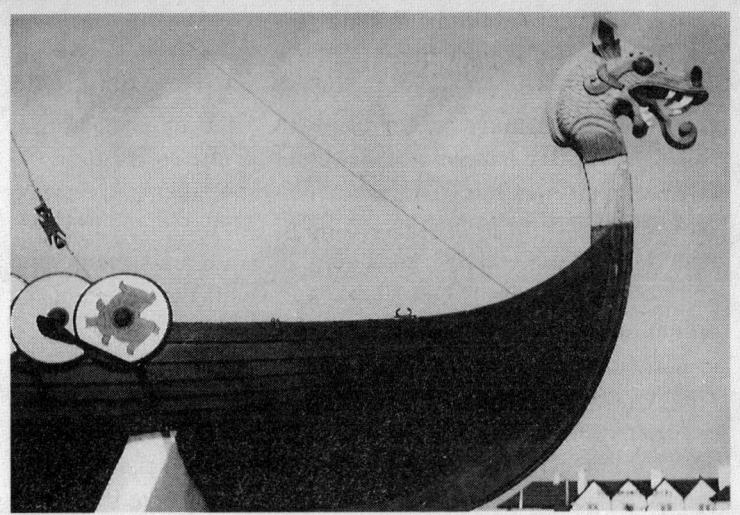

Rekonstruktion des Langbootes von Hengist und Horsa, Ebbsfleet bei Ramsgate.

Im kleinen Ort **Ebbsfleet** ca. 1,5 km sw. fängt die Artusgeschichte im wahrsten Sinne des Wortes an: Beim ehem. Hovercraft-Terminal erinnert die mit einem Drachenkopf geschmückte Rekonstruktion des Langbootes von Hengist und Horsa an die Landung der Sachsen um 450 n. Chr. Nach Geoffrey of Monmouth kamen sie auf Einladung von König Vortigern, dem Usurpator des britischen Oberkönigtums, der sie als Söldner gegen die Pikten einsetzen wollte, ohne zu ahnen, daß er damit dem eigenen gewaltsamen Tod und dem Untergang Britanniens Vorschub leistete...

Zur Illustration des »Roman way of life«: ca. 7 km s. **Richborough Castle**, die massive römische Festung *Rutupiae*, die den Landeplatz von Kaiser Claudius' Legionen (43 n. Chr.) auf über 350 Jahre zur Militärbasis mit Hafen und wichtigsten Verbindung mit Gallien machte. Hier beginnt Wattling Street, die älteste Römerstraße Englands, auf der Truppenverschiebungen via London und Chester bis nach Wales möglich waren. Nach Abzug der Römer übernahmen die Briten Rutupiae in ihre Saxon-Shore-Befestigungslinie. Nebst Wällen und Gräben sind bis zu 7,30 m hohe, 3,65 m breite Mauerfragmente verschiedener Bauabschnitte zu sehen. Gebäudefundamente und ein kleines Museum geben Einblick in das tägliche Leben der Soldaten.

Dover, 20 km s.: Heinrich II. war bei weitem nicht der erste, der den strategischen Wert der Steilklippen über dem Hafen mit der kürzesten Verbindung zum Kontinent erkannte. Für die damalige Unsumme von £6000 ließ er 1168 eine Burg, den Kern der heutigen Festungsanlage von *Dover Castle*, errichten. Südöstlich davon erhebt sich, mitten in einer keltischen Hügelbefestigung, ein römischer Leuchtturm, neben der sächsischen Kirche von St. Mary-in-Castro, die römische Fragmente miteinschließt.

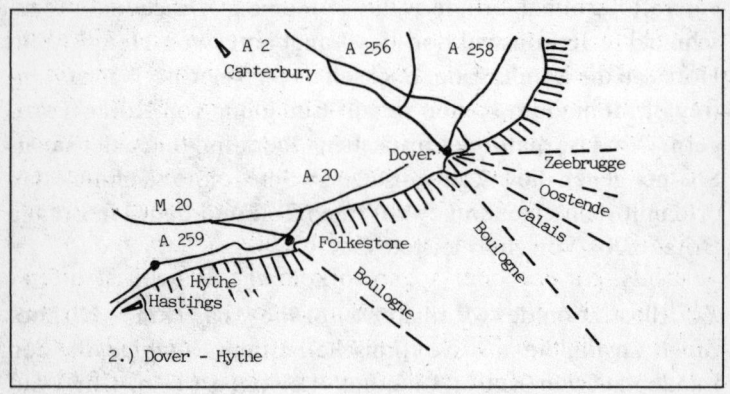

2.) Dover – Hythe

Obwohl **Dover-Castle** zur Zeit des historischen Artus in den Händen der Juten war, ist es in die Artus-Literatur miteinbezogen worden. Diese markante Normannenburg, »der Schlüssel zu England«, mit ihrem politischen Gewicht durfte kulturell nicht übergangen werden.

In Sir Thomas Malorys *Le Morte d'Arthur* (um 1470) findet in Dover der erste Kampf statt zwischen dem aus Frankreich hergeeilten König und Mordred, seinem Neffen, dem Möchtegern-Usurpator des britischen Reiches. Letzterer wird in die Flucht geschlagen, aber Artus verliert viele seiner besten Ritter, darunter Sir Gawain, weil Sir Lancelot du Lac am Kampf nicht teilnimmt. Seit Lancelot im Tumult um Königin Ginevras Errettung vom Scheiterhaufen in Carlisle Gawains unbewaffnete Brüder erschlagen hat, sind die beiden Todfeinde. Zweimal verlangt Gawain, der gefürchtetste Ritter – seine Kampfkraft wächst mit dem Anstieg der Sonne und nimmt erst nach Mittag auf ein menschliches Maß ab –, Genugtuung von Lancelot im Zweikampf. Zweimal gelingt es diesem, Gawan bis nach dem Sonnenhöchststand hinzuhalten und dann mit einem mächtigen Schwertstreich aufs Haupt niederzustrecken; zweimal erholt sich der Held nach längerem Krankenlager. Im Kampf gegen Mordred empfängt er den dritten Schlag auf dieselbe Stelle, die alte Wunde bricht auf und er stirbt am Mittag in den Armen eines verzweifelten Artus. Der König läßt ihn in der *Kapelle* von Dover Castle beisetzen. An diesem Punkt unterbricht Malory die Erzählung mit dem Hinweis, daß dort Gawains Schädel mitsamt der ihm von Lancelot beigebrachten Verletzung noch zu besichtigen sei, was Caxton, sein Drucker, im Vorwort zur Ausgabe von 1485 bestätigt.

Gawains keltische oder sogar vorkeltische Wurzel ist offensichtlich: Seine Vorlage ist der Sonnengott, dessen Kräfte bis Mittag zunehmen. Ein allerletzter Ausläufer des keltischen, aber von viel älteren Völkern übernommenen Kopfkultes, dürfte sich darin zeigen, daß der Schädel eines ehrenhafter im Kampf geschlagenen Gegners an geweihter Stelle zur Schau gestellt wird. Ähnliches findet sich in der Krypta von St. Leonard in **Hythe**, 19 km sw., in der an die 2000 Schädel und 8000 Oberschenkelknochen aufgestapelt sind – kaum ein gewöhnliches mittelalterliches Beinhaus, da die Knochen aus der frühen Eisenzeit stammen! Gawains Schädel ist im Laufe der Zeit abhanden gekommen; die beiden normannischen Kapellen, die obere und die untere, sind jedoch Sehenswürdigkeiten, die von der Atmosphäre her mit den großen mittelalterlichen Artusromanen übereinstimmen.

In der ersten Hälfte des 13. Jhs., als die Artussage schon alle großen europäischen Fürstenhäuser erobert hatte, fügte Heinrich III. *Arthur's Hall*, ein großer Bankettsaal, hinzu, dessen Fundament kürzlich unter dem alten Kasernentrakt an der nö. inneren Wallmauer ausgegraben wurde. Bis ins 16. Jh. stand weiter ö. *Arthur's Gate*, ein Tor mit Ziehbrücke, und etwa an der Stelle des kleinen Buch- und Kartenlädchens *Aula Arthurii Minor*, die kleine Artushalle.

Von Dover über Hastings, Brighton und Chichester nach Portsmouth bzw. Portchester sind es ca. 200 km.

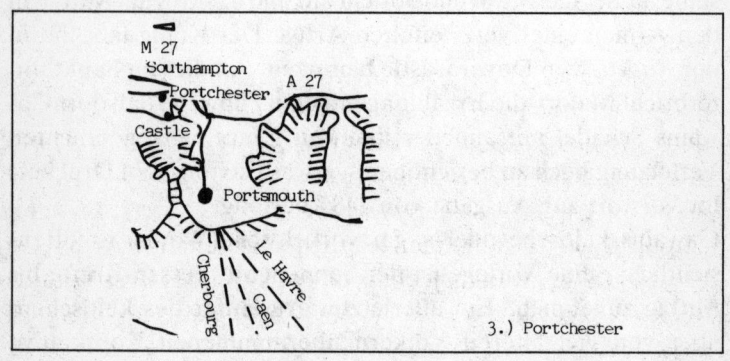

3.) Portchester

Die Römerfeste **Portchester** (spätes 3. Jh.) steht auf dem Scheitelpunkt von **Portsmouth** Harbour, auf der Spitze eines von drei Seiten vom Meer umspülten Landvorsprungs. Die Briten verloren sie um 500 an die Angelsachsen, die sie zu ihrem Stützpunkt machten, bis sie ihnen die Normannen um 1175 abnahmen und an der Nordwestecke einen massiven Turm anbauten. Portchester dürfte mit dem britischen Flottenstützpunkt *Llongborth* = (Kriegs-)Schiffhafen identisch sein, bei dem nach einem walisischen Gedenkgedicht der edle Geraint, die Vorlage zur Geschichte von *Geraint und Enid*, fiel, obwohl ihm »Artus' tapfere Helden« zu Hilfe kamen.

Von Portchester nach Winchester sind es ca. 35 km.

Winchester: Die erste Keltensiedlung am Ufer des Itchen bauten die Römer zur Stadt *Venta Belgarum* aus; die angelsächsischen Könige erhoben ihr Winchester zuerst zur Hauptstadt von Wessex, nach 827 zur Hauptstadt von England. Wilhelm der Eroberer zog London vor, ließ sich vorsichtshalber aber sowohl in London als auch in Winchester zum König krönen.
Heinrich II. (1207–1272), der sich nach seinem Geburtsort »von Winchester« nannte, ließ die prächtige **Great Hall** (Bankett-Gerichts-Versammlungshalle) errichten, das einzige Gebäude, das von Wilhelms Palastkomplex noch übrig ist. Wahrscheinlich ließ er auch den Tisch der Tafelrunde anfertigen, dessen Platte hoch oben an der Giebelwand angebracht ist, denn Radiokarbonmessungen ergaben eine Entstehungszeit zwischen 1250 und 1280.
Eduard I. teilte die Artusbegeisterung seines Vaters. Er war es gewesen, der 1278 in einer feierlichen Zeremonie Artus' Gebeine aus dem zweiten in ein noch großartigeres Grab vor dem Hauptaltar der Abtei von Glastonbury überführen ließ.

»Tisch der Tafelrunde«, Great Hall, Winchester.

König Heinrich VIII. als König Artus, Ausschnitt, »Tisch der Tafelrunde«, Great Hall, Winchester.

Die massive Eichenplatte hat einen Durchmesser von 5,50 m, ist 7 cm stark und wiegt 1,220 t. Ursprünglich stand sie auf 12 festen Beinen und einer starken Mittelstütze.
Malory und Caxton waren davon überzeugt, das Artussche Original vor sich zu haben, den Tisch, den Merlin für Uther Pendragon konstruierte, um jeden Streit um sozialen Vorrang unter den Geladenen zu vermeiden. Uther schenkte ihn König Leodegraunce, und als Mitgift von dessen Tochter Ginevra ging er an seinen Sohn, Artus, zurück. Die Tafelrunde wurde zum Mittelpunkt des Hofes – wie weit sich auch immer die Ritter auf ihren Abenteuern entfernten, hier kamen sie zu den großen kirchlichen Feiertagen wieder zusammen. An dieser Tafel erlebten sie gemeinsam das Erscheinen des Heiligen Grals...
Kein Wunder, daß Malory in Winchester Camelot sah. Heinrich VII., dem ersten Tudor-König, paßte diese Gleichung bestens ins Konzept. Er war Waliser, aber mit einem Schuß Lancaster-Blut von der mütterlichen Seite. Ihm lag nun daran, als Nachfahre der romanisierten Kelten zu gelten und sozusagen als erster legitimer britischer König nach diesen normannischen und sächsischen Usurpatoren gleichermaßen von England und Wales akzeptiert zu werden. Bezeichnenderweise gab er seinem ersten Sohn und Thronfolger den Namen Artus II., womit er auf die keltische Prophezeiung von Artus' Wiederkehr anspielte, und ließ ihn 1486 mit allem Pomp in der Kathedrale über dem einzigartigen romanischen Taufbecken aus Tournai taufen. Artus II. jedoch verstarb jung, und an seine Stelle trat sein Bruder als Heinrich VIII. Er, ein richtiger Malory-Fan, ließ 1522 für den Staatsbesuch von Kaiser Heinrich V. die Tischplatte in den Tudor-Farben Grün-Weiß anstreichen, sein Emblem, die Tudor-Rose, in die Mitte setzen und saß für König Artus' Bild Modell, wofür er sich sogar den Bart wachsen ließ.
Die vierundzwanzig Sitze tragen die Namen der berühmtesten

Artusritter, wie z. B. Lancelots, Gawains, Parzivals, Lionels, Tristans, Bediveres, Kais und natürlich auch Galahads auf dem »Siege Perilous«, dem »gefahrvollen Sitz«.

Von Winchester nach Wimborne Minster sind es ca. 60 km.

Eigentlich müßte man **Badbury Rings**, die eisenzeitliche Hügelbefestigung, ca. 6 km nw. der kleinen Marktstadt **Wimborne Minster**, deren Namen auf die sehenswerte ehemalige Klosterkirche hinweist (eine im 8. Jh. bis nach Deutschland bekannte angelsächsische Gründung – Bonifatius ließ von dort Nachschub an Missionarinnen kommen!), aus der Vogelschau sehen können. Gebüsch in den Gräben und das Wäldchen im innersten Ring erschweren die Sicht auf diese großartige Anlage.
Es kann nicht nur am ähnlich klingenden Namen liegen, daß Badbury Rings mit Mount Badon in Verbindung gebracht worden ist, bzw. mit der Schlacht, in der Artus die Sachsen auf mindestens zwei Generationen zum Stehen brachte und die die *Annales Cambriae* ins Jahr 518 legen. Der Hügel inmitten des wei-

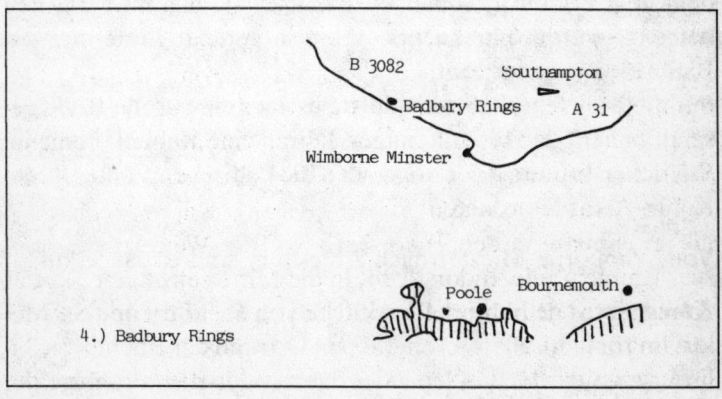

4.) Badbury Rings

ten Kalkplateaus war seit undenklichen Zeiten ein wichtiger Ort: um 3000 v. Chr. befestigten ihn Menschen aus der Neusteinzeit mit dem ersten Wall. 1000 Jahre später begruben Siedler aus der Bronzezeit ihre Toten in runden Grabhügeln an der Westseite des Hügels. Die Bauern vom keltischen Stamm der Durotriges bauten in der Eisenzeit die Festung mit drei weiteren Wällen und Gräben zu dem aus, was bei den Römern »oppidum« hieß. Letztere eroberten Badbury Rings nach 43 v. Chr. und setzten ein Fort in den innersten Ring, in dessen Schutz die Poststation *Vinoclavia* eingerichtet wurde – vier Römerstraßen treffen sich beim Ring –, deren Umrisse sw. noch auszumachen sind.

Mangels archäologischer Untersuchung gibt es keinen Beweis, daß Badbury Rings nach Abzug der Römer von den Briten neu befestigt wurde und im Kampf gegen die Sachsen eine Rolle spielte. Eine erstaunliche Entdeckung gibt jedoch der Identifikation mit »Mons Badonicus« Nahrung: die heidnischen Sachsengräber, von denen die Ebene von Salisbury Plain wimmelt, nehmen in weitem Bogen ö. um Badbury Rings ab; w. davon gibt es kaum welche. Es sieht also so aus, als hätte hier jemand die Sachsen am Vordringen gegen Westen gehindert. Außerdem liegt Cadbury, Somerset, das nachweislich im 5. Jh. neu befestigt wurde, nur knappe 40 km in gerader Linie nw. von Badbury Rings entfernt.

Für die Volksüberlieferung dürfte es aber eine große Rolle gespielt haben, daß bis vor einigen Jahren eine Rabenkolonie im Wäldchen brütete – der Vogel, den die keltischen Völker ihrem König Artus zuordneten!

Von Wimborne Minster nach Amesbury sind es ca. 55 km.

Amesbury: Die heutige Pfarrkirche von St. Mary und St. Melor, im romantischen Avon-Tal, am Ostrand der Ebene von Salisbury, ist das letzte Gebäude, das mit der Klosteranlage der

Benediktinerinnen vom Jahre 980 im Zusammenhang steht. Im 12. und 13. Jh. zogen sich hier Prinzessinnen und Königinnen von der Welt zurück, genau wie Malorys Königin Ginevra, die nach Artus' Tod, zur Buße ihrer sündigen Liebe, den Schleier nimmt. Ihrem Stand entsprechend wird sie sogleich zur Äbtissin befördert. Sir Lancelot sucht sie auf, in der Hoffnung, sie als Gemahlin heimführen zu können, aber sie untersagt ihm jedes Wiedersehen zu Lebzeiten und verweigert ihm brechenden Herzens den Abschiedskuß. Eine tiefe Ohnmacht mildert für beide die Trennung.

Lancelot ist so erschüttert, daß auch er der Welt entsagt, Klosterbruder und nach einiger Zeit Priester wird. Als solcher sieht er Ginevra zum letzten Mal, in Amesbury, auf der Totenbahre, und darf ihr auf himmlische Anweisung hin den letzten Liebesdienst erweisen: Er liest die Totenmesse und überführt die Königin nach Glastonbury, ins Grab ihres Gatten.

Von einem Männerkloster in »Ambrius«, in der Nähe von Salisbury – vermutlich Amesbury – ist bei Geoffrey of Monmouth

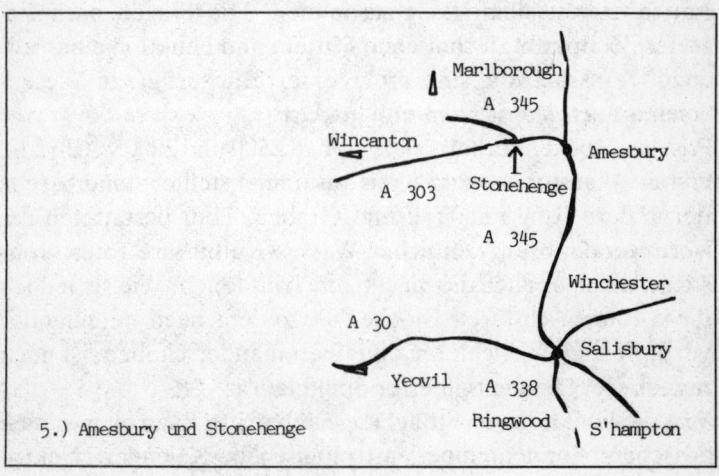

5.) Amesbury und Stonehenge

die Rede; er schreibt die Gründung Aurelius Ambrosius, Uther Pendragons Bruder bzw. Artus' Onkel, zu. Im Mönchsfriedhof werden die 460 von den Sachsen bei der Friedenskonferenz von »Mount Ambrius« ermordeten britischen Edlen begraben. Mit »Mount Ambrius« könnte das große, keltische Fort auf dem Westufer des Avon gemeint sein, das die Römer übernahmen und das nun »Vespasian's Camp« heißt. Es ist anzunehmen, daß der Britenführer Ambrosius Aurelianus diese militärische Einrichtung weiter benützte und daß er hier seine Truppen stationierte, eine Tradition, die das heutige britische Militär weiterführt!

Stonehenge, 3 km w.: Eine halbe Million Besucher aus aller Welt pro Jahr, Hippie- und Popfestivals zeigen an, daß die Anziehungskraft von Englands großartigster Megalith-Anlage trotz Absperrung und Vermarktung größer ist denn je. Sicher hängt die Faszination des heutigen Menschen mit diesen zyklopenhaften Steinblöcken, die auf der weiten, kahlen Hochebene von Salisbury nach geometrischen Figuren angeordnet sind, mit ihrer Rätselhaftigkeit zusammen. Die Fragen nach Erbauer, Zeitpunkt, technischen Mitteln und Funktion einer solchen Konstruktion sind trotz einer Bücherflut zu diesem Thema noch längst nicht voll geklärt.
Als das Glockenbechervolk zwischen 2500 und 2000 v. Chr. die ersten »bluestones« zum Kreis zusammenstellte, stand bereits der äußere Ring mit Wall und Graben. Hier bestatteten die Vertreter der bronzezeitlichen Wessex-Kultur ihre Toten, konstruierten aber auch die mächtigen Trilithonen. Wie sie jedoch diese tonnenschweren Blöcke, die zudem noch miteinander verzapft sind, aufrichteten und übereinanderschoben, ist noch immer Gegenstand wildester Spekulation.
Was die Funktion von Stonehenge anbetrifft, kann man wählen zwischen: Sonnentempel, astrologischem Kalender, Nekro-

pole, Katalysator für kosmische Energie, Observatorium zur Beobachtung der Gestirne, UFO-Landeplatz, Kraftwerk für Erd- und Lebenskräfte, Mysterienstätte der Druiden.

Geoffrey of Monmouth ist um das Wer, Wann, Wie, und Wozu nicht verlegen: Stonehenge ist das Denkmal, das Aurelius Ambrosius mit Merlins Hilfe den Opfern des Massakers von »Mount Ambrius« setzte. Zur Friedenskonferenz erschienen die sächsischen Soldaten je mit einem langen Dolch im Stiefelschaft, und auf ein Wort von Hengist schnitten sie ihren arglosen Nebenmännern die Kehle durch – so kamen 460 britische Edle ums Leben. Sie wurden im Kloster von Ambrius beigesetzt (s. Amesbury).

Merlin wußte von einem steinernen Denkmal; es stand in Irland und hieß »Ring der Riesen«, weil Riesen die Steine dazu, ihrer Heilkraft wegen, in grauer Vorzeit aus Afrika hergebracht hatten. Er schlägt Ambrosius vor, sie herbringen zu lassen. Uther Pendragon leitet die britische Expedition nach Irland, nimmt sogar einen wilden Kampf mit dem irischen König in Kauf, sieht aber bald ein, daß sich diese Riesenblöcke mit der damaligen Technik nicht einmal bewegen, geschweige denn transportieren lassen. Die Briten stehen so ratlos da, daß der Zauberer laut herauslacht. Ihm, mit seinem Geheimwissen, ist es keine Kunst, den Kreis zu zerlegen; die Blöcke werden per Schiff nach England verfrachtet und in derselben Reihenfolge am neuen Ort aufgestellt.

Erstaunlicherweise ließ sich nachweisen, daß die »bluestones« von den walisischen Preseli-Hügeln ca. 220 km nw. von Stonehenge stammen, und daß die großen Sarsenblöcke von den Marborough Downs, immerhin gute 30 km über Land hergeschafft wurden.

Stonehenge.

Salisbury Plain: Die A 303 in Richtung Wincanton, Somerset, führt über die Hochebene von Salisbury, die sich zwischen dem Pewsey-Tal im Norden und Salisbury im Süden über ca. 620 km^2 erstreckt. Außer an wolkenlosen Tagen wirkt sie leicht düster und geheimnisumwittert – ersteres unterstreichen noch die britischen Militärlager und Truppenübungsplätze, letzteres die Dutzende von prähistorischen Hügelbefestigungen, Steinkreisen, Grabhügeln usw., die dort zu finden sind. Hierher verlegt Malory, nicht unpassenderweise, die Schlacht von Camlan, König Artus' letzte Schlacht.

Nach der Niederlage von Dover stellt sich Mordred erneut mit hunderttausend Mann – die Schlacht soll am »Montag nach Trinitatis« stattfinden. Im Traum warnt der tote Sir Gawain Artus vor einem Kampf mit Mordred an diesem Tag und dringt auf Aufschub der Entscheidungsschlacht: Spätestens in einem Monat wird Sir Lancelot mit seinem Heer eintreffen. Artus erkauft den Waffenstillstand, indem er Mordred Cornwall und Kent überläßt. Aber weder Artus noch Mordred trauen einander – beider Instruktionen an die Truppen lauten, daß jedes gegnerische Ziehen der Waffe als Kampfsignal gelten soll. Der Vertrag wird unterzeichnet, die beiden Anführer trinken darauf – da wird ein Ritter von einer Viper in den Fuß gebissen. Automatisch zieht er das Schwert, und schon stürzen die beiden Seiten aufeinander los. Spät abends, nachdem das Schlachtfeld von Toten bedeckt ist, stehen sich Artus und Mordred Auge in Auge gegenüber. Noch einmal warnt Sir Lucan, einer der zwei überlebenden Ritter der Tafelrunde, Artus vergeblich, sich an diesem Tage mit Mordred einzulassen. Der König ist so erbittert über den Verlust seiner Ritter, daß er seinen Neffen und Sohn ersticht, dabei aber selbst tödlich verwundet wird.

Von Amesbury nach Wincanton sind es ca. 50 km.

Cadbury Castle: Zwischen 1966 und 1970 sorgten die Ausgrabungen auf Cadbury Castle, der Hügelbefestigung 8 km sw. von **Wincanton** über dem Dorf South Cadbury, für Schlagzeilen in der britischen Presse. Der Nachweis war erbracht worden, daß die in der Neusteinzeit angelegte, in der Eisenzeit auf vier Wälle und Gräben ausgebaute Festung ca. 400 Jahre, nachdem sie die Römer gestürmt hatten, noch einmal mit großem Aufwand wiederbefestigt worden war. Zwar fehlt der Beweis, daß es sich dabei, wie es die Volksüberlieferung will, um König Artus' Hof Camelot handelt; die Hügelbefestigung, in die Einblick genommen wurde, entspricht derjenigen eines mächtigen Heerführers des 5./6. Jhs. vom Typ des historischen Artus.
John Leland, Bibliothekar und Altertumsforscher Heinrichs VIII., veröffentlichte 1542 als erster die Gleichung Cadbury Castle = Camelot. Im Volksmund hieß der höchste Punkt der Festung seit Jahrhunderten »Artus' Palast«, und ebenso lange kursieren Sagen von König Artus: Er schläft im Hügel hinter eisernen bzw. goldenen Gitterstäben; zu Vollmond reitet er mit seinen Begleitern um den Hügel und tränkt die Pferde im »Artusquell«, der noch immer am Fuß der Festung, links vom Aufstieg zu den Wällen, ein Wässerlein sprudeln läßt; er führt die

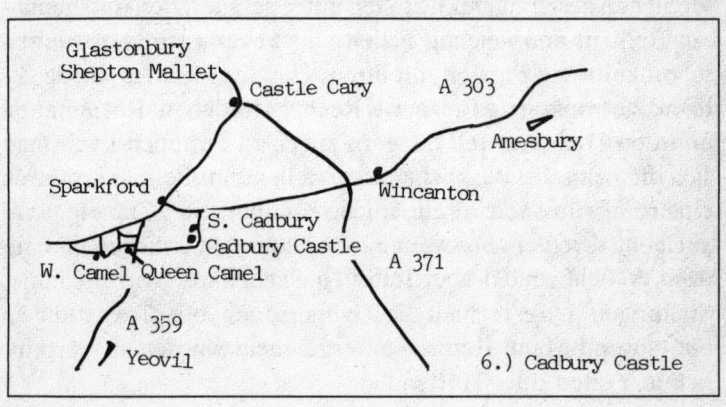

Wilde Jagd an und donnert über den Causeway, eine alte Straße, in Richtung Glastonbury.

Obwohl nur ein Sechstel des ca. 5 ha großen Geländes freigelegt werden konnte – das Projekt war zeitlich und finanziell begrenzt –, übertrafen die Funde alle Erwartungen. In den Pilot-Grabungen von 1950 war Tintagel-Tonware zum Vorschein gekommen; demnach mußte sich ein begüterter britischer Fürst auf Cadbury niedergelassen haben. Jetzt zeigte es sich, daß er den innersten, eisenzeitlichen Wall mit einem ca. 6 m breiten Holzgerüst aus Pfählen hatte aufstocken lassen, worein Schutt und Gesteinsbrocken gepackt worden waren. Eine Trockensteinmauer verstärkte das Ganze und ein hölzerner Wehrgang schloß es oben ab; ein hölzerner Wachturm nach römischem Vorbild bewachte das Festungstor.

Auf »Arthur's Palace« kamen die Fundamente einer ca. 20 m × 10 m großen Halle zutage: Löcher für Holzpfosten, die Flechtwerkwänden Halt gaben, waren in regelmäßigen Abständen in den Kalkfels gebohrt. Eine Flechtwerkwand trennte einen kleinen Raum von der Haupthalle ab, in der sich eine große Feuerstelle befand. Vermutlich war das Gebäude mit Riet oder Stroh gedeckt. In solchen, oft mit gewebten, gemusterten Wollwandteppichen geschmückten Hallen unter geschnitzten und bemalten Balken, auf weichen Fellen ums Feuer gruppiert, hielten schon keltische Fürsten mit ihrem Gefolge Hof. Es wurde gefeiert, getrunken und gespeist, Recht gesprochen, Rat gehalten und den Dichtern und Sängern zugehört. Ähnlich kann man sich die britische Wirklichkeit vorstellen, nur bereichert durch eine römische und eine christliche Komponente. Camelot wird auch ein Kirchlein besessen haben außer den üblichen Gebäuden: Vorhalle, Küche, Toiletten, Scheune, Vorratsräume, Stallungen. Ungerechnet die Zivilpersonen, bot die Festung an die tausend Mann Raum – untergebracht wurden sie vermutlich in Zelten oder Hütten.

Aufstieg zum Cadbury Castle.

Mögen auch manchen von uns die Türmchen und Zinnen und sonstiges gotisches Beiwerk der stolzen Steinburg Camelot in den mittelalterlichen Artusromanen ans Herz gewachsen sein – sie sind eine literarische Erfindung im Zuge der Aktualisierung des Artusstoffes, wenigstens 600 Jahre nach der Zeit des historischen Artus.

Auch wenn die archäologischen Grabungen wieder zugeschüttet werden mußten und die freigelegten Mauern wieder überwachsen sind, bleiben die mächtigen Wälle und Gräben um den steilen, ca. 150 m hohen Hügel mit der großartigen Aussicht über halb Somerset noch beeindruckend genug. Weil keine Details vorhanden sind, entsteht ein Raum, in dem jeder seine eigenen Vorstellungen von Cadbury-Camelot entwickeln kann.

River Cam: Das Flüßlein Cam fließt ö. von Sparkford unter der A 303 durch und weiter durch die Dörfer Queen Camel und West Camel in den Yeo. An sich nicht der Rede wert, stützt sich auf seinen Namen und die Nähe zu Cadbury Castle die Theorie, daß auf dem Ostufer die Schlacht von Camlan stattgefunden haben könnte. Vor langer Zeit kamen in einem Feld zwischen dem Westabhang des Cadbury-Hügels und dem Cam eine Anzahl verscharrter Skelette zum Vorschein, vermutlich aus einem Massengrab.

Von Sparkford nach Glastonbury sind es ca. 30 km.

Glastonbury in Somerset führt ein Doppelleben: einerseits das ganz normale eines 7000-Seelen-Marktstädtchens mit Leichtindustrie im 20. Jh., andererseits das undefinierbar-wunderbare eines Ortes, der seit Jahrtausenden als geheiligt gilt – eines Wallfahrtsortes. An der Quelle, die in einem sorgfältig gepflegten Garten unter dem Namen **»Chalice-Well«** (»Kelch-Quelle«) erhalten ist, verehrten die ersten Siedler aus der

Steinzeit die kosmische Muttergöttin; die keltischen Druiden entwickelten und lehrten hier ihr Wissen in einem großen Studienzentrum; die erste Marienkirche Britanniens wirkte als Magnet für die keltischen und britischen Christen, genauso wie die prächtige Abtei sächsischen Ursprungs für diejenigen des Mittelalters; noch immer pilgern englische Katholiken zur »Our Lady of Glastonbury« in der Magdalene Street; und in unserem Jahrhundert ist Glastonbury zum Zentrum der englischen New-Age-Bewegung geworden.

Am Ortseingang heißt eine Tafel den Besucher in »Glastonbury, der Insel von Avalon« willkommen. Die Topographie liefert die Erklärung zu »Insel«: Glastonbury liegt auf und zwischen einer Hügelgruppe, die unvermittelt aus dem Flachland aufsteigt. Die drei prominentesten Hügel sind der etwas birnenförmige **Tor**, der gerundete **Chalice Hill** und der langgestreckte **Wearyall Hill**. Das heute trockengelegte Moorland darum herum war sumpfig oder sogar, wenigstens stellenweise, ganz vom Wasser bedeckt, was die bei Godney und Meare (westlich) gefundenen keltischen Siedlungen der La-Tène-Zeit

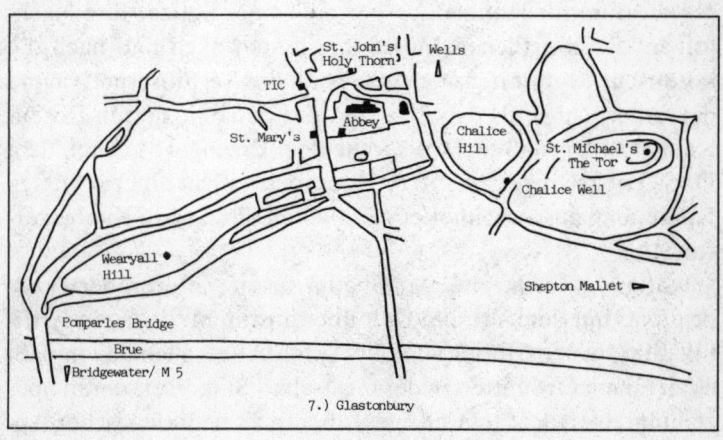

7.) Glastonbury

anzeigen, die zum Schutz gegen Nässe auf künstlichen Holz- und Ton-Plattformen angelegt worden waren.
Zuweilen kann man heute noch erleben, wie der Nebel aus den feuchten Gebieten emporwallt, so daß nur noch der **Tor** mit dem mittelalterlichen Kirchturm auf der Spitze daraus hervorragt; andererseits ist der Rundblick von diesem Punkt an klaren Tagen einzigartig. Es ist mehr als nur wahrscheinlich, daß die Steinzeitmenschen den Tor, von dem die Sage geht, er sei hohl und habe einen geheimen Verbindungsgang zur Abtei, nicht nur als Sitz, sondern als Manifestation der Muttergöttin ansahen, die den Menschen das Leben schenkt und sie im Tode wieder zu sich nimmt, um sie wiederzugebären. Die Spirallinie, die sich den Hügel hinanzieht, von der sogar langsam die konventionellen Archäologen überzeugt sind, daß sie von Menschenhand geschaffen ist und ins 5. bzw. 4. Jh. v. Chr. gehört, paßt zu ihrem Kult, da sie die Erdschlange bzw. den Drachen, d. h. die Erdenergien, symbolisiert. Die Kelten sahen im Tor den Eingang zur »Anderswelt«, über die der Gott Gwyn ap Nudd residiert, der unter christlichem Einfluß zum Herrscher übers Feenland herabsank. Die Druiden unterhielten wohl ein Observatorium für Himmelskörper auf seiner Spitze. Ihre Nachfolger, die christlichen Mönche, kannten nach und nach die kosmische Mutter nur noch in Gestalt der Verführerin Eva und die Erdschlange als den Drachen des personifizierten Bösen. Kein Wunder, daß sie ihre Kirche dem Erzengel Michael, dem Drachenbezwinger, weihten. Es entbehrt nicht einer gewissen Ironie, daß ausgerechnet ein Erdbeben diese erste Kirche zerstörte!
»Avalon« ist u. a. als »Apfelbaumgarten« interpretiert worden, was mit dem ältesten Kult übereinstimmt, denn ein Attribut der Großen Mutter war der Apfel. Abgesehen davon paßt es zu einem Ort mitten in der Grafschaft Somerset, deren Spezialität der »cider«, ein süffiger, aber recht heimtückischer Ap-

Glastonbury Tor.

felwein, ist. Glastonbury war aber auch unter dem Namen »Ynys-Witrin« (Glas-Insel) bekannt, was auf das keltische Paradies und Totenreich Bezug nahm.
Nur folgerichtig, daß der tödlich verwundete Artus nach der Schlacht von Camlan zur Heilung auf die Insel Avalon gebracht wird. In Morgan le Fay und der Dame vom See lebt die Erinnerung an die Große Mutter weiter; und sowohl die Druiden als auch die christlichen Mönche waren bewandert im Gebrauch natürlicher Heilmittel, die schon manchen von der Schwelle des Totenreichs zurückgeholt hatten.
Im *Preideu Annwfn* (s. Einführung) holt Artus den »Kessel der Fülle« aus Annwn, der Anderswelt, wo Gwyn ap Nudd herrscht – es ist anzunehmen, daß sich die britischen Kelten darunter den realen Tor vorstellten. Jedenfalls existiert die Verbindung im 6. Jh., denn in der Vita von St. Collen kommt es

zu einer Konfrontation zwischen dem Heiligen und Gwyn ap Nudd in Glastonbury (Tor). Der Heilige hatte sich eine Einsiedelei an dessen Flanke gebaut und wird vom Herrn der Anderswelt zu einem Fest genötigt. St. Collen erklimmt den Hügel, nicht ohne vorsichtshalber ein Fläschchen Weihwasser eingesteckt zu haben, findet den Eingang zur Anderswelt und steht in Gwyn ap Nudds prächtigem Palast, wo ihn alle Freuden der Erde erwarten. Statt mitzuspeisen spritzt er sein Weihwasser um sich: auf einen Schlag wird es stockdunkel, der Palast verschwindet, St. Collen ist plötzlich wieder auf dem Tor.
St. Collens Heiligenbiographie erweckt den Anschein, als ob sich Christen- und Heidentum in getrennten Welten bewegt hätten: Die alten Konzepte blieben jedoch, sie wurden nur mit neuen Inhalten gefüllt. Die Überlieferung, wonach der Gral nach Glastonbury kam, das bereits den »Kessel der Fülle« kannte, ist ein Musterbeispiel dafür: Um 15 v. Chr. soll ein Joseph von Arimathia auf einer Inspektionsreise im Zusammenhang mit dem Zinnhandel zwischen dem Mittelmeergebiet und Britannien in Glastonbury Station gemacht haben. Er brachte seinen Neffen, einen halbwüchsigen Jungen, mit, der 18 Jahre später als Jesus von Nazareth von sich reden machen sollte. Joseph war der »reiche Mann« des Matthäus-Evangeliums, der sich persönlich um die Bestattung des toten Christus kümmerte. Nach der Auferstehung soll er lange Jahre von den Römern eingekerkert worden sein, bis ihm mit elf Gefährten die Flucht gelang und er nach langer Seereise am *Wearyall Hill* landete. Reste einer römischen Verladestelle sind dort gefunden worden. Von Joseph heißt es, er habe, am Ziel angelangt, seinen Wanderstab in die Erde gesteckt, der darauf zu grünen und zu blühen begann und auf Jahrhunderte zu Glastonburys Wundern gehörte, da er jeweils an Weihnachten blühte, bis ihn ein fanatischer Puritaner abhackte. Ableger davon zeigen dieselbe Eigenschaft; eine Analyse ergab, daß der »Dorn« zu einer Gattung gehört, die ursprünglich aus Syrien stammt.

Joseph brachte als Reliquie ein Fläschchen mit dem Blut und Schweiß Christi mit. Später glaubte man, er habe auch die Schale des Abendmahls oder den Abendmahlskelch mitgebracht und ihn vor seinem Tod unter *Chalice Hill* vergraben. So erklärten sich die Christen die »Blutfarbe« des eisenhaltigen Wassers, das zu Heilzwecken benützt wurde.

Die Große Mutter, »Schale allen Lebens«, der druidisch-keltische »Kessel der Fülle« und der Abendmahlskelch vermachten ihre Eigenschaften dem Artusschen Gral.

Wenn Malory Lancelot du Lac sein Leben als Einsiedler bei Glastonbury beschließen läßt, so ist anzunehmen, daß er sich die Einsiedelei im Tälchen zwischen Tor und Chalice Hill vorstellte, da sicher ein christlicher Einsiedler den vorchristlichen Hüter der Quelle abgelöst hatte.

Die wichtigste frühchristliche Einrichtung entstand w. vom Tor und Chalice Hill, auf dem Gelände der heutigen **Abtei**, deren Ruinen vornehmlich aus dem 12.–15. Jh. stammen. Joseph von Arimathia und seine Gefährten erhielten von König Arviragus, der vermutlich auf Cadbury Castle residierte, ein Stück Land zugewiesen, worauf sie zu Ehren der Mutter Gottes eine kleine Kirche aus Flechtwerk errichteten. Als dieser Schrein mitsamt der übrigen Abtei am 25. Mai 1184 in Flammen aufging, war das eine furchtbare Katastrophe. Der Madonnenkult war in Glastonbury zwar stark genug verankert, aber der Primatsanspruch, den die Abtei allen anderen Kirchen des Landes gegenüber als älteste Gründung in Britannien geltend machte, stand auf wackeligen Füßen, da nun der Beweis fehlte.

Nichtsdestotrotz ist es bezeichnend, daß als erstes die »Lady Chapel« an der Stelle des ältesten Kirchleins wieder aufgebaut wurde.

Die Abtei als solche soll auf die Initiative zweier im 2. Jh. von Rom zur Remissionierung gesandten Bischöfe zurückgehen, die heidnische Überlieferungen endgültig zum Verschwinden

James C. Archer: »*König Artus' Tod*«, City of Manchester Art Gallery.

bringen sollten. Neben Westminster entwickelte sie sich zur reichsten und mächtigsten Abtei des Landes, nicht zuletzt wegen dem historischen Artus, der die Sachsen so lange vom Westen Englands ferngehalten hatte, daß sie nun, Mitte des 7. Jh., nicht mehr als Plünderer und Kirchenschänder, sondern als christliche Schirmherren der Abtei von Glastonbury auftraten.

Artus' Besuch in Glastonbury erfolgt in Caradoc of Llancarfans Vita von St. Gildas (s. Einführung) aus einem ganz unforcierten, plausiblen Grund: Melwas, der König vom Sommerland, entführt Ginevra und hält sie auf dem Tor gefangen, wo, notabene, Spuren einer keltischen Festung nebst Tintagel-Tonware gefunden wurden. St. Gildas, der Artus persönlich kennt, fungiert als Unterhändler und bekommt Ginevra, statt, wie Artus möchte, mit Waffengewalt, auf diplomatischem Wege frei. Artus und Melwas versöhnen sich in der Marienkirche und bedenken das Kloster gebührend. Obwohl dieser Geschichte mit ihren Anklängen an Annwn viel Symbolgehalt beigemessen wird – Melwas als Herr des Totenreiches, Ginevra in der Rolle der Proserpina –, scheint sie in ihrer Einfachheit vor allem Tatsachen zu schildern.

Schon früh besuchten irische, walisische, kontinentale Heilige die Abtei, um zu lehren; mit der Zeit erhoben die Mönche den Anspruch, nicht nur Reliquien, sondern die Gräber von St. Patrick, St. Brigid, St. David, St. Dunstan, St. Benignus, St. Columba, St. Gildas, von Joseph von Arimathia, nebst den sächsischen Königen und ihren Bischöfen zu besitzen, so daß der Pilgerstrom nie abriß. Ein Teil davon war schlichter Schwindel; man wünschte sich die Gräber aus Prestigegründen, und man »fand« sie auch.

Es ist erstaunlich, daß König Artus' letzte Ruhestätte erst Ende des 12. Jhs., einem Jahrhundert der keltischen Renaissance (s. Geoffrey of Monmouth) und 7 Jahre nach dem Großbrand der Abtei entdeckt wurde. Es ist zu einseitig, den Fund als Fälschung der Mönche abzutun (s. Einleitung). Heinrich II. ließ sie wissen, sie sollten im alten Mönchsfriedhof »zwischen zwei Pyramiden« graben, und er wiederum hatte den Wink von einem walisischen Barden erhalten. Zu der Zeit bereitete es Heinrich II. große Mühe, die Waliser, die voll des Wiederkehrglaubens an Artus waren, ruhig zu halten, so daß ihm der Beweis, daß Artus tot und begraben auf Glastonburys Friedhof liege, mehr als gelegen kam.

Der walisische Kleriker Giraldus Cambrensis (1146–1220), der die Verhältnisse in Wales bestens kannte – gipfelte doch seine eigene, stürmische Karriere darin, daß er wegen Unterstützung einer Rebellion gegen Heinrich II. eingesperrt und des Landes verwiesen wurde –, kam 1191, ein Jahr nach der Ausgrabung, nach Glastonbury. Der Abt persönlich schilderte ihm alle Details – Artus' Schädel habe neun Vernarbungen und ein offenes Loch aufgewiesen, sein Schienbeinknochen habe denjenigen des größten Mönches um drei Fingerbreit überragt –, und Giraldus befragte noch weitere Augenzeugen, bevor er seinen Bericht schrieb.

Als Gegenbeweis zu den britischen Fabeleien habe man König Artus' und seiner Gemahlin Gebeine in einer ausgehöhlten Eiche in großer Tiefe gefunden. Eine blonde Haarflechte der Königin sei beim voreiligen Zugriff eines Mönches zu Staub zerfallen. Ein Bleikreuz habe die Inschrift freigegeben: »HIC IACET SEPULTUS INCLITUS REX ARTURIUS (CUM WENNEVERIA UXORE SUA SECUNDA) IN INSULA AVALONIA« (Hier liegt der berühmte König Artus [mit seiner zweiten Frau Ginevra] auf der Insel Avalon begraben), wobei der eingeklammerte Teil ein späterer Zusatz sein dürfte, denn das Kreuz, das bis ins 18. Jh. erhalten blieb und von dem eine Zeichnung existiert, kannte ihn nicht. Artus und Ginevra wurden in die Marienkirche überführt, ruhten dort aber keine 100 Jahre, denn Eduard I. ließ 1278 das Grab noch einmal öffnen und die sterblichen Reste des großen Königs und seiner Königin in ein prunkvolles Grab vor dem Hochaltar der Abtei verlegen. Eine Tafel bezeichnet heute die Stelle im ehemaligen Chor, während jeder Hinweis auf das ursprüngliche Grab, s. der Lady Chapel mit ihrem prächtigen, romanischen Südeingang, fehlt. Immerhin bestätigen die archäologischen Grabungen der sechziger Jahre die Darstellung der Mönche (s. Einführung); ein sehr altes Grab war an dieser Stelle gefunden worden.

Die letzte Überlieferung, die Artus mit Glastonbury verknüpft, erscheint erst im 14. Jh. auf Papier. Sie betrifft die Brücke »**Pomparles**« = »Pons Perilis«, die gefährliche Brücke – an sich eine folgerichtige Vorstellung, denn erst wenn man die Brücke über den Brue sw. von Glastonbury überschreitet, befindet man sich auf der Insel Avalon, der Insel der »Anderswelt«. Die Gefahr ist groß, daß es von da kein Zurück mehr gibt, außer natürlich für den Helden Artus, der die heilende Seite dieser Welt zu spüren bekommen soll. Von der Brücke schleudert er Excalibur ins Wasser, bzw. überträgt es, wie bei Malory, Sir Bedivere, worauf eine Hand an einem Arm aus den Wellen taucht, das Schwert ergreift und wieder ins Wasser verschwindet. Es dürfte sich dabei um die »Dame vom See« handeln, die dem jungen Artus das Schwert Excalibur schenkte und ihm damit seine Lebensaufgabe übertrug. So schließt sich der Kreis zu Glastonburys frühesten Überlieferungen, denn »die Dame vom See« ist ein Teilaspekt der Großen Mutter, den die Kelten noch als Göttin des tiefen Wassers kannten.

Von Glastonbury nach Exeter sind es ca. 84 km.

Blackingstone Rock: In den Ausläufern des Dartmoors, ca. 17 km sw. von **Exeter,** liegt der mächtige Blackingstone Rock wie ein vorsintflutliches Ungeheuer im Heidekraut. Das Sträßchen nach Heltor zweigt links ca. 3 km vor Moretonhampstead von der B 3212 ab, steigt steil bis auf über 300 m, um ebenso steil abzufallen. Rechts befindet sich der riesige, von Wind und Wetter bearbeitete Brocken, von dem die Sage geht, daß hier König Artus und der Teufel aneinandergeraten seien.

Von Moretonhampstead über Tavistock nach Liskeard bzw. Bodmin sind es ca. 63 bzw. 74 km.

Zwar ist das **Bodmin-Moor** im Dreieck *Liskeard-Bodmin-Camelford* kleiner und weniger bekannt als das zwischen Exeter und Plymouth gelegene Dartmoor, aber durch die großen Wasserflächen der Reservoirs wirkt es noch einsamer und melancholischer. Das Moor und die kleinen Dörfer an dessen Rande sind Fundgruben prähistorischer und historischer Überreste; seine Unwegsamkeit hat manche keltische Überlieferung geschützt, inklusive der Artusschen.

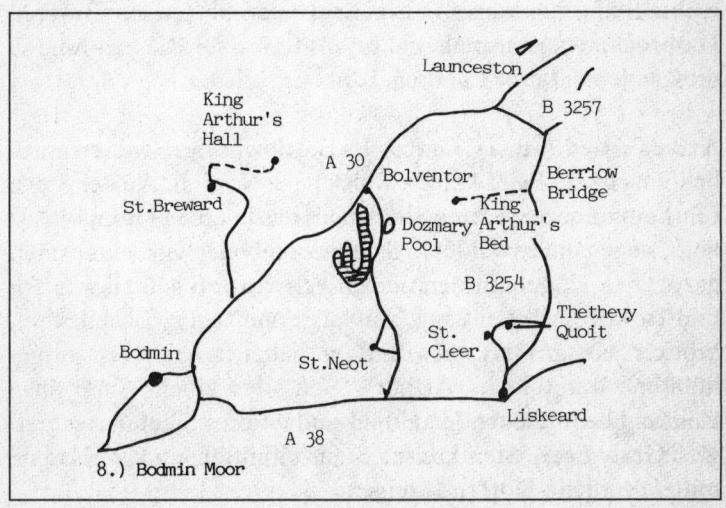

Hermann de Tournai, der 1146 die Geschichte der Madonna von Laon aufzeichnete, erwähnt, daß 1113 neun Kanoniker aus Laon, zur finanziellen Unterstützung des Wiederaufbaus ihrer abgebrannten Kathedrale, mit Reliquien durch Südengland gezogen seien. Zwischen Exeter und Bodmin habe man ihnen bedeutet, daß sie nun »das Land von Artus« betreten hätten, und ihnen zwei Felsvorsprünge mit den Namen »Arthur's Seat« (Artus' Sitz) und »Arthur's Oven« (Artus' Ofen) gezeigt. Keiner der beiden ist heute noch bekannt.

Dafür sitzt ca. 1 km ö. vom hübschen Dorf St. Cleer in den Vorhügeln des Moors (am einfachsten über die B 3254 erreichbar) der **Trethevy** bzw. **Arthur's Quoit**, das eindrückliche Skelett eines Kammergrabs aus dem 2. Jh. v. Chr. Sieben mächtige Blöcke tragen einen tonnenschweren Deckstein, den eigentlichen »Quoit«, und bilden so eine Grabkammer, die ursprünglich von einem Erdhügel bedeckt war. »Quoits« sind in dem gleichnamigen alten Spiel Wurfringe, womit man versucht, aufrechte Stäbe zu »fangen«. Ein Artus, der mit tonnenschweren Felsbrocken herumspielt, gehört ins Reich der Riesen – was zu dieser elementaren Landschaft paßt.

Arthur's Bed (Artus' Grab): In Berriowbridge, weiter nördlich, macht die B 3254 einen Knick nach Norden. An der Stelle führt ein unbezeichnetes Sträßchen, das in einen Fußpfad ausläuft, gegen die bewaldeten Smallacoombe Downs, einen langgezogenen Hügel mit den beiden Felsvorsprüngen Hawks Tor und Trewortha Tor entlang. Auf letzterem liegt zwischen Steinbrocken ein großer, verwitterter, vielleicht künstlich ausgehöhlter Granitblock, Arthur's Bed, der einem Sarkophag gleicht. Die umliegenden Hügel sind ältestes Siedlungsgebiet, was Grabhügel, Steinkreise, Steinzeithütten und verlassene mittelalterliche Dörfer anzeigen.

Von der A 30 in Richtung S. führt ein unbezeichnetes Sträßchen am Jamaica Inn im Weiler Bolventor, einem ehemaligen berüchtigten Schmugglernest, gegen den Colliford Lake, einem großen Wasserreservoir. Es lenkt etwas vom links in den Hügeln auf 275 m Höhe gelegenen **Dozmary Pool** ab, der sein überschüssiges Wasser zu ihm herunterschickt. Auch im besten Wetter liegt über diesem See inmitten der kahlen Landschaft etwas Brütendes. Bis 1859, als er bis auf sein schlammiges Bett austrocknete, hieß es, er sei bodenlos. Hier hinein soll Sir Bedivere nach der Schlacht von Camlan König Artus' Schwert Excalibur geworfen haben. Von der Atmosphäre her ein passender Ort!

King Arthur's Hall (König Artus' Halle) bzw. **Hunting Lodge** (Jagdhaus) lohnt, wenn man das einsame, ursprüngliche Moor kennenlernen will. Man biegt von der A 30 Richtung Bodmin rechts nach St. Breward ab. Von der Kirche am oberen Dorfende führt ein Fußweg Richtung Garrow Downs, über denen die Felsbrüche von Garrow Tor wachen. Am Hügelhang davor stößt man auf King Arthur's Hall, eine 90 cm tiefe, 18 m × 11 m große, mit Granitplatten ausgelegte Grube. Ein mittelalterliches Wasserreservoir? Ein rituelles Bad aus der Steinzeit? Ein Viehpferch? Auch hier sind Spuren frühester Besiedlung. Die Bodenwelle weiter nö. heißt »King Arthur's Downs«, und die Volksüberlieferung nennt die künstlich oder auch nur durch Verwitterung gehöhlten Steine, die hier herumliegen, »Arthur's Troughs« (Tröge) und behauptet, er habe daraus seine Hunde gefüttert.

In der Vorläuferin der heutigen St. Petrockirche in **Bodmin** kam es 1113 zu einem wüsten Krawall. Die Domherren von Laon (s. Bodmin-Moor) hatten die Erlaubnis erhalten, ihre wundertätigen Reliquien in der Kirche auszustellen, und viele

Kranke, die auf Heilung hofften, strömten herzu. Ein Mann mit einem verkrüppelten Arm kam dabei mit einem der geistlichen Herren ins Gespräch und verlieh seiner Überzeugung Ausdruck, daß König Artus noch lebe. Darauf machten die Franzosen den Fehler, diesen Glauben ins Lächerliche zu ziehen – und im Nu hatten sich zwei Parteien gebildet, die in der Kirche mit den Fäusten aufeinander losgingen. Hermann de Tournai war diese Art zu argumentieren von den Bretonen bekannt, die auf diese Weise ihren Wiederkehrglauben an Artus gegen die Franzosen verteidigten. Trocken fügt er hinzu, daß der verkrüppelte Arm keinerlei Heilung zeigte.

Von Bodmin nach Fowey sind es ca. 20 km.

In **Fowey** und Umgebung ist die zweite berühmte Dreiecksbeziehung des Artuszyklus angesiedelt, die Erzählung von Tristan und Isolde und König Mark von Cornwall, dem zweiten gekrönten Haupt und betrogenen Ehemann. Die Geschichte, wie König Marks Sohn/Neffe für seinen Vater/Onkel um die Hand der schönen Isolde von Irland wirbt und wie die beiden in hoffnungsloser Liebe zueinander entbrennen, weil sie versehentlich den für Mark und Isolde bestimmten Liebestrank trinken, ist an sich die ältere und dürfte sogar als Vorlage für Artus-Ginevra-Lancelot du Lac gedient haben. Erst bei Malory um 1470 wird sie zum festen Bestand des Artus-Romans.
Kurz vor Ortseingang, an der A 3082, steht links auf einem Sockel ein über 2 m hoher, schlanker Stein, der **Tristan Stone**, an dessen Spitze ein Stück fehlt. Eine kaum entzifferbare Inschrift lautet: »DRUSTANUS HIC IACET CUNOMORI FILIUS«, »Hier liegt Drustanus, Sohn des Cunomorus«.
Cunomorus ist der romanisierte Kelte Cynvawr, ein Zeitgenosse Artus' aus dem frühen 6. Jh. und König von Dumnonien, zu dem Cornwall gehörte. Im 9. Jh. gibt ein bretonisches Manu-

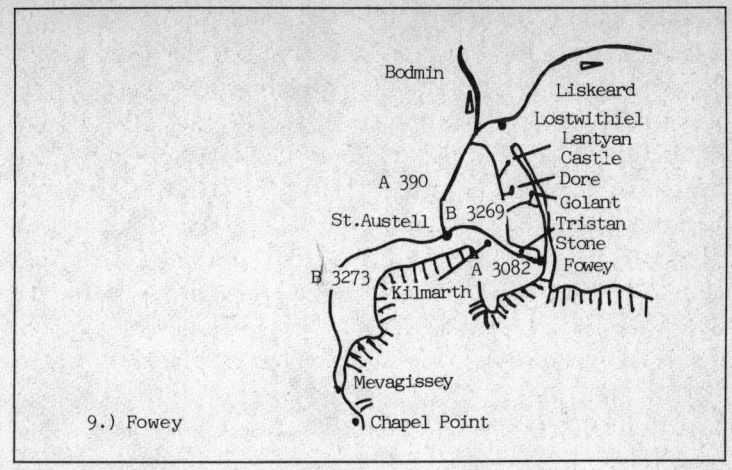

skript ganz selbstverständlich seinen zweiten Namen mit »Mark« an. Drustanus ist die latinisierte Form von »Tristan«. 4 km nw. von Fowey an der B 3269 schließen zwei Wälle und Gräben die große eisenzeitliche Hügelbefestigung von **Castle Dore** ein, der Überlieferung nach König Marks Residenz. Heute ist sie wieder überwachsen, aber in den dreißiger Jahren wurde sie archäologisch untersucht. Wie Cadbury Castle, Somerset, wurde auch sie im 5.–7. Jh. neu befestigt. Sie umfaßt eine 27 m × 12 m große Banketthalle mit einer offenen Feuerstelle und einer Vorhalle für Gäste und Fremde. Es entspricht der historisch-kulturellen Wirklichkeit, sich den harfenspielenden Tristan zu Füßen seiner angebeteten Isolde in einem Holz-und-Flechtwerk-Gebäude vorzustellen, dessen mächtige Dachbalken unter dem Strohdach längs der ganzen Halle einer doppelten Stütze von Holzpfosten bedurften. Zwei Nebengebäude und der Grundriß einer ovalen Hütte kamen noch zum Vorschein, nebst einem Stück Straße mit Kopfsteinpflaster – ein Luxus in nachrömischer Zeit.

Tristan Stone, Fowey.

Das heutige **Kilmarth**, 2,5 km sw., erinnert daran, daß dort einmal »Marks Kirchlein« gestanden hatte; er soll sich auf seine alten Tage als Einsiedler von der Welt zurückgezogen haben.

Von der B 3269 geht rechts ein Sträßchen ab nach **Golant**, ca. 1,5 km ö., am Fowey, über dem auf einem Hügel **St. Sampsons** schmuckes Kirchlein aus dem frühen 16. Jh. thront. Der Heilige, ein Zeitgenosse von Artus und Mark, war ein eifriger, erfolgreicher Missionar mit Verbindungen zu Irland, Wales, England und Frankreich. Er gründete hier ein Kloster für die Einheimischen, bevor er seinen Weg nach der Bretagne fortsetzte, wo er um 560 als Bischof in Dol verstarb.
Der anglo-normannische Verfasser des ersten Tristan-Versromans, Beroul, schildert die Versöhnung von Mark und Isolde in der Klosterkirche von Golant: Mark nimmt seine Gattin, die mit ihrem Geliebten in die Wälder geflohen ist, um endlich ihrer Liebe zu leben, in allen Ehren wieder auf. Isolde reitet, umjubelt von einer Menschenmenge, »auf einer gepflasterten Straße« zu St. Sampson, wo sie die hohen kirchlichen Würdenträger in vollem Ornat erwarten. Zum Dank beschenkt sie das Kloster mit einer kostbaren, juwelenbesetzten Seidenrobe, die zu einem Meßgewand umgearbeitet wird. Nur am Gründungstag des Klosters wird es in Gebrauch genommen, so daß Beroul versichern kann, daß es sich 600 Jahre später noch immer in der Kirche befinde.

Beroul gibt den Namen von König Marks Residenz nicht mit »Castle Dore« an, sondern mit »Lancien«: noch heute existiert der Weiler **Lantyn** in einem abgeschiedenen Tälchen s. von Lostwithiel, mit dem schon im *Doomsday Book* registrierten Gutshof Lantyan Manor. Nach Familienüberlieferung der Bewohner des jetzigen Bauernhofs steht ihre uralte Scheune auf den Grundmauern von König Marks Palast.

Chapel Point: Tristan's Leap (Tristans Sprung). Eine romantische und sicher viel spätere Episode bringt Tristan zum Chapel Point zwischen Mevagissey und Gorran Haven auf der Westseite von St. Austell Bay. Hoch über den Klippen soll eine Kapelle gestanden haben. Tristan, der schließlich von König Mark wegen seiner Affäre mit Isolde zum Tode verurteilt wird, bittet auf dem Weg zum Richtplatz darum, in der Kapelle beten zu dürfen, nur um durch das Fenster die Felsen hinunter zu springen. Er übersteht nicht nur den Sprung, sondern rettet auch Isolde vor dem Scheiterhaufen.

Von Fowey nach Truro sind es ca. 37 km.

Eine moralisch nicht ganz einwandfreie Geschichte ist bei Beroul nachzulesen. Sie betrifft Tristan und Isolde und ist mit **Malpass** s. von **Truro** verknüpft. Tristan ist zwar von Marks Hof verbannt worden und König und Königin haben sich feierlich in der St.-Sampson-Kirche in Golant versöhnt. Dennoch setzen die Barone dem König so lange zu, bis er einwilligt, Isol-

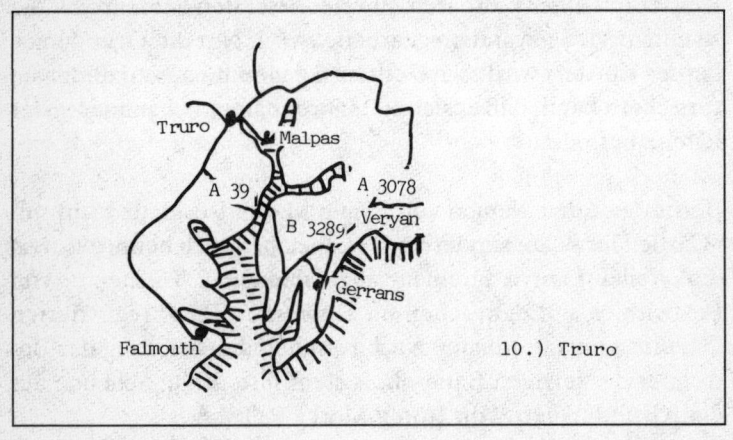

10.) Truro

des Treue durch ein Gottesgericht unter Beweis zu stellen. Isolde erklärt sich damit einverstanden, macht es aber davon abhängig, daß es in Blanchelande, auf dem anderen Flußufer stattfinden müsse. In aller Eile läßt sie Tristan wissen, daß er sie als Aussätziger verkleidet am Malpass-Ufer erwarten soll, wohl wissend, daß jeder einen Aussätzigen meiden würde. Wie Isolde am Fluß erscheint – sie hat es fertiggebracht, ihr Gefolge loszuwerden –, trägt er sie huckepack über die Furt. So kann Isolde, ohne meineidig zu werden, vor versammeltem Hof schwören, kein Mann, außer ihrem Gatten und eben diesem aussätzigen Bettler, sei je zwischen ihren Beinen gewesen...

Das Dorf **Gerrans** auf der langen, gespaltenen Landzunge, die sich ö. von *Falmouth* ins Meer erstreckt, soll nach dem Artusritter Geraint aus der Episode »Geraint und Enid« heißen. Aus krankhafter Liebe quält er sein ihn liebendes Eheweib Enid, die alle Schikanen sanftmütig über sich ergehen läßt, so lange, bis er sich endlich von ihrer Treue überzeugt hat.
Mehrere »Geraints«, die Könige von Dumnonien waren, könnten für diese literarische Figur Modell gestanden haben. Einer, den ein Gedicht mit Artus in Verbindung bringt, starb vor »Llongbort« (s. Portchester). Die um Falmouth verbreitete Überlieferung besagt, daß er nach seinem Tod in einem goldenen Boot auf die andere Seite von Gerrans Bay gebracht worden sei, um unter einem großen Grabhügel zur letzten Ruhe gebettet zu werden.
Ein solcher befindet sich ö. der prähistorischen Festung von Veryan Castle; als er Mitte des 19. Jhs. geöffnet wurde, kam eine Feuerbestattung zum Vorschein.

Von Truro nach Helston sind es ca. 27 km.

Loe/Looe Pool sw. von **Helston** ist eigentlich eine Lagune. Bis im 13. Jh. eine Sand- und Kiesbank den Zugang zum Meer endgültig abriegelte, war Helston am Nordende des in Sumpfgebiet auslaufenden Sees eine Hafenstadt. Als Alfred Lord Tennyson sein langes Gedicht »The Passing of Arthur« schrieb, schwebte ihm wohl Loe Pool als Schauplatz vor. Sein Sir Bedivere bringt Artus nach der letzten Schlacht zu einer Kapelle auf einem engen Landstreifen zwischen Meer und See. Als er auf Artus' Befehl Excalibur hineinwerfen soll, bringt er es nicht über sich, das kostbare Schwert zu versenken. Er versteckt es, aber Artus schickt ihn noch einmal los. Diesmal geht er unentschlossen auf der Sandbank hin und her und »zählt gedankenverloren die taugen Kiesel«. Erst beim drittenmal tut er, wie ihm geheißen. Das Schwert hat noch nicht die Wasseroberfläche berührt, da ergreift es eine Hand in einem kostbaren Seidenbrokatärmel, schwingt es dreimal in der Luft und verschwindet mit ihm in der Tiefe des Sees.

Von Helston nach Marazion sind es ca. 15 km.

Trocknen Fußes ist **St. Michael's Mount** von *Marazion* nur über einen flachen Damm bei Ebbe erreichbar. Der von Quarzadern durchzogene Granitfels war in vorchristlicher Zeit ein Sonnenheiligtum; Ende des 5. Jhs. wurde er berühmt durch die Erscheinung des Erzengels Michael. In der Zwischenzeit, berichten Sagen, sei er der Wohnsitz von Riesen gewesen. Obwohl das ehemalige Benediktinerkloster auf seiner Spitze, das nun schon über 300 Jahre im Besitz der Familie St. Aubin ist, wie der Prototyp des romantischen Artusschlosses aussieht, haben Berg und Burg nur am Rande mit dem Artuszyklus zu tun. Die Stätte, wo die Artusabenteuer nach Geoffrey of Monmouth stattfinden, ist das französische Gegenstück: Mont St. Michèle in der Normandie. Auf der Strafexpedition gegen den

St. Michael's Mount, Marazion.

römischen Kaiser erschlägt dort Artus in Begleitung von Sir Kay und Sir Bedivere einen widerlichen Riesen.
Auf St. Michael's Mount besorgt das »Jack-the-Giant-Killer«, ein tapferer junger Mann aus Cornwall, der dem Riesen Cormoran den Garaus macht. Und doch lebt König Artus in dieser Landschaft, denn die kornischen Kelten glaubten, er sei vom Schlachtfeld von Camlan als Rabe davon geflogen. Diese Version von Artus' Ende muß auch einmal auf dem Kontinent bekannt gewesen sein, denn der Spanier Cervantes erwähnt sie in seinem *Don Quixote*. Für Marazion ist belegt, daß ein alter Dorfbewohner noch im 18. Jh. aus diesem Grund einen jungen Sportschützen anpfiff, der zum Spaß auf Raben schoß.
Für die Kelten war der Rabe seit jeher tabu – einerseits war er der Vogel des schon vorkeltischen Gottes Bran, anderseits bedeutet der Name selbst »Rabe«, so daß er vermutlich in Rabengestalt verehrt wurde. Rabendarstellungen gehören nicht

selten zu keltischen Funden. Im walisischen *Mabinogion* kommt der göttliche Held und König von Britannien, Bran »the blessed« (der Gesegnete) vor, der so riesenhaft ist, daß er in kein Haus paßt. Es ist schon ein seltsamer Zufall, daß der Riese, den Jack tötet, »Cormoran« heißt, gleichlautend wie Kormoran, Seerabe (engl. »cormorant«). Ob das ein letzter Anklang an den Riesen Bran und seinen schwarzen Rabenvogel ist? Auf Artus werden verschiedene von Brans Qualitäten übertragen: wie *er* ist er König von ganz Britannien, wie *er* steht er mit der Anderswelt und dem magischen Kessel in Verbindung, wie sein Haupt (s. Tower, London) schläft er im Hügel bis zu seiner Wiederkehr.

Am Fuße von St. Michael's Mount fand Jahrhunderte lang ein großer Jahrmarkt statt: Berouls Einsiedler Ogrin, dem sich Isolde anvertraut, nachdem die Wirkung des Liebestranks nachgelassen hat, ersteht da für die Königin prächtige Gewänder und einen Zelter. Als praktischer, welterfahrener Mann weiß er, daß Isolde in erster Linie attraktiv aussehen muß, soll die Versöhnung mit ihrem Gatten gelingen.

Einst war die ganze Mount's Bay Festland: Fossile Bäume, z. B. Buchen noch mit Bucheckern an den Zweigen, sind aus dem seichten Wasser vor Marazion gefischt worden. Der kornische Name für St. Michael's Mount bedeutet denn auch »Alter Fels-im-Wald«. Siedlungsüberreste vom Steinzeitwerkzeug bis zum behauenen Baustein kamen immer wieder zum Vorschein. In diesem Gebiet vermutet man das verlorene Königreich Lyoness, das sich bis zu den Scilly Islands erstreckte (s. Scilly Islands). Nach Artus' Tod soll es in den Wellen versunken sein.

Von Marazion nach Penzance sind es ca. 5 km.

Auch wenn **Penzance**, außer durch die Merlinsche Prophezeiung, keine direkte Beziehung zur Artussage hat, eignet sich das Städtchen doch hervorragend als Basis für ein paar Tage zum Erforschen der Land's-End-Halbinsel. Es ist hübsch gelegen, Unterkunft ist kein Problem und TIC ist auch vorhanden. Man kann von dort aus auf dem kürzesten Wege alle Artusorte erreichen, wobei sich das interessante hügelige Hinterland voller prähistorischer und historischer Überreste, wie z. B. das eisenzeitliche, also keltische Dorf von *Chysauster* bzw. die große Hügelbefestigung von *Castle-an-Dinas* mitnehmen läßt. Penzance ist außerdem der Fähr-, Flug- und Helikopter-Hafen für die Scilly Islands.

Ein Erlebnis ganz besonderer Art ist es, die 46 km von Penzance zu den **Scilly Islands** hinauszufliegen, denn aus der Luft wird erst richtig deutlich, daß diese hundert Inseln und Inselchen einst untereinander und mit dem Festland zusammenhingen.

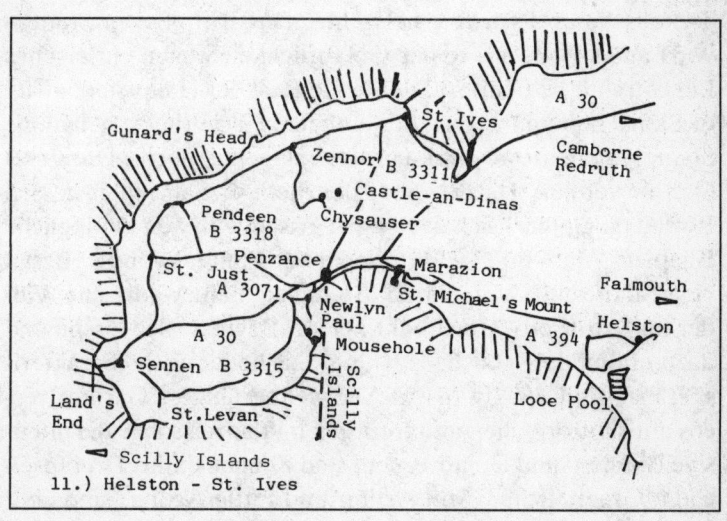

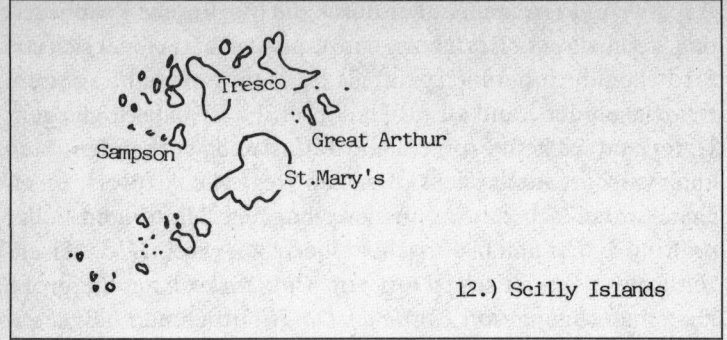

12.) Scilly Islands

Die Farbskala von Hellblau über Türkis zum Dunkelblau verrät, wo sich Hügel und Täler auf dem Meeresboden befinden; die ehemaligen Berggipfel bilden die heutigen Inseln, von denen 5 bewohnt sind. Auf St. Mary's, der größten, liegt die »Hauptstadt« Hugh Town, mit ihren ca. 1800 Einwohnern. Schon seit langem gilt die Annahme, daß es sich bei dem versunkenen Land um das Königreich Lyonesse handelt, worüber Tristans Vater als König herrschte. Das Riff »Seven Stones« vor Land's End, das seiner Gefährlichkeit wegen ein eigenes Leuchtschiff bedient, soll der letzte Rest der Hauptstadt »City of Lions« sein: immer wieder brachten Fischernetze behauene Steine, Säulenreste und Fensterfragmente hoch. Die Insel Samson verdankt ihren Namen dem heiligen Samson, in dessen Kirche (s. Golant) sich das wegen Tristan entzweite königliche Ehepaar, Mark und Isolde, wieder versöhnte. Lyonesse besaß viele Städte und Dörfer und 140 Kirchen, tiefe, wildreiche Wälder (s. Marazion), fruchtbare Felder, Bäche voller Fische und dazu ein mildes, günstiges Klima, das heute noch charakteristisch ist für die Scilly-Inseln. Die weltberühmten Gärten Trescos mit subtropischen und tropischen Pflanzen sowie die intensive Blumen- und Gemüsezucht sind Zeugen dafür. Drei Inselchen, Great Arthur, Mid Arthur und Little Arthur, sind über die Namen mit Artus verbunden – überdies beanspruchen auch alle drei Artus' letzte Ruhestätte! Allerdings kommt das nicht von ungefähr: Die erstaunlich große Anzahl von Gräbern aus der Stein-, Bronze- und Eisenzeit weist darauf hin, daß die damals aus einem Stück bestehende Insel für vorkeltische und keltische Völker die Aura einer Anderswelt, eines Paradieses für Helden dieser Erde, angenommen hatte.

Es ist daher nicht erstaunlich, daß diese Parallele zur Insel Avalon mit einer eigenen Version von Artus' Tod aufwartet: Nach der Schlacht von Camlan verfolgt Mordred den verwundeten König und seine Getreuen bis ans Ende von Lyonesse. Da läßt Merlin ein furchtbares Erdbeben los, das nicht nur Mordred und sein Heer, sondern einen großen Teil des Königreichs versenkt.

In Wirklichkeit war der »Untergang« ein Prozeß, der sich über Jahrhunderte erstreckte. Beweise dafür sind die Werkzeuge aus der Stein-, die Hüttenüberreste aus der Bronze- und Eisenzeit, die unter Wasser entdeckt wurden. Zwischen Samson und Tresco kommen bei Ebbe im Watt alte Steinmauern, wohl Feldeinteilungen, zum Vorschein. 1948 siebte eine archäologische Gruppe die Fundamente eines Römerhauses im seichten Wasser von St. Martin aus und fand Tonscherben aus dem 3./4. Jh. n. Chr., aus einer Zeit, in der römische Quellen noch von *einer* Scilly-Insel sprechen. Der Wassereinbruch muß danach erfolgt sein – und damit landet man bei Merlins Erdbeben!

Aber noch bis ins 12. Jh. fuhren plötzliche Flutwellen über das Land. Es wird von einem gewissen Trevelyan berichtet, der auf einem Schimmel vor einer solchen davongaloppierte und mit knapper Not dem Tode entrann. Seither tragen die Trevelyans ein weißes, halb von den Wellen verschlungenes Pferd im Wappen!

Von Penzance nach Mousehole sind es ca. 5 km.

Da Mount's Bay zu einer Zeit, zu der die menschliche Erinnerung noch Zugang hat, von dichten Wäldern überzogen war (s. Mount's Bay und Scilly Islands), lassen Assoziationen mit dem Zauberer Merlin nicht auf sich warten. Am Südrand von **Mousehole** (ausgesprochen Mou'sl), 5 km s. von Penzance, steht der sprichwörtliche Fels in der Brandung, der viereckige, gischtumsprühte **Merlin's Rock**. Auch hier soll Merlin seine prophetische Gabe unter Beweis gestellt haben, denn nach der Volksüberlieferung sagte er voraus, daß Fremde auf dem Fels landen und die Dörfer Mousehole, Paul, Penzance und Newlyn in Brand stecken würden. Genau das geschah, als 1595, 7 Jahre nach dem kläglichen Untergang der spanischen Armada, spanische Schiffe vor Mousehole vor Anker gingen und einige hundert Spanier sengend und mordend von Dorf zu Dorf zogen. Sie besorgten ihre Sache so gründlich, daß in Mousehole nur ein einziges Haus, der ehemalige Gasthof »Keigwin Arms«, stehenblieb. Den erfolgreichen Anschlag feierten sie mit der heiligen Messe und segelten davon, bevor sich die Engländer richtig organisieren konnten. Im folgenden Jahr revanchierten sich diese mit einem Überfall auf Cadiz.

Von Penzance nach Land's End sind es ca. 24 km.

Die B 3315 von Newlyn nach Land's End ist eine sehr alte, interessante Straße, die unweit vom Meer an Menhiren, Steinkreisen und keltischen Kreuzen vorbeiführt. Bei Trethewey zweigt ein Sträßchen links ab und landet via Porthcurno (außergewöhnliches, modernes, aus den Klippen herausgehauenes Amphitheater, »The Minack«) beim Kirchlein von St. Levan. Im alten Friedhof liegt noch heute **St. Levan's Stone**, ein mächtiger Felsbrocken, den der Heilige angeblich mit einem Faustschlag auseinanderspaltete. Von Merlin, der mit Artus zu dem wundertätigen Stein pilgerte, soll eine Prophezeiung stammen, die das Ende der Welt voraussagt:

»When, with panniers astride
A packhorse can ride,
Through St. Levan's stone
The world will be done.«

»Wenn ein Lastpferd kann reit'
Mit einem Korb an jeder Seit'
Durch St. Levans Stein,
Wird die Welt zu Ende sein.«

Nur gut, daß sich der Spalt äußerst langsam vergrößert.

Von Land's End nach St. Just sind es ca. 10 km, nach St. Ives weitere 23 km.

Die Nord-West-Küste Cornwalls unterscheidet sich deutlich von der Südküste. Vor Land's End, wo nur noch ein paar Felsen den freien Blick vom immer bewegten Atlantik ablenken, verschwindet die südlich anmutende Vegetation, werden die Felder immer kleiner, und Felsen und Geröll treten immer stärker hervor. Klippen, die Abbrüche der welligen, mit prähistorischen Überresten gespickten Hügel des Hinterlandes, auf denen sich nicht selten Hochmoore breitmachen, säumen das Meer. Kleine graue Häusergrüppchen ersetzen die hellen, freundlichen Dörfer; dazwischen stehen einsam die Schlote stillgelegter Kupfer- und Zinnminen, die oft schon in der Bronzezeit genutzt wurden.
In mehreren Dörfern in dieser urwüchsigen Landschaft hält sich eine eigene Artus-Überlieferung, die ganz archaisch anmutet. Hier kämpft Artus gegen Riesen bzw. »rothaarige Dänen«, offensichtlich elementare Gewalten des Bösen. Die Überlieferung von **Sennen**, dem westlichsten Dorf Englands, und **Zennor**, sw. von St. Ives, sind sich sehr ähnlich. Mit Hilfe

seiner Unterkönige, im ersten Fall sieben, im zweiten vier, zieht Artus gegen die Dänen, die in Whitesand Bay, oberhalb von Land's End, in Massen landeten. Vor dem Kampf stärkten sie sich mit einem Mahl, das auf einem flachen Stein serviert wird – in Sennen auf dem *Table Men*, einer Steinplatte ca. 400 m n. der alten Kirche, in Zennor auf dem *Zennor Quoit*, einem Dolmen ca. 800 m sö. vom Dorf.

Als Artus' Hof gilt hier die eisenzeitliche Landzungenbefestigung **Trereen Dinas** auf Gurnard's Head w. von Zennor. Diese Felsennase in diesem wilden Küstenabschnitt ist nur zu Fuß erreichbar, aber lohnend.
In Pendeen säubert der »gute König Artus« mit seinem tüchtigen Kreuzschwert die Gegend, die nur so von ihnen gewimmelt haben soll, von Riesen.
Natürlich ist Artus in allen Überlieferungen Sieger; die Riesen erledigt er, was von den Dänen übrigbleibt, flieht zu Schiff, allerdings nicht ohne vorher mit einheimischen Frauen für Nachwuchs gesorgt zu haben. Rothaarige sollen lange eine verachtete Minorität an dieser Küste gewesen sein, die nur untereinander heiraten durfte, weil niemand etwas mit diesen »Dänenabkömmlingen« zu tun haben wollte.

Von St. Ives nach Camborne/Redruth sind es 22 bzw. 27 km.

Die Doppelstadt **Camborne-Redruth** ö. von St. Ives sitzt auf ältestem Industriegebiet; hier wurde schon das Kupfer und Zinn gehoben, das die Handwerker der Bronzezeit für ihre Legierung brauchten. Auf dem Hügel *Carn Brea* zwischen den beiden Zentren finden sich noch Hüttenreste aus der Bronze- und ein Ringfort aus der Eisenzeit – die Unterkünfte dieser frühen Siedler. Auf dem Hügel *Carn Marth* soll König Mark von Cornwall begraben sein. Leider haben die Funde aus dem ausgegra-

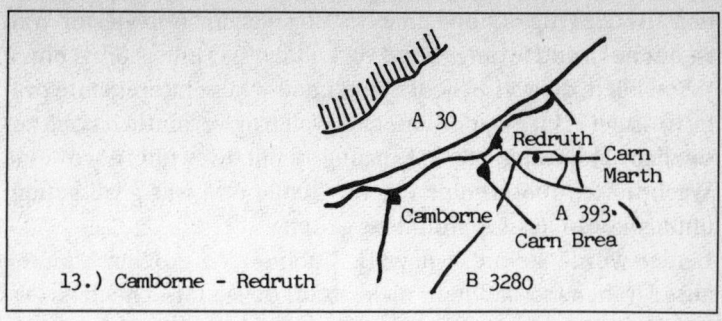

13.) Camborne - Redruth

benen Steinhügelgrab – kremierte Knochen in Tonurnen – die Überlieferung weder bestätigt noch widerlegt.

Von Redruth nach St. Columb Major sind es ca. 30 km.

Castle-an-Dinas, 4 km sö. vom alten Städtchen **St. Columb Major,** liegt abseits der großen Straße, zwischen A 39 und B 3274. Man muß zu Fuß den nicht unbedeutenden, ca. 215 m hohen Hügel erklimmen, am besten über den Weiler Providence und die Ruine der stillgelegten Wolframgrube. Steht man dann auf dem ersten der drei massiven Wälle, die mit ebenso vielen Grä-

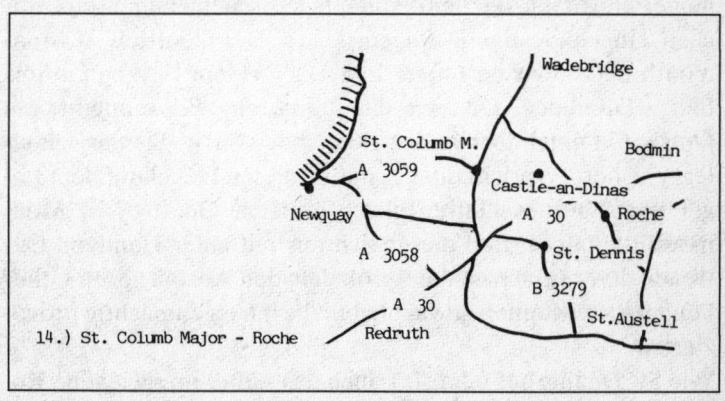

14.) St. Columb Major - Roche

ben aus der Hügelkuppe eine Festung machen (ein vierter Wall ist nur noch andeutungsweise vorhanden), so entschädigt einen schon allein die weite Sicht übers Land. Diese interessante prähistorische »Burg« – der innerste Wall trug vermutlich noch zusätzlich Palisaden, den Eingang schützte wohl noch eine Wachthütte – besaß eine eigene Quelle und war groß genug, um als keltisches Oppidum zu gelten.

Leider wurde sie nie, wie z. B. Cadbury, in großem Umfang ausgegraben, so daß man nicht weiß, ob sie tatsächlich zu Artus' Zeiten besetzt war. Der Sage nach verschanzte sich hier Herzog Gorlois von Cornwall, der um seiner Gemahlin willen, der Uther Pendragon schöne Augen machte, mit seinem König gebrochen hatte. Der Ausfall aus dieser Festung soll ihn das Leben gekostet haben, ein paar Stunden bevor der zukünftige König Artus gezeugt wurde. Die Volksüberlieferung nennt Castle-an-Dinas »King Arthur's Hunting Lodge« – sein Jagdhaus!

Südlich vom Goss-Moor erhebt sich über dem Dorf **St. Dennis** die fast gleichhohe Alternative zu Castle-an-Dinas. Obendrauf sitzt zwar ein Kirchlein, aber es ist von einer runden Steinmauer eingefaßt, die dem Wall einer bescheidenen eisenzeitlichen Hügelbefestigung folgen dürfte. Bei Geoffrey of Monmouth heißt »das gefestigte Lager«, vor dem Herzog Gorlois fällt, »Dimilioc«. Da, wie das *Doomsday Book* angibt, ein Gutshof »Dimelihoc« in der Gemeinde von St. Dennis seit alters existierte, spricht einiges dafür, diesen Hügel mit dem Lager von Ygernes Gatten gleichzusetzen. Geoffrey of Monmouth betont ja, daß dieser sich nur mit einer Handvoll Getreuen darin verschanzt und trotzdem den Ausfall gegen Uther Pendragons Mannen gewagt habe, die ihn eigenmächtig provozierten.

Wie St. Dennis befindet sich auch das weiter nö. gelegene **Roche** im Hügelgürtel um St. Austell, wo feinste Porzellanerde gewonnen wird und die Schutthalden wie überdimensionale Zuckerhüte aussehen. Mitten in dieser Industrielandschaft wächst die Ruine einer Einsiedelei s. vom Dorf so romantisch aus den zackigen Felsen, daß sie direkt einer Illustration zur Gralsgeschichte entnommen sein könnte. Allerdings stammt der Turm mit der Michaelskapelle im oberen Stockwerk und der Zelle zu ebener Erde, so wie er hier ca. 30 m über der Ebene steht, von 1409. Natürlich kann er eine ältere Einsiedelei, vielleicht eine Holzhütte, ersetzt haben. Nach Berouls Tristan- und-Isolde-Version (s. Golant u. Marazion) hauste hier der Klausner Ogrin, der die Versöhnung von Isolde und Mark einfädelte und zu diesem Zweck für die Königin Gewänder und ein Reittier vom Markt von St. Michael's Mount besorgte.

Von St. Columb Major nach Wadebridge sind es 13 km.

Die älteste walisische Artusüberlieferung kennt weder Caerleon noch Camelot. Statt dessen heißt Artus' Hof »Celliwig« in Cornwall. In einer dieser Erzählungen plündert Mordred diese Festung so gründlich, daß von dem, was übrigblieb, »nicht einmal mehr eine Fliege hätte satt werden können«. Vor versammeltem Hof schlug er die Königin Ginevra und zerrte sie vom Thron, eine Beleidigung, die Artus dadurch rächte, daß er bei nächster Gelegenheit von Mordreds Festung keinen Stein mehr auf dem anderen ließ. Es ist denkbar, daß der historische Artus zum ersten Mal selbständig in Celliwig Hof hielt und daß die Feindschaft mit Mordred, an der sein Reich zerbrechen sollte, mit einem solchen persönlichen Handel begann.

Auf einem Hügelplateau nö. von **Wadebridge** (via die A 39 und von Three Holes Cross über ein kleines Sträßchen nach Dinham's Bridge) über dem Allen breitet sich die Hügelbefestigung **Killibury Castle** aus, bzw. »Kelly Rounds«, wie sie die Einheimischen nennen, die Favoritin unter einer ganzen Reihe

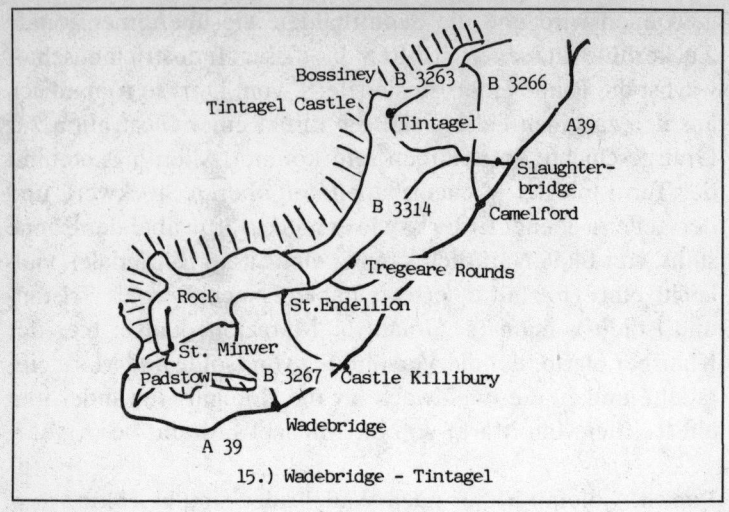

15.) Wadebridge – Tintagel

von Anwärterinnen für Celliwig aus der Umgebung. Leider ist sie nicht mit gebührender Sorgfalt behandelt worden – die Straße schneidet sie in zwei Teile, und die überdies umgepflügte Südhälfte wird von einer Schweinemästerei besetzt. Die zwei Wälle und Gräben der Nordseite sind zwar überwachsen, aber intakt. Als 1976 im inneren Ring an der Südwestseite gegraben wurde, fand man die Pfostenlöcher eines Gebäudes der Eisenzeit und einen Teil eines tönernen Ofens. Zwei Stückchen Tintagel-Tonware lieferten den Beweis, daß Killibury Castle zu Artus' Zeiten bewohnt war. Das Beeindruckendste an dieser Festung ist die herrliche Aussicht über Wadebridge und die Camel-Mündung und das Hügelland, das sich im Bodmin-Moor fortsetzt.

Auf dem Nordufer der Camel-Mündung besteht eine Überlieferung, die indirekt mit der Gralsgeschichte zu tun hat. Nw. vom Dorf Rock, sw. von St. Minver, befindet sich auf Privatgelände **Jesus Well**, die Jesus-Quelle. Ein solides Kapellchen schützt das noch immer sprudelnde Wasser – es ist über die Hecke im Feld zu sehen. Nach der Glastonburylegende soll der halbwüchsige Jesus seinen Onkel, Joseph von Arimathia auf einer Inspektionsreise zu den Zinngruben Cornwalls begleitet haben. In der Camelmündung legte ihr Schiff für die Nacht an, und der Teenager wurde an Land geschickt, um Trinkwasser zu holen. Am kargen, trockenen Hang, hinter den Dünen, n. vom heutigen Golfplatz, schlug er Wasser aus dem Grund, das bis um die Jahrhundertwende als wundertätig galt und vor allem gegen Keuchhusten aufgesucht wurde.

An **St. Endellion** (B 3267) knüpft die zweite Artussche Beziehung zu Wales in diesem Landstrich an. Ihre wohlproportionierte, feste Granitkirche steht auf einem Hügelrücken, n. von Wadebridge, inmitten des gleichnamigen Dorfes. St. Endellion war eine der Töchter des Königs Brychan von Brecon, Wales, aus dessen drei Ehen 48 Kinder entsprossen. Er zog sie in solcher Gottesfurcht und Gelehrsamkeit auf, daß fast alle Heilige und Missionare wurden. Endellion soll König Artus' Patenkind gewesen sein, was sich nicht nur mit den Daten, sondern auch mit dem Status des älteren Artus, dem Sieger von Mount Badon, vereinbaren ließe. Interessant ist, daß Artus nicht einmal in dieser Heiligenlegende positiv dasteht; er wird als jähzorniger Totschläger porträtiert, der offensichtlich nie etwas von »Liebet eure Feinde« gehört hat. St. Endellion lebte im Tälchen unterhalb der Kirche ausschließlich von der Milch ihrer Kuh. Ein Nachbar tötete diese, weil das Tier auf seiner Weide herumstreunte, was Artus so in Rage brachte, daß er ihn erschlug. St. Endellion jedoch, die Bannerträgerin christlicher Moral, erweckte ihn wieder zum Leben.

Tregeare Rounds: Die eisenzeitliche Anlage mit den runden Erdwällen am Hügelhang über der B 3314, kurz nach Pendogget, ist der dritte Anwärter für das Lager »Dimilioc«, vor dem, nach Geoffrey of Monmouth, Herzog Gorlois in der Nacht, in der Artus gezeugt wurde, den Tod fand. Die Einwohner der Umgebung nennen sie auch »Castle Dameliock«, und obwohl einer der kompetentesten britischen Artusforscher die Echtheit der Überlieferung anzweifelt – er hält sie für den Niederschlag der Amateure des 19. Jhs., die das Lager plazieren wollten –, sprechen doch zwei Gründe dafür, weswegen es Geoffrey als Vorlage hätte dienen können. Es ist ein relativ primitives, befestigtes Lager in Hanglage, und es liegt nur 9 km sw. von Tintagel.

Camelford: Der erste Teil des Namens von dieser Kleinstadt am Camel schreit geradezu nach der Identifikation mit dem Artushof der Literatur, Camelot; anderseits reicht die erste Silbe, um die Gedankenverbindung mit Artus' letzter Schlacht bei Camlan herzustellen. Erstere Überlieferung scheint tatsächlich nur auf dem Gleichklang zu beruhen – weder Städtchen noch Umgebung besitzen die Reste einer größeren Festung, die im 5./6. Jh. bewohnt gewesen wäre. Die zweite Annahme beruht auf Geoffrey of Monmouths Angaben: Ganz selbstverständlich versetzt er Artus' letzte Schlacht nach Cornwall an den »Fluß Camblan« – vermutlich den Camel. Eine exakte Ortsangabe war für ihn offensichtlich überflüssig.

Seit das Interesse am Artusstoff bei den britischen Altertumsforschern erwachte, bemühten sie sich darum, die Schlacht von Camlan zu lokalisieren. Der Name **Slaughter Bridge**, 1,5 km n. von Camelford, eine alte flache Steinbrücke über den nur bachbreiten Camel, spielt auf eine Schlacht am Camel an. Zwar sind keine Fakten erhalten, aber spätestens seit dem 16. Jh., als John Leyland seine Notizen machte, gilt, daß die Aue oberhalb der Brücke das Schlachtfeld gewesen sei. Von Anwohnern er-

fuhr er, daß da zuweilen Rüstungsteile und Pferdegeschirre gefunden worden waren. Diese könnten jedoch ebensogut das Resultat eines Zusammenpralls zwischen einer kornischen und einer sächsischen Streitmacht gewesen sein – den Sachsen gelang die Eroberung Cornwalls erst nach mehreren Anläufen im 9. Jh. Die Ortsüberlieferung vom Tode Artus' und Mordreds zeigt Sinn fürs Dramatische: Vater und Sohn sollen ihren Zweikampf auf der Brücke ausgefochten haben, umtost vom Schlachtenlärm, über einem Bach, der vom Blut der Gefallenen rot war. Schließlich sackte Mordred zu Tode getroffen zusammen, während sich Artus todwund flußaufwärts schleppte, wo er verschied. Ein großer Stein wurde auf sein Grab gesetzt.
Geht man flußaufwärts dem Uferpfad nach, kommt man an eine von Haselbüschen überwachsene Stelle, die steil abfällt. Am Bach unten, im rechten Winkel zum Wasser, liegt ein ca. 3 m × 60 cm großer Stein mit einer verwitterten lateinischen Inschrift. Die Buchstaben sind schwer zu entziffern; es gibt mehrere Lesarten. Es ist eindeutig ein Grabstein, aber eindeutig nicht für Artus. Geoffrey Ashe, ein erstrangiger Artusforscher, gibt folgende Version: LATINI HIC IACET FILIUS MAGARI (»Das Grabmal des Latinus, hier liegt er, Sohn des Magarus«). Der Irrtum soll daher stammen, daß die letzten 5 Buchstaben als »ATRY« gelesen wurden, woraus sich »Artus« konstruieren ließ. Zweifellos war da aber auch eine gute Portion Wunschdenken im Spiel, denn der Rest der Grabformel wurde einfach unter den Tisch gewischt.

Von Camelford nach Tintagel sind es 8 km.

Tintagel: Ausgerechnet die Burg, die nichts mit dem historischen Artus zu tun haben kann – sie wurde über sechshundert Jahre nach seinem Tod gebaut – ist zum »Herzland der Artuslegende« geworden, zum Inbegriff all dessen, wofür Artus steht,

was Tausende von Besuchern aus aller Welt in diese einsame Ecke Cornwalls zieht. Schuld daran ist Geoffrey of Monmouth, der als Schauplatz der Geschichte von Uther Pendragon und Ygerne eindeutig die reale Topographie der Burg verwendet und womöglich die kürzlich erstellte erste Festung mit den eigenen Augen gesehen hatte.
Uther Pendragon lernte Ygerne, die Herzogin von Cornwall, »die schönste Frau von Britannien«, an einem Osterfest in London kennen. Er verliebte sich auf den ersten Blick in sie, überschüttete sie mit Gunstbezeigungen und verwickelte sie in galante Gespräche, was ihren Gatten, Herzog Gorlois, so verärgerte, daß er sich mit seiner Gemahlin in aller Stille vom Hof davonmachte. Darüber war nun der König erbost, um so mehr, als Gorlois den Befehl zur Rückkehr an den Hof mißachtete, so daß er dessen Länder mit Krieg überzog. Der Herzog brachte Ygerne zur Sicherheit in seine festeste Burg »Tintagel an der Küste« und hielt dem König in seinem befestigten Lager Dimilioc stand (s. Castle-an-Dinas, St. Dennis und Tregare Rounds). Umgetrieben von allen Qualen unerfüllter Liebe, belagerte ihn Uther eine Woche lang. Seinem Freund Ulfin of Ridcaradoch vertraut er an, daß ihn seine Leidenschaft für Ygerne noch umbringen werde, und beschwört ihn, ihm zu helfen. Ulfin ist pessimistisch: »Keine Macht der Erde« würde sie befähigen, an Ygerne heranzukommen in dieser Burg »hoch über der See, die sie auf allen Seiten umgibt«, ohne einen anderen Zugang als über »eine schmale Felsbrücke«, die »drei Bewaffnete« gegen den König halten könnten, selbst wenn er »mit dem ganzen Königreich Britannien zur Seite davor stünde«.
Diese Beschreibung gilt noch heute für den merkwürdigen Felskopf, der an einem dünnen Hals nw. von Camelford ins Meer hinausragt, nur daß er seither noch dünner geworden ist, so daß der Landvorsprung auf der Karte »The Island« heißt.
Ulfin schlägt vor, Uther solle sich Merlin »dem Propheten« an-

vertrauen, und dieser gibt dem König durch eine Zauberdroge das Aussehen von Gorlois, sich selbst und Ulfin dasjenige von dessen Dienstmannen. In dieser Gestalt werden sie prompt zu nächtlicher Stunde in Tintagel eingelassen. Auch die tugendhafte Ygerne durchschaut den Schwindel nicht und empfängt Uther als den geliebten Gatten. Kurz nachdem der echte Gorlois vor dem Lager fällt, wird sie die Mutter des zukünftigen Königs Artus. Daß Merlin das Kind für sich verlangt und Sir Ector zur Erziehung übergibt, ist eine spätere Entwicklung der Geschichte.

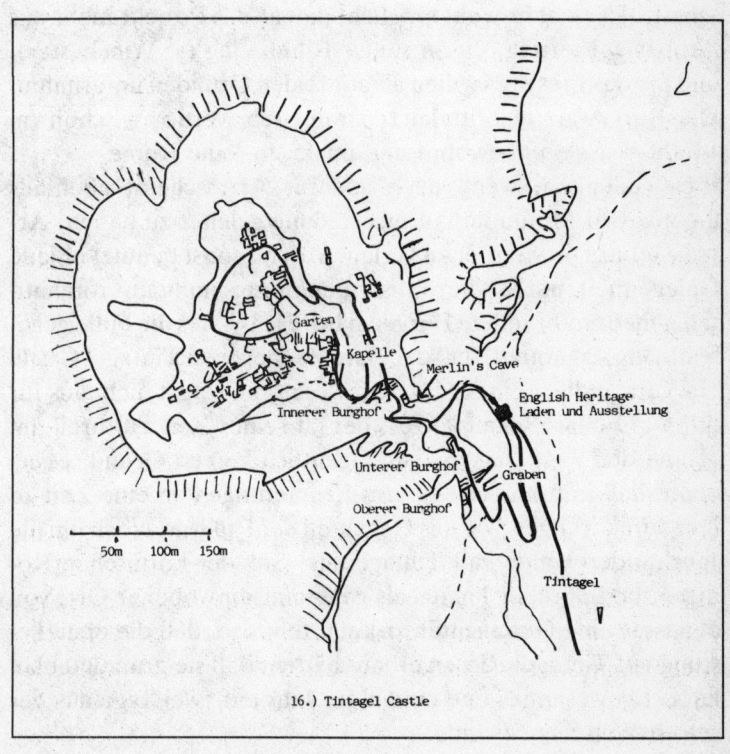

16.) Tintagel Castle

Die Burg, die Geoffrey gesehen haben könnte, ließ Reginald, Earl of Cornwall, ein unehelicher Sohn Heinrichs I. und Halbbruder von Robert, Earl of Gloucester, Geoffreys Gönner um 1141, auf dem ersten Felsenabsatz der »Insel« (Inner Ward) errichten. Die Grundmauern einer großen steinernen Halle sind erhalten, und um sie herum verteilten sich vermutlich hölzerne Gebäude. Wall, Graben, Palisade umzogen das Ganze – keine halb so großartige Burg wie diejenige, die Richard, Earl of Cornwall und jüngerer Bruder Heinrichs III. von Winchester (s. Winchester) hundert Jahre später in Auftrag gab. Alle großen Burghofmauern und die Tore stammen aus diesem Bauabschnitt. Es ist sehr wohl möglich, daß er das Projekt mehr aus Artusbegeisterung, die in seiner Familie lag (s. Winchester), und um des Prestiges willen als aus realen Gründen unternahm. Die Burg war im Mittelalter strategisch wertlos – schon im 14. Jh. war sie unbewohnt und im 15. Jh. eine Ruine.
Prestigedenken, wenn auch anderer Art, scheint ebenfalls Geoffrey of Monmouths Entscheidung geleitet zu haben, Artus' Geburtsort hierher zu verlegen, denn sonst benützt er jede Gelegenheit, um für die Waliser Punkte zu sammeln – romantische, meerumbrandete Burgen hätte es in Wales die Fülle gegeben! Das Argument, daß der erste Bauherr von Tintagel Castle ein Verwandter seines Mäzen gewesen sei, reicht nicht aus für die Wahl eines Schauplatzes, der zu seiner Zeit kulturell am »Ende der Welt« lag. Es gab eigentlich keinen Grund, es sei denn, daß in mündlicher Form Erinnerungen an eine Zeit zu ihm durchdrangen, wo das Gegenteil der Fall war. Noch um die Jahrhundertwende galt Tintagel als »Sitz der kornischen Könige«, und darüber hinaus als geheimnisumwobener Ort, von dem seltsame Geschichten zirkulierten, wie, daß die erste Festung auf Tintagel Riesen erbaut hätten, daß sie grün und blau kariert gewesen sei und einmal im Jahr auf zwei Tage aus der realen Welt verschwinde.

Was als verworrenes Zeug im 20. Jh. ankommt, war 850 Jahre zuvor vermutlich verständlicher und enthielt wohl auch detaillierte Hinweise auf Tintagels Vergangenheit. Aus der Prähistorie ist uns nichts bekannt. Obwohl dieser Ort für eine eisenzeitliche Festung prädestiniert scheint, ist keine Spur davon entdeckt worden. Analog zu ähnlichen topographischen Kombinationen darf jedoch vermutet werden, daß dieser vom Meer umgebene Felskopf aus Vulkan- und Schiefergestein vorkeltischen und keltischen Völkern etwas bedeutete. Die Kapelle von St. Juliot, einem Bruder von St. Endellion (s. St. Endellion), deren Ruine zum Teil ins 10. Jh. datiert wird, muß lange Zeit ganz alleine auf dem Plateau oben gestanden haben – vielleicht als soundsovielte Nachfolgerin einer keltischen Kultstätte. Es ist auffallend, daß der Prophet Merlin, »der letzte Druide«, ausgerechnet auf Tintagel eine Hauptrolle zugeschoben bekommt. Außerdem heißt die Höhle direkt darunter »Merlin's Cave«, wo der Zauberer umgehen soll.
Einfacher wird es für die römische Periode, die durch zwei Meilensteine aus dem 3. bzw. 4. Jh. n. Chr. und die Erdwälle einer Signalanlage im Kirchhof der Kirche von Tintagel belegt ist. Ob es auf das Konto der Römer geht, daß aus der vorchristlichen Zeit nichts erhalten geblieben ist?
Als die »Insel« 1930–1934 zum ersten Mal systematisch archäologisch untersucht wurde, kamen große Mengen Tonscherben zum Vorschein, die heute unter dem Typ »Tintagel-Pottery« gehen. Es handelt sich um rotbraune Tonware aus dem Mittelmeergebiet: feines Tafel- oder liturgisches Geschirr aus Tunesien, große, dickbauchige Ölamphoren aus dem heutigen Libyen, Weinkrüge aus Syrien, der Türkei, Griechenland, Bulgarien. Das meiste wurde zwischen 450 und 650 produziert. Scherben früheren Datums und kleine Mengen feines byzantinisches Glas, sowie mittelalterliche Töpferware von der Burg waren beigemischt. Die in Gefäßen transportierten Luxusgüter

Tintagel Castle.

– Olivenöl, Oliven, Wein, Parfüme, Gewürze – wurden vermutlich gegen kornisches Zinn eingetauscht. Da die Funde hauptsächlich aus der Erde um die Kapelle kamen, entstand die Theorie, daß sich im 5.–9. Jh. eine wohlhabende keltische Klostergemeinde auf Tintagel etabliert haben müsse. Seitdem aber ein Feuer 1983 den Grassoden auf dem halben Plateau und dem gegenüberliegenden Hang verbrannt und der Regen 1984–85 die Erde davongeschwemmt hat – mit dem Resultat, daß die Grundmauern von über 50 kleinen Gebäuden zum Vorschein kamen –, ist sie unhaltbar geworden, vor allem weil man, aufmerksam geworden, noch mindestens ebenso viele unter dem unversehrten Grund entdeckte. Zwischen ihnen lagen nur Scherben importierter Töpferware. Vor dem Kloster muß dort eine ganze Stadt gestanden haben, und zwar eine Stadt mit extrem hohem Lebensstandard, die eine reiche, kultivierte Gesellschaft mit internationalen Beziehungen beherbergte. Es sieht so aus, als ob sich die vage Angabe »Tintagel, Hauptstadt der kornischen Könige« auf eine Realität bezöge, die uns noch nicht zugänglich ist. Zum Schutz gegen Witterungseinflüsse sind vorerst die kahlen Stellen wieder eingesät worden. Immerhin, da es Geoffrey of Monmouth darum ging, aus dem historischen Artus, dem »dux bellorum«, einen britischen König zu machen, konnte er nichts Besseres tun, als ihn mit Tintagel zu verbinden. Theoretisch könnte sich die Uther-Ygerne-Geschichte hier abgespielt haben, was in einem keltischen Kloster wohl kaum angegangen wäre!
Malory macht Tintagel zum Hof von König Mark, wo sich die beiden Liebenden Tristan und Isolde immer weniger heimlich treffen, bis ihre Affäre auffliegt und sie zu Sir Lancelot nach Joyous Gard fliehen müssen. Bis jetzt ist das als literarische Konstruktion abgetan worden, aber im Lichte der neuesten Entwicklung auf Tintagel könnte dies an die Erinnerung an eine kultivierte britische Gesellschaft auf Tintagel anknüpfen.

Das »Island« erreicht man heute entweder über den sehr empfehlenswerten Küstenpfad (an der Kirche von Tintagel vorbei) oder via Tintagel-Dorf. Dort gibt es in der Hochsaison einen Landroverservice, sonst geht man zu Fuß die kleine Schlucht gegen das Meer hinunter. Das Beste am Dorf ist, daß es, sobald man diese betritt, aus dem Blickfeld verschwindet. Der Kommerzialismus treibt hier zu viele geschmacklose Blüten. Das ist schade, denn zumindest das alte Postgebäude, ein Gutshof aus dem 14. Jh., ganz aus örtlichem Schiefer, ist sehenswert. Aber schon die ehemalige »Hall of Chivalry« (heute Versammlungsraum der Freimaurer), der Traum des Eierpudding-Millionärs Frederick Glasscock, ist suspekt. Er gründete hier um 1930 eine Artusgesellschaft, »The Fellowship of the Order of the Round Table«, und ließ dafür ein Gebäude aus über 50 verschiedenen kornischen Steinarten zusammenfügen und mit 73 Kirchenfenstern schmücken, die die Tugenden der Artusritter symbolisch darstellen. Der Tisch der Tafelrunde wurde das Zentrum von in Eigenregie verfaßten Zeremonien, mit denen er in der Rolle des Artus würdige Mitglieder in seinen illustren Kreis aufnahm. Nebenbei halfen ihm letztere, seine zweite Million zu häufen!

English Heritage unterhält heute Tintagel Castle; Eintrittskarten und Literatur sind im Lädchen am Fuße der Burg auf der Landseite erhältlich. Von da führt ein Pfad zu deren zwei äußeren Burghöfen aus dem 13. Jh. hinauf, die ein künstlich verbreiterter Graben nach so. absichert. Vom oberen ergibt sich ein guter Überblick über die »Insel«. Diese verbindet heute eine feste Brücke mit dem Festland; über eine Treppe gelangt man zu ihr hinunter. Auf der anderen Seite steigt man über eine zweite Treppe zum »Innenhof«, wo die Ruine der großen Halle von der ersten Burg aus dem 12. Jh. steht. Folgt man dem Pfad, gelangt man aufs Plateau; die Abzweigung führt zu einer Mauer mit Tor, die die Hafenseite befestigte. Oben befinden

sich mehrere Gebäudegrüppchen, die nach den neuesten Entdeckungen auf eine neue Interpretation warten. Zwei Wasserauffang- oder ehemalige Quellenbecken, ein unidentifizierbarer blinder Gang, ein ummauerter Garten und die Kapelle von St. Juliot sind außer ihnen die wichtigsten Stationen in einem Rundgang. Bodenunebenheiten unter dem jungen Rasen weisen darauf hin, daß noch viel Arbeit auf die Archäologen wartet, bevor sie zu neuen Schlüssen kommen können.
Von der Brücke zweigen weitere Stufen zur bei Ebbe freiliegenden Bucht mit dem halbmondförmigen Sandstrand ab, an dessen Ende sich »Merlin's Cave«, eigentlich keine Höhle, sondern ein Tunnel, öffnet. Bei Ebbe kann man zur anderen Seite durchkriechen, aber bitte Gezeiten beachten! Die Flut kommt wütend vom tieferliegenden Ende des Tunnels hochgeschossen!
Alfred Lord Tennyson, den die Uther-Ygerne-Geschichte in seinem viktorianischen Empfinden peinlich berührte, läßt seinen Merlin hier unten am Strand das nackte Artusbaby aus der Brandung fischen.
Tintagel birgt noch immer mehr Geheimnisse, als es freigegeben hat, und man braucht keinen Mystizismus zu betreiben, um festzustellen, daß diese in der Literatur so stark mit Artus verbundene Stätte eine eigene, einzigartige Atmosphäre hat.

Im an Tintagel angrenzenden **Bossiney** stand im 11. Jh. eine der ersten normannischen Erdhügelbefestigungen, deren kegelförmige Motte hinter der wehrhaften Methodistenkapelle noch zu sehen ist. Im Ort heißt es, daß darin König Artus' goldener Tafelrundentisch begraben sei, der in der Sommersonnwendnacht aus dem Hügel emporsteige, den Himmel kurz mit seinem Licht erfülle, um dann wieder zu versinken. Am jüngsten Tag soll Christus über diese Tafel präsidieren, an der seine Heiligen sitzen werden.

Das Tälchen nö. von Bossiney, **Rocky Valley**, gibt einen interessanten Spaziergang gegen das Meer ab. Es war eine Brutstätte des »Cornish chough«, einer fast ausgestorbenen Dohlenart, die zum Sinnbild von Cornwall geworden ist. Die Artussche Rabentradition (s. Marazion und Tower of London) erscheint hier in abgewandelter Form: Die Einheimischen glaubten, Artus habe sich vom Schlachtfeld von Camlan als »kornische Dohle« in die Luft geschwungen.

Von Tintagel über Barnstable nach Minehead sind es ca. 150 km.

Es ist ein schönes Stück von Tintagel bis zum nächsten Artusort, dem **Dunster Castle** (gegr. 1070), das über das mittelalterlich anmutende, gleichnamige Städtchen sö. von **Minehead** wacht. Ganz Devon, das praktisch ohne Artusüberlieferung ist, liegt dazwischen.

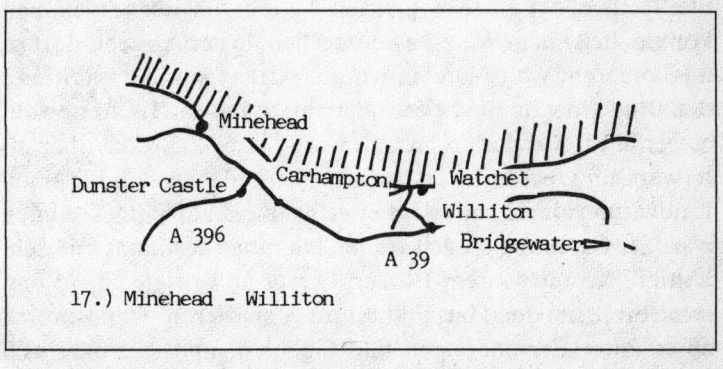

17.) Minehead - Williton

Die Burg – das älteste Stück ist das Tor aus dem 14. Jh. – sieht aus wie die Illustration einer Jugendbuchausgabe der Artussage, wie sie da aus dem bewaldeten Burghügel wächst. Im

5. Jh. stand dort vermutlich die britische Festung Dindraitho aus dem walisischen Heiligenleben von St. Carannog. Artus erscheint als jüngerer Partner von Cadwy, einem belegbaren Kleinkönig von Cornwall, ebenfalls als König. Er stellte wohl seine Reitertruppe Cadwy zur Verfügung, wofür er ein Mitspracherecht in Regierungsangelegenheiten und einen nominellen Titel erhielt. Bei Geoffrey of Monmouth wird Cadwy zum treuen Haudegen und Sachsenschreck Cador, der auf die unverschämte Tribut-Forderung von Lucius, dem römischen Kaiser, mit einem Lachanfall reagiert, froh, daß der Frieden vorbei ist und er endlich wieder in den Krieg ziehen kann.

Dunsters Nachbarort **Carhampton** heißt nach dem walisischen Heiligen St. Carannog, einem Enkel des großen Cunedda von Dyfed. Seiner Vita zufolge, die im 12. Jh. in Llancarfan (s. Llancarfan) aufgeschrieben wurde, erhielt er hier Land von König Artus, allerdings nicht ohne daß der Transaktion eine eher peinliche Geschichte vorausgegangen war.
Der Heilige, der einen steinernen Altar besaß, der schwimmen konnte, ließ ihn in Wales in See stechen, in der Absicht, dort zu missionieren, wo er landen würde. Artus fand ihn am Strand der Blue Anchor Bay, beschlagnahmte ihn als Tisch, obwohl dieser alles, was darauf gestellt wurde, unwillig wieder herunterwarf, und rückte ihn erst heraus, als der Heilige für ihn einen Lindwurm zähmte, mit dem er selbst nicht zurechtgekommen war. St. Carannog sprach freundlich, aber bestimmt mit dem Untier, das mit lautem Blöken darauf antwortete, band ihm seine Stola um den Hals und führte es spazieren. Dann entließ er es unter Ermahnungen und Gebeten, und es trollte sich gegen das Moor davon. Diese Legende faßt die subtile Art und Weise in Bilder, in der die keltische Kirche mit der alten Religion umging und dabei das Christentum gewaltlos verbreitete.

Die Straße nach **Williton** führt an der Kirche von St. Decuman aus dem 13. Jh. vorbei, von dem es heißt, er habe Artus und Ginevra getraut. Eine alte Statue des Heiligen steht in einer Nische im Turm.

Von Williton über Bridgewater nach Brent Knoll sind es ca. 42 km.

Brent Knoll: Der Hügel, der einsam aus der weiten Fennlandschaft zwischen **Burnham-on-Sea** und **Weston-Super-Mare** herausragt, ist, obwohl unweit davon der Verkehr der M5 daran vorbeidonnert und die Dörfer an seinem Fuß gewachsen sind, mit seinen 140 m noch immer eine eindrückliche Erscheinung. Die Sicht vom Hügel reicht weit – nachweislich kann ein Feuer auf der Festung von Dynas Powys in Wales (s. Dynas Powys), aber ebenso eins auf Glastonbury Tor, Somerset (s. Glastonbury) mühelos gesehen werden.
Da der Tor sogar tagsüber im Sichtbereich von Cadbury Castle liegt, ist die Theorie entstanden, wonach die vier Hügel im 5./6. Jh. in einem Frühwarnsystem zusammengefaßt waren.
Auffallend ist die abgerundete Dreiecksform des Hügels – fast wie ein Herz –, der die Menschen der Eisenzeit nachhalfen, indem sie die Konturen mit Graben und Wall nachzogen. Es ist wohl möglich, daß dieser »Froschberg«, wie ihn die Römer nannten, kultischen Zwecken diente. *Sie* benützten ihn als Fluchtburg vor sächsischen Piraten.
An den Hügel knüpft sich die Geschichte von Ider, der, kaum zum Ritter geschlagen, von König Artus die Erlaubnis erhält, gegen die drei Riesen in der Festung loszuziehen. Artus folgt dem Jüngling, der eifrig davonsprengt, in gebührendem Abstand. Wie er die Burg betritt, findet er zwar die Riesen tot am Boden, aber daneben auch einen leblosen Ider.
Voller Selbstvorwürfe stellt der König 24 Mönche von Glaston-

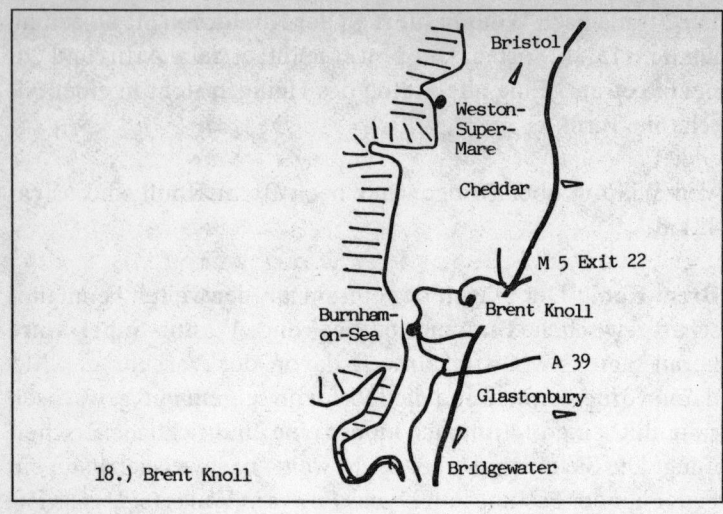

18.) Brent Knoll

bury an, die für dessen Seelenheil beten sollen, und beschenkt das Kloster obendrein mit dem Hügel und dem umliegenden Land. Lange Zeit besaß da der Abt von Glastonbury ein Gut. Im Normannenkirchlein vom Dorf Brent Knoll ist auf drei Bankenden eine geschnitzte Bilderfolge (15. Jh.) von einem würdigen Fuchs zu sehen, der zum Schluß gehängt wird – und alles im feierlichen Gewand eines Abtes!

Von Brent Knoll über Cheddar nach Wookey Hole bzw. Wells sind es ca. 32 km.

Schon für römische Touristen war **Wookey Hole**, die erste große Kammer des Höhlensystems, das westlich von Wales in die Mendiphügel führt, eine Attraktion. Keltische und vorkeltische Siedler hatten hier die Große Mutter in ihrem Winteraspekt, als Todesgöttin, verehrt. Die keltischen Literaturen kennen sie noch als »das häßliche alte Weib«.

Da römische *sight-seers* wohlerzogene Leute waren und auch fremden Göttern einen Obolus spendeten, fand sich im stehenden Wasser vor dem Tropfsteingebilde der »Hexe von Wookey Hole« eine Anzahl Münzen aus der römischen Besatzungszeit.

In der Geschichte von Culhwch und Olwen im *Mabinogion* tötet Artus die »Schwarze Hexe, Tochter der Weißen Hexe« in einer Höhle, die, wenn es sich um eine reale Höhle handelt, nur Wookey Hole sein kann. Jedenfalls spiegelt sich in dieser Geschichte irgendwie eine Realität, zu der wir den Zugang verloren haben. 1912 wurde die »Witch of Wookey Hole« gefunden: bei Ausgrabungen kam das Skelett einer jungen Frau zum Vorschein, und unweit davon allerlei Hexengerät, wie eine Kristallkugel und Knochen zweier Ziegen. Das Skelett ist im Museum von **Wells**; es ist festgestellt worden, daß sie um 400 n. Chr. gelebt haben muß!

Von Wells nach Bath sind es ca. 32 km.

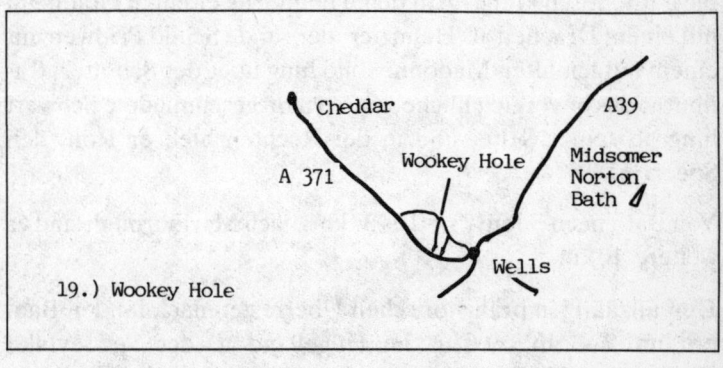

19.) Wookey Hole

Bath: Erst die Römer machten die Keltensiedlung um die warmen Mineralquellen, die noch heute mit unveränderter Kraft und konstanten 46,5° C aus der Erde sprudeln, zur Stadt Aquae Sulis, einem eleganten Badezentrum, dessen vorzüglich präsentierte Überreste besucht werden können. Noch lange nach dem Abzug der Römer behielt sie ihre Bedeutung als kulturelles Zentrum, und wenn Geoffrey of Monmouth Bath mit Mount Badon gleichsetzt, so kaum wegen der ohnehin vagen Ähnlichkeit der Namen, sondern weil ein Sieg hier Artus augenfällig zum Verteidiger römisch-keltischer Werte macht. Die Stadt liegt in einem Hügelkranz. Mindestens zwei Hügelbefestigungen, Bathampton Down auf dem heutigen Universitätsgelände und Little Solsbury Hill nö. der Stadt, liegen so nahe, daß sie Geoffrey als Schauplatz gedient haben könnten: Die Sachsen haben sich in einer Festung verschanzt; Artus' Truppen liegen davor, mit dem Nachteil, hügelan kämpfen zu müssen. Aber nachdem Erzbischof Dubricius seine flammende Kreuzzugsrede gehalten hat, stürzen alle zu den Waffen. An dieser Stelle erscheint eine großartige Beschreibung von Artus, die authentisch klingt. Auf dem Haupt trug er einen Goldhelm mit einem Drachen als Helmzier; der runde Schild Pridwen mit einem aufgemalten Madonnenbild hing über der Schulter; Caliburn, das unvergleichliche, auf Avalon geschmiedete Schwert hing an seiner Seite, und in der Rechten hielt er Ron, den Speer.

Von Bath nach Silbury sind es 37 km; nach Marlborough sind es weitere 10 km.

Den unzähligen prähistorischen Überresten nach fanden Bauern im 5.–3. Jh. v. Chr. im Hügelland n. des Pewseytales ebenso günstige Bedingungen wie auf Salisbury Plain (s. Salisbury Plain). Um **Avebury** entstand daher ein zwar weniger spektakuläres Kultzentrum als Stonehenge, dafür ein um so weitläufigeres, zu dem u. a. der größte von Menschenhand geschaffene, prähistorische Hügel Europas, **Silbury Hill** (40 m hoch, 21 000 m²) gehört. Wie vor einigen Jahren überzeugend dargelegt wurde, diente die ganze Anlage dazu, die Große Mutter in ihren jahreszeitlichen Aspekten darzustellen; der Hügel war demnach die schwangere Sommergöttin, die ihr Kind, das Korn, die Frucht der Erde, zur Welt bringen will.

Ein ähnlicher Hügel im Kleinformat, aber prähistorischen Ursprungs, auch wenn ihn die Normannen als Motte mißbrauchten und einen Holzturm darauf pflanzten, befindet sich im alten Städtchen **Marlborough**, im Park des heutigen Marlborough College. Seit dem frühen 13. Jh. nannte man ihn »Merlin's Mount«, und die Überzeugung, daß er über dem Grab des Lehrers und Ratgebers von König Artus aufgeschüttet worden sei, war so groß, daß man versuchte, den Namen »Marlborough« von »Merlin« herzuleiten.

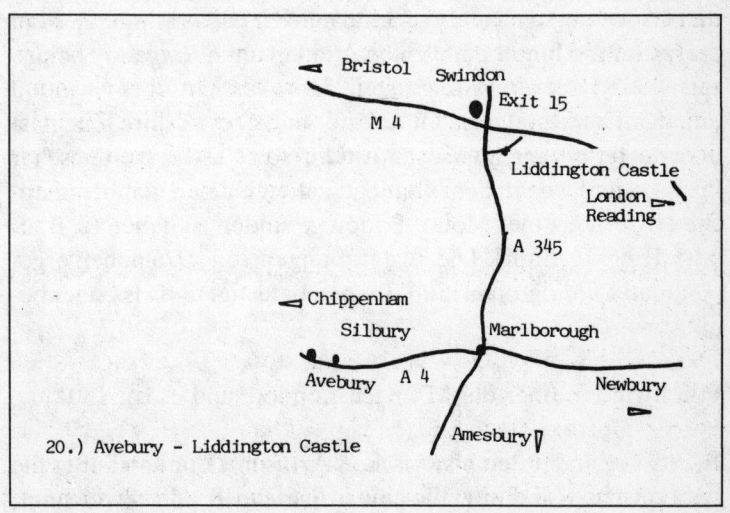

20.) Avebury – Liddington Castle

Merlin, der nur halb Irdische, der bis zu einem gewissen Grad über die Kräfte der Natur gebietet, wäre an sich, in einem patriarchalischen Zeitalter, ein logischer Nachfolger der Großen Mutter.
Eine weitere Verbindung zwischen Marlborough-Merlin-Frühgeschichte kommt dadurch zustande, daß die Sarsenblöcke für Stonehenge (s. Stonehenge) von den Marlborough Downs, n. von Marlborough, stammen und daß Merlin bei der Rekonstruktion von Stonehenge die Hand im Spiel gehabt haben soll.

Von Marlborough nach Liddington Castle sind es ca. 11 km.

Liddington, früher Badbury, **Castle**: Auf der A 345, einer ehemaligen Römerstraße, tauchen kurz vor *Swindon* rechts die Umrisse der eisenzeitlichen Festung von Liddington Castle auf – nicht zu verwechseln mit derjenigen von Barbury Camp, die komplett mit Vergnügungspark links auf den Marlborough Downs sitzt. Liddington Castle mit seiner ausgedehnten Wall- und Grabenanlage auf 275 m muß man zu Fuß erklimmen. Man darf den Pfad hinter dem Viehgatter am alten *Ridgeway* benutzen – er ist allerdings recht steil. Die Aussicht über Swindon und das Thamestal nach Gloucester und Oxfordshire hinein ist unerwartet großartig. Wegen Liddington Castles strategischer Position und wegen dem ähnlichen alten Namen glauben manche Historiker, hier Mount Badon gefunden zu haben (s. Badbury Rings u. Bath). Die Testgrabungen von 1976 haben ergeben, daß Liddington im 5./6. Jh. neu befestigt und als Lager benützt worden war.

Von Swindon über die M 4 nach London sind es ca. 130 km.

Nichts verbindet den historischen Artus mit **London** außer die symbolische Handlung, die eine walisische Triade verzeichnet,

daß er »auf dem weißen Hügel von London« – höchstwahrscheinlich **Tower Hill** – »Brans Haupt ausgegraben habe«. Die *Mabinogion*-Geschichte von Branwen, Tochter von Lyr, endet damit, daß der Held Bran, der ursprüngliche Rabengott (s. Marazion), von einem vergifteten Speer in die unteren Gliedmaßen getroffen, weder leben noch sterben kann, ein Motiv, das die Fischerkönige der Gralsgeschichte übernehmen. So bittet er seine Gefährten, ihm das Haupt abzuschlagen und mit dem Antlitz zum Festland im Hügel zu beerdigen. Solange es ungestört dort ruht, sind Britanniens Feinde gebannt. Aber Artus, der von der alten Magie nichts wissen will und sich durch seine überragende Kriegstechnik besser geschützt glaubt, bricht das Tabu. Ob Tower Hill und Tower rein zufällig zur berüchtigten Richtstätte wurden, wo manches gekrönte und ungekrönte Haupt fiel?
Die Tower-Raben jedenfalls sind Brans Vögel; sterben sie aus, ist es auch mit dem Königreich Britannien vorbei. So werden sie dementsprechend gehätschelt, was sie mit Selbstbewußtsein und Angriffslust quittieren – die Warnschilder, daß man sie nicht ärgern soll, sind ernst zu nehmen!
London spielt in der Artusliteratur eine unerwartet untergeordnete Rolle, wenn man bedenkt, daß der Brückenkopf am Kiesufer der Themse, den die Römer um 43 n. Chr. anlegten, sich bald zur Großstadt Londinium entwickelte, die die berühmte »Quadratmeile«, Londons heutige City, umfaßte. Noch 1000 Jahre nach Abzug der Römer erfüllte die Stadtmauer ihren Zweck, bis die Häusermassen sie schließlich sprengten. Reste davon sind z. B. bei Tower Hill erhalten.
Geoffrey of Monmouth läßt Uther Pendragon ein grandioses Osterfest in London feiern – wobei er die schöne Ygerne kennenlernt (s. Tintagel), aber in seines Sohnes Karriere geschieht hier nichts von großer Bedeutung: London ist ein Königshof unter vielen. Anders bei Malory. Neben einigen kleineren Epi-

The Tower of London; Handschrift um 1500.

soden – »auf den Feldern von Westminster« wird die Königin Ginevra beim Maientanz entführt; das Boot mit der aus Liebeskummer um Sir Lancelot gestorbenen Elaine schwimmt die Themse hinunter; der Tower wird für Ginevra zur Fluchtburg vor Mordreds Nachstellungen – siedelt er eine ganz zentrale Szene »vor Londons größter Kirche« an. Ein kleiner unbekannter Knappe, ein Fünfzehnjähriger, zieht, ohne zu wissen, was er tut, mühelos ein Schwert aus einem Amboß und Steinblock.

Es ist Artus, auf dem Weg zum großen Turnier, zu dem ganz London hingeströmt ist, der sich auf diese Weise ein Schwert besorgt. Sein Ziehbruder Kai, der schon Ritter ist, hat seins im Quartier liegengelassen und schickt Artus danach. Da keiner da ist, der ihn einläßt, kommt der Junge auf die Idee, das Schwert im Kirchhof auszuborgen. Stein, Amboß, Schwert, die auf geheimnisvolle Weise während des Gottesdienstes erscheinen, sind Teile eines Wunders, das Merlin dem Erzbischof von Canterbury verspricht, falls er alle Edlen des Landes zu Weihnachten nach London zusammenruft. Der andere Teil ist der, daß das Schwert, das in goldenen Lettern demjenigen das Königreich Britannien verspricht, der es zu ziehen vermag, sich nur von Artus bewegen läßt und ihn so als den rechtmäßigen König von Britannien offenbart. Artus wird, nachdem er seine Tat an Lichtmeß, Ostern und Pfingsten vor allem Volk wiederholt hat, in London zum König gekrönt.

Von London nach Canterbury sind es ca. 90 km.

Canterbury geht nicht als die uns faszinierende Kathedralstadt in die Artusliteratur ein, obwohl der Erzbischof von Canterbury am Artushof eine Rolle spielt. Die heutige Kathedrale ist normannischen Ursprungs und wurde im Zusammenhang mit dem Mord an Thomas à Becket (1170) zum berühmten Wallfahrtsort.

Geoffrey of Monmouth spricht von »Durobernia, das heute Canterbury heißt«, und meint damit die ehemalige befestigte Römerstadt, die eine bereits seit 350 Jahren existierende Keltensiedlung mit einschloß. Die erste Kathedrale wurde aber erst 597 angelegt, nachdem St. Augustin das römische Christentum unter den sächsischen Heiden von »Cantwarabyrig« verbreitet und ihren König Ethelbert getauft hatte. In der Zwischenzeit lebten Briten in der alten Römerstadt, und der Usurpator Vortigern hielt dort oft Hof. Hier empfängt er die Brüder Hengist und Horsa (s. Ebbfleet bei Ramsgate); heuchlerisch katechesiert sie der alte Gauner zuerst, um dann durchblicken zu lassen, daß es ihm, Christentum hin oder her, um ein Bündnis mit ihnen zu tun sei. So unterzeichnet er das schicksalsträchtige Abkommen, mit dem er sie gegen die Pikten in Sold nimmt, und quartiert sie in seinem Palast ein.

Von Canterbury nach Ramsgate bzw. Dover sind es 29 bzw. 26 km.

Route II

Wales

Übersichtskarte Route II.

Anreise: Route 2.

Über *Ramsgate* bzw. *Dover* s. Route 1.; Hamburg nach *Harwich* (DFDS Seaways); Hoek van Holland nach *Harwich* (Sealink); Vlissingen nach *Sheerness* (Olau). Nach St. Albans, nw. von London, der ersten Station unserer zweiten Reise, sind es von Ramsgate 163, von Dover 160, von Harwich 137 und von Sheerness 122 km. Die Route führt jedenfalls nördlich um London herum – die London-Orbital-Autobahn, die M 25, ist vollständig.

St. Albans, das römische Verulamium, dessen ausgedehnte Ruinen zu sehen sind, war nach Tacitus die einzige Stadt Britanniens im Rang eines *municipium*, d. h., ihre Bewohner erhielten automatisch das römische Bürgerrecht. Um den Schrein des ersten britischen Märtyrers, des Soldaten Alban, der hier 303 zu Tode kam, wuchs eine mächtige Abtei, die im 19. Jh. Bischofssitz wurde. Eine Stadt von solcher Wichtigkeit muß in der Artussage auftauchen. Nach Geoffrey of Monmouth beschließt hier Uther Pendragon sein Erdenleben. Der König, offensichtlich älter als Ygerne, dem diese außer Artus noch eine Tochter, Anna, schenkt, fängt an zu kränkeln, was die Sachsen so übermütig macht, daß sie es wagen, St. Alban zu überfallen. Aufgebracht läßt sich Uther Pendragon eine Sänfte bauen und an den Tatort bringen. Höhnisch weigern sich die Sachsen, gegen einen »halbtoten König« zu kämpfen, und lassen die Stadttore sperrangelweit offen, zum Zeichen, daß sie ihn nicht mehr fürchten. Wie voreilig sie waren, merken sie, als die Briten sich auf sie stürzen und andern Tags in offener Schlacht besiegen, was dem König solchen Auftrieb gibt, daß er sich ohne Hilfe in der Sänfte aufsetzen kann. Die Sachsen kommen ihm aber schließlich doch bei, indem sie heimlich seine private Quelle so vergiften, daß er sofort stirbt, wie er das Wasser kostet.

Von St. Alban nach Chepstow sind es über die M 25 und M 4 ca. 185 km.

Wales

Die walisische Artustradition unterscheidet sich deutlich von derjenigen Süd-Englands und Cornwalls – es fehlt weitgehend der Filter des anglo-normannischen Rittertums und die damit verbundene universale höfische Dimension der Geschichten. In Wales lebt das Lokale, eine Volksüberlieferung, die vom vorchristlich keltischen und christlichen Britischen lebt und das Historische mit dem Mythologischen verbrämt – hier sind vermehrt topographisch interessante Punkte mit Artus verbunden. Da die alte, keltische Literatur aus den gleichen Quellen schöpft, haben wir es mit einem übermenschlichen Artus zu tun, einem Riesen, Gott oder göttlichen Helden in einer archaischen Gesellschaft. Typisch ist, daß hier Merlin eine große Rolle spielt.
Allerneueste walisische Forschungen glauben durch das Hinzuziehen dieser örtlichen literarischen und geschichtlichen Überlieferungen, Artus' Vorbild in den historischen Königen vom südwalisischen Glamorgan, dem ehemaligen Herzland von Wales, gefunden zu haben. Die konventionelle Geschichtsbetrachtung akzeptiert diese Theorie noch nicht – sie würde das Artusbild und dasjenige der britischen Gesellschaft im 5./6. Jh. völlig verändern.

Direkt hinter der 1966 fertiggestellten Severn Bridge liegt das walisische Grenzstädtchen **Chepstow** auf einem steilen Hügel. Seine großartige normannische Schloßruine über dem Fluß Wye kommt erst richtig vom rechten Wye-Ufer – von England aus – zur Geltung. In den Kalkfelsen unter dem Schloß ist eine schwer zugängliche Höhle, in der nach der örtlichen Überliefe-

Chepstow Castle.

rung König Artus und seine Ritter schlafen sollen, »bis das Reich sie wieder braucht«. Man erzählt sich hier die Geschichte von »Potter Thompson«, die sonst zum Richmond Castle, N. Yorkshire, gehört (s. Richmond Castle) – vielleicht wegen der ähnlichen Topographie.

Von Chepstow nach Lydney sind es ca. 13 km.

Zwischen dem Rand des Forest of Dean und dem träge dahinrollenden Severn läuft die ehemalige Römerstraße, die heutige A 48 nach Gloucester. Vor **Lydney**, ca. 13 km nw. von Chepstow, führt eine Auffahrt zum Gut von Lydney Park, wo auf Privatgelände in einer eisenzeitlichen Befestigungsanlage auf dem Hügel oben ein ganzer Tempelkomplex – Tempel, Bäder, Gästehaus ausgegraben wurde. Er war dem Keltengott Nodens geweiht und wurde in der 2. Hälfte des 4. Jh. errichtet, zu einer Zeit, als das Christentum die offizielle Religion war! Nodens ist der walisische Nudd, der Gott der Anderswelt, der aber auch über Wasser und Schiffahrt gebietet. In dem frühen walisischen Gedicht »The Spoils of Annwn« (s. Einleitung) muß Artus zu Schiff durchs stürmische Meer, bis er den magischen »Kessel der Fülle« aus der Unterwelt entführen kann. Nudds Sohn, Gwyn-ap-Nudd, sinkt zum Feenkönig »der Anderswelt« herab, mit dem der heilige Collen in Glastonbury Tor (s. Glastonbury) in Konflikt gerät.

Von Lydney nach Monmouth sind es ca. 15 km.

Von Lydney hat man die Wahl zwischen mehreren B- oder unklassifizierten Straßen in Richtung Monmouth. Alle sind sie interessant, denn sie führen durch den mächtigen *Forest of Dean*, einen uralten, stellenweise urtümlichen Grenzwald zwischen England und Wales, der sich über 110 km^2 erstreckt. Es gibt

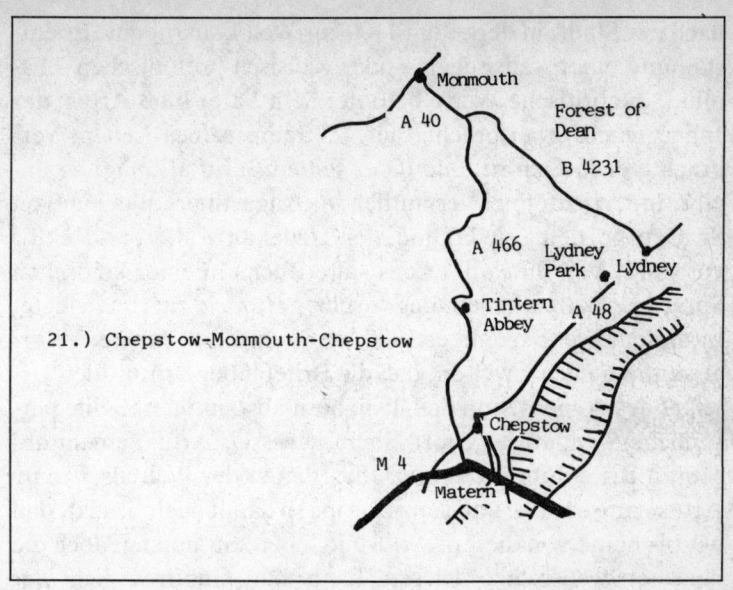

21.) Chepstow-Monmouth-Chepstow

hier Kohle- und Erzvorkommen, die Kelten und Römer schon ausbeuteten – es ist durchaus möglich, daß der historische Artus seinen Waffenbedarf aus der Produktion vom Forest of Dean deckte, denn noch ein Großteil der Ausrüstung für die englischen Kreuzfahrer stammte daher. In kleinen Dörfern, auf ehemaligen Lichtungen, leben die »Foresters«, ein recht eigener Menschenschlag, der zäh an alten Sitten und Gebräuchen hängt.

Das alte Grenzstädtchen **Monmouth** liegt buchstäblich »hinter dem Wald«; von seiner einst gefürchteten Burg und den starken Stadtmauern sind nur noch kümmerliche Reste erhalten, bis auf ein prächtiges Brückentor über dem Monnow. Bekannt ist Monmouth hauptsächlich seines berühmten Sohnes wegen: Gaufridus Monemutensis, Geoffrey of Monmouth, wie er sich nach der Stadt, in der er um 1100 zur Welt kam, nennt. Er entstammte einer walisischen – oder walisisch-bretonischen – Familie, die britische Werte betonte. Sein Vater hieß Artus; der Junge wuchs zweisprachig auf. 23 Jahre seines Lebens verbrachte er in Oxford, und da er seinen Beruf als *magister* angibt, unterrichtete er vermutlich im Augustinerkollegium von St. George, dem sein Freund, der Erzdekan Walter, als Rektor vorstand. Von ihm will er das »alte Buch« in einer keltischen Sprache erhalten haben, das er seiner *Historia* zugrunde legte. In diesem Werk suchte er 1900 Jahre »Inselgeschichte« zu erfassen, um nachzuweisen, daß die Briten über Brutus, den Urenkel des Aeneas, von den Trojanern abstammten. Seine persönliche Sympathie gehört einem gewissen Artus, einem obskuren Britenführer des 5./6. Jhs., den er der Welt als »König Artus« präsentiert, und ganz Europa so damit beeindruckt, daß wir bis heute von diesem Artusbild leben. Stimmen jedoch die neuesten walisischen Thesen, kann man Geoffrey nicht der Übertreibung, höchstens des Irrtums bezichtigen. Im 5./6. Jh. gab es einen Stammeskönig von Glamorgan namens Arthwyr (Artus), der ein gewaltiger Krieger war, nur vermengt Geoffrey seine Taten mit denjenigen eines Artus vom 4. Jh. aus der gleichen Dynastie! Weil ihm der Ortsname Cerniw auf der Grenze zwischen dem heutigen Gwent und Glamorgan, wo deren Residenz lag, nicht mehr geläufig war, wäre ihm der Lapsus unterlaufen, »Cerniw« mit »Cornwall« zu übersetzen. Die Tatsache, daß es einer komplizierten Dreiecksgeschichte und obendrein noch der Zauberkraft Merlins bedarf (s. Tintagel), um Artus in Cornwall zu etablieren, unterstützt diese Theorie.

Der Grund, weswegen Geoffrey zur Feder greift, war ein üblicher im Mittelalter – wer Karriere machen wollte, mußte die Aufmerksamkeit eines Großen auf sich ziehen und ihn zum Mäzen gewinnen. Aber obwohl er die *Historia* dem Bischof von Lincoln, dem Earl of Gloucester (s. Tintagel) und dem Count of Mellent widmete, erhielt er erst 1151 den Bischofssitz von St. Asaph, wozu die Priesterweihe Anfang 1152 noch schnell nachgeholt werden mußte. Es ist fraglich, ob er sich je aktiv um seine Gemeinde kümmerte – einer der unzähligen Kriege machte das Grenzgebiet unsicher. Geoffrey soll drei Jahre danach, 1155, gestorben sein.

Von Monmouth nach Whitechurch sind es ca. 6 km.

King Arthur's Cave und »Castle Genoreu«: Von Monmouth läßt sich ein lohnender Abstecher Wye-aufwärts – nach England – in ein großartiges Wandergebiet am Rande des Forest of Dean machen. Ein ca. 10 km langer, mit gelben Pfeilen markierter Rundweg (der beliebig verkürzt werden kann) verbindet die Artushöhle mit der landschaftlich sehr schönen Wye-Schlucht. Er beginnt hinter dem Parkplatz »Symonds Yat«, der bei **Whitechurch** ca. 6 km nö. von Monmouth mit »Symonds Yat West« ausgeschildert ist. Zuvor führt die A 40 am Fuß des Hügels *Little Doward* entlang, durchs Dorf *Ganarew*. In Geoffrey of Monmouths *Historia* kommen beide Namen vor, die eisenzeitliche Festung auf dem Hügel, Vortigerns letzter Schlupfwinkel, als »Castle Genoreu«, und der Hügel selbst als »Cloartius« statt »Doartius«. Geoffrey dürfte diese Überlieferung aus seiner Jugend in Monmouth (s. Monmouth) gekannt haben. Mit sichtlichem Genuß läßt er den halbwüchsigen Merlin dem Usurpator seine hoffnungslose Lage vor Augen führen. Uther Pendragon und Aurelius Ambrosius, die Söhne des ermordeten Konstantin, sind bereits im Anzug, um ihren Vater zu rächen, und die Sachsen trachten ihm auch nach dem Leben. Lakonisch gibt ihm Merlin den Rat, er solle weglaufen, falls er wisse, wohin, und sagt ihm voraus, daß ihm die Brüder die Festung über dem Kopf anzünden würden. So geschieht es auch, und Vortigern kommt jämmerlich in den Flammen um.

Der Pfad zur Artushöhle streift Erzgruben, die Kelten und Römer vor mehr als 2000 Jahren in Betrieb hatten. Die Höhle am Nordende des Hügels, unterhalb eines Steinbruchs, wurde 1870 und 1912 erforscht, wobei Steinwerkzeuge und Waffen sowie Knochen längst ausgestorbener Tiere – Mammut, Wollnashorn, Höhlenbär, Riesenelch usw. zum Vorschein kamen. Sie dürfte in der Altsteinzeit, vor 10 000 Jahren, einer Jägersippe als Wohnung gedient haben und hätte für Widerstandskämpfer wie Artus und seine engsten Getreuen in der Tat einen Unterschlupf abgeben können. Die Volksüberlieferung, daß Merlin Artus' Schätze hier vergraben habe, ist vielleicht eine letzte konfuse Erinnerung an die keltisch-römische Metallverarbeitung.

Von Monmouth nach Tintern Abbey sind es 17 km.

Von Monmouth gelangt man durch das friedliche Wyetal zu den von den englischen Romantikern verherrlichten Ruinen der Zisterzienserabtei von **Tintern Abbey**. »Tintern« ist die anglisierte Vereinfachung von »Din Teyryn«, einer kleinen Festung unweit davon, von der aus der alternde König Tewdrig von Glamorgan um 500 noch einmal die Waffen gegen die Sachsen ergriff, den Sieg errang, aber tödlich verletzt wurde. Auf der beschwerlichen Reise per Ochsenkarren zu seiner Residenz in Glamorgan verschied er und wurde begraben. Da er im Kampf gegen die Heiden gefallen war, verehrte ihn das Volk als Märtyrerkönig, und sein Sohn Meurig setzte das Kirchlein von Mathern (s. Mathern) über sein Grab.
Aus walisischen Quellen geht hervor, daß »Uther Pendragon« kein Eigenname, sondern ein Titel war, der soviel bedeutete wie »Großartiger Anführer«. Mehrere Könige von Glamorgan trugen ihn, so z. B. Tewdrigs Sohn Meurig und sein Enkel Arthwyr, von dem die jüngste walisische Forschung annimmt, daß es sich um das Modell des literarischen Artus handelt.

Tintern Abbey.

Von Tintern Abbey zurück nach Chepstow sind es 7 km.

Man kann Chepstow jetzt auf der A 466/48 umfahren, um nach **Mathern**, 5 km s., zu gelangen (s. Tintern Abbey). Hier ist nicht nur der Bischofspalast aus dem 15. Jh., umgeben von seinen Garten- und Parkanlagen, zu sehen, sondern auch das hübsche Normannenkirchlein St. Tewdric, das das britische ersetzte, das König Meurig über seines Vaters Grab errichten ließ. Hier läge also Artus' Großvater begraben.

Von Chepstow nach Caerwent sind es ca. 6 km.

Sechs Kilometer auf der alten Römerstraße, der jetzigen A 48, bringen einen zum Dorf **Caerwent**, auf und neben den Überresten der ehemaligen Römerstadt Venta Silurum, die vor ca. 1900 Jahren einer Zivilbevölkerung von 2000 Einwohnern Schutz bot. Sie war ein Musterbeispiel römischer Städteplanung: auf 18 ha waren Tempel, Forum, Amphitheater, Bäder, Geschäfts- und Wohnquartiere rechteckig angeordnet und von einer starken Mauer umzogen. Stellenweise stehen sie noch bis 5,20 m hoch; Reste des Süd- und Osttores sind auch erhalten. Ausgrabungsprogramme sind in vollem Gang, und neue Funde kommen fast täglich zu früheren in den Museen von Newport und Cardiff.
Venta Silurum war teils das Resultat einer Zwangsumsiedlungsmaßnahme, teils ein Köder, der den Kelten die römische Zivilisation schmackhaft machen sollte. 1,5 km nw. auf dem bewaldeten Hügel Great Llanmellin sind die Wälle und Gräben der großen Festung der Siluren zu sehen, die unter ihrem Stammeskönig Caractacus um 70 n. Chr. den Römern erbitterten Widerstand leisteten und ihre angestammte Lebensweise nur unter massivem Druck aufgaben. Die Römer beließen ihnen klugerweise eine gewisse Eigenständigkeit, was eine Inschrift

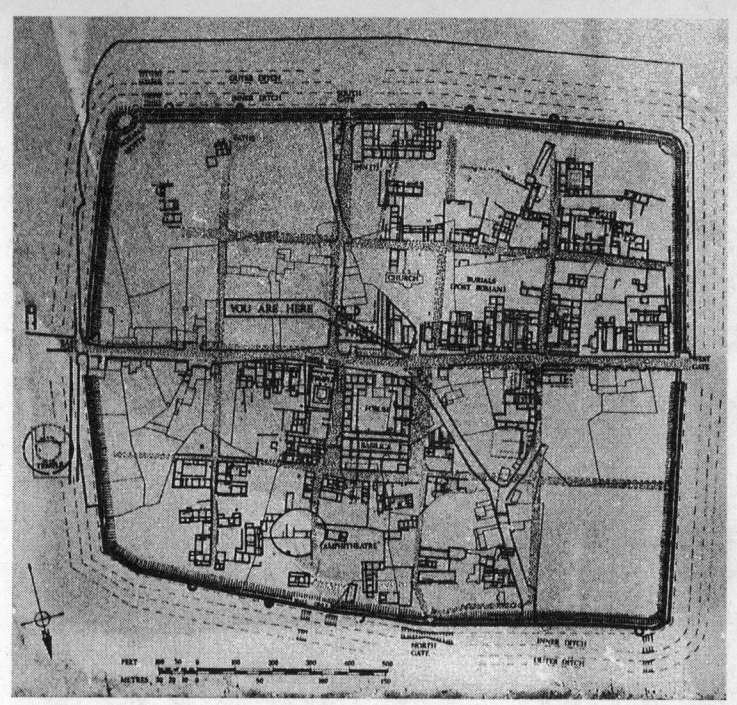

Caerwent.

auf einem Stein in der Kirche von Caerwent bestätigt, in der sie sich »Civitas Silures« nennen. Die Neubefestigung der Stadt mit sechs Bastionen, auf die Steinschleudermaschinen aufmontiert werden konnten, zeigt an, daß sie im 4. Jh. soweit romanisiert waren, daß sie nun mit derselben Hartnäckigkeit die Errungenschaften der römischen Zivilisation gegen die germanischen Barbaren verteidigten. Nach Abzug der römischen Truppen kann sich das Städtchen nicht länger als bis ins 5. Jh. intakt gehalten haben – Skelettüberreste in den Stadtmauergräben weisen auf Überfälle und Kämpfe hin.

Der britische Lokalkönig Ynyr, der Sohn des Caradog, muß Ende des 5. Jhs. hier eine Festung und Land besessen haben, denn auf seine Einladung hin gründete der irische Heilige St. Tathan eine christliche Gemeinde und baute auf geschenktem Land eine Kirche und eine Schule auf. Das dürfte an der NO-Seite der Stadtmauer gewesen sein, denn dort wurden die Grundmauern eines 6,40 m × 5,20 m großen Gebäudes freigelegt, dessen Apsis nach Westen zeigte. Unweit davon kam 1912 ein Steinsarg mit einem Skelett zum Vorschein, von dem man glaubte, es sei St. Tathans. Im Originalsarg wurden die Gebeine feierlich im Boden der Caerwentkirche beigesetzt. St. Tathan war ein einflußreicher Lehrer; sein prominentester Schüler war St. Cadoc of Llancarfan (s. Llancarfan).
Artus, der 37. König von Glamorgan, vielleicht das ursprüngliche Vorbild des literarischen Artus, vereinte das keltische und das römische Erbe in sich. Väterlicherseits stammte er von den Siluren, mütterlicherseits von den Nachkommen des weströmischen Kaisers Magnus Maximus ab.

Von Caerwent nach Caerleon sind es ca. 14 km.

Caerleon, »die Stadt der Legion«, ist heute schon fast ein Vorort der Industriestadt *Newport*. Sie liegt strategisch günstig in einer Schleife des Usk (lat. Isca), wo sich seit den siebziger Jahren des 1. Jh. n. Chr. die römische Festung Isca Silurum, das militärische Gegenstück zu Venta Silurum, ausbreitete. Von hier, wo die 2. Legio Augusta permanent stationiert war, ging die Unterwerfung von Südwales, u. a. auch die Operationen gegen die Siluren, aus. Mauern und Gräben umfaßten ein Rechteck von 20 ha – sie lassen sich auf der freien Südseite verfolgen; die Nordseite ist überbaut. Zum ersten Mal im europäischen Raum ist hier eine Kaserne freigelegt worden: 64 Blöcke, die eine Durchgangsstraße in 2 Teile zerlegt, per Block 8 kleine

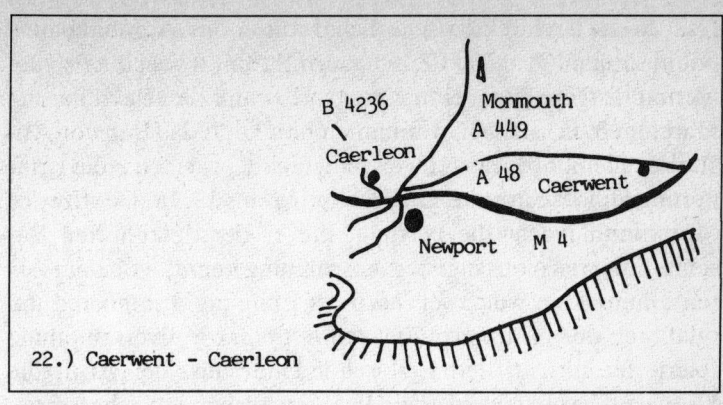

22.) Caerwent – Caerleon

Rechtecke – Wohn- und Schlafräume der Soldaten – plus 4 Waffen- und Rüstungskammern, am einen Ende der etwas größere Posten des Centurio; Küchen mit allgemeinen Kochstellen – die Soldaten mußten sich selbst verpflegen – liefen die Festungsmauer entlang. In der Ecke gegenüber befanden sich die Latrinen. Trotz strengster Organisation muß es bei voller Belegschaft von 5000–6000 Mann eng gewesen sein.

Um so großzügiger fiel dafür das Bade- und Sportzentrum aus: Drei 15 m hohe Badehallen, für heiße, warme und kalte Bäder, ein großes Schwimmbecken im Freien und viel Platz für athletische Spiele. Diese Anlage stand den berühmten Bädern in Rom in nichts nach, auch sie war reich geschmückt mit Wandgemälden, Mosaiken und Skulpturen. Die Zivilbevölkerung, die britischen Soldatenfrauen und ihre Kinder hatten offensichtlich auch Zutritt zu den Bädern: Haarnadeln, Schmuck, eine ganze Anzahl hübscher Gemmen – und ein paar ausgefallene Milchzähne – wurden aus den Abwasserkanälen herausgesiebt! Das neue Bademuseum ist ein Musterbeispiel für lebendige Archäologie und Geschichte, das dem Besucher mit viel Liebe das Leben in Isca Silurum näherbringt.

Das zweite architektonische Schaustück, das Amphitheater, bot in seinem Oval 6000 Zuschauern Raum, wobei die Privilegierten Logenplätze einnahmen. Obwohl die Bevölkerung schon im 3. Jh. stark abgenommen hatte und das Bad vor Abzug der Römer bereits teilweise abgerissen war, lebte die Erinnerung an Isca Silurums Glanzzeiten bis ins 12. Jh. Geoffrey of Monmouth macht die Festung, die er der detaillierten Beschreibung nach aus eigener Anschauung kennt, zu König Artus' Hauptstadt, wo dieser, nach der Einigung Britanniens und dem Sieg über Europa, Pfingsten mit einer Vollversammlung feiert. Er gibt ihr den Erzbischof Dubricius, der Artus die Krone aufsetzt (obwohl er als 15jähriger schon in Silchester gekrönt worden war), fügt eine Universität, wo u. a. Astrologie gelehrt wird, sowie zwei Kirchen von hohem Rang hinzu. Ganz allgemein ist sie mit ihren vergoldeten Giebeln »Rom ebenbürtig«. Daran muß etwas gewesen sein, denn wenig später beschreibt Giraldus Cambrensis (s. Manorbier) die Ruinen und erwähnt voller Bewunderung die Bäder und die goldenen Palastdächer!

Die Liste der zur Versammlung Geladenen ist ellenlang und nennt die Großen Britanniens und halb Europas. 2000 Edle in Hermelin reichen beim Festmahl Speisen und Getränke herum. Das Ritterideal ist voll entwickelt und die Moral dementsprechend verfeinert: die Damen schenken ihre Liebe nur dem erprobten, tapferen Ritter, der wiederum kämpft aus Liebe und Achtung zur Dame. Wettbewerbe und Kampfspiele, denen die holde Weiblichkeit von der Stadtmauer aus zusieht, beschließen den Tag, und die Sieger werden großzügig von Artus bedacht.

Camelot ist hier in jeder Hinsicht schon vorweggenommen, und es zeigt Geoffreys Sinn fürs Dramatische, daß er in diese prächtige, zivilisierte Gesellschaft die Abgesandten des römischen Kaisers platzen läßt, die Tribut von diesen Barbaren for-

Caerleon, Rekonstruktion der Bäder.

dern! Die *Historia* hat einerseits auf die Ortsüberlieferung abgefärbt, andererseits hat diese eigene Geschichten entwickelt. Lange bevor das Amphitheater 1926 ausgegraben wurde – 20000t Erde mußten weggeräumt werden –, glaubten die Bewohner Artus' Tafelrunde darin gefunden zu haben. Die Normannenmotte im Privatpark hinter der Kirche (von der Straße aus sichtbar) soll zu Artus' Palast gehört haben; er sollte den Hügel aufgeschüttet und einen riesigen Turm darauf gesetzt haben, um der heimwehkranken Ginevra die Sicht auf die Küste des heimatlichen Somerset zu ermöglichen. Auch eine wenn auch vage Version der »Höhlenlegende« lebt hier: Vor Caerleon wurde ein Bauer von einem »Fremden in einem Dreispitz« angesprochen und zu einer Höhle im Wald geführt, worin Artus und 10000 Mann in tiefem Schlummer lagen. Aus Ungeschicklichkeit berührte der Bauer, trotz Warnung des Fremden, eine Glocke, wobei ihr Geläut sie aufweckte. Nur der beruhigende Zuruf des Fremden, sie sollten weiterschlafen, rettete den Bauern, der eiligst davonlief und später die Stelle im Wald nie wiederfand.

Eine reale Beziehung zum historischen Artus hat Caerleon je-

Caerleon, Amphitheater.

doch aufzuweisen. Die Pfarrkirche »St. Cadoc« gründete Cadoc of Llancarfan (s. Llancarfan), ein Zeitgenosse von Artus.

Von Newport nach Cardiff-Stadtzentrum sind es über die M4 ca. 16 km.

Cardiff, seit 1955 Hauptstadt von Wales, gehörte im 5./6. Jh. zum Königreich Glamorgan (»Morganuc«, der Staat am Meer) über den um 500 der britische König Arthwyr bzw. Artus herrschte (s. Tintagel, Mathern, Caerwent). Der Burghügel von Cardiff weist Spuren einer römischen Festung auf, die die Briten übernahmen.

Das **Nationalmuseum** besitzt eine großartige Sammlung von Funden aus der keltischen, römischen und britischen Periode, so daß man sich ein Bild von der Realität machen kann, von der die Artusliteratur ausgeht.
Aufgepaßt! Man beachte Öffnungszeiten und Vorschriften peinlichst. Für das allgemein sehr großzügige Wales ist das Museum eine ausgesprochen bürokratische Institution!

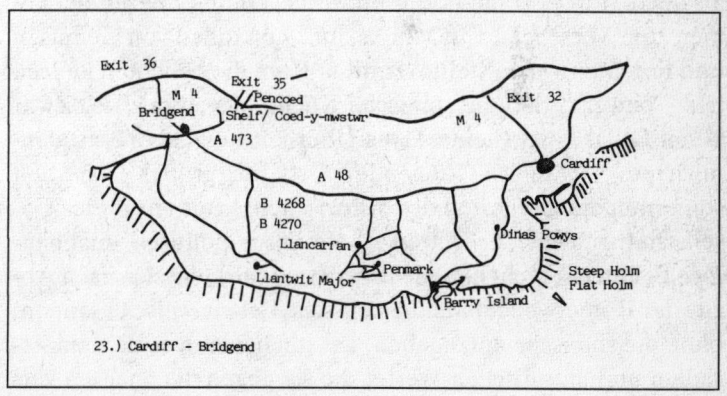

23.) Cardiff - Bridgend

Das Dörflein **Dinas Powys,** 5 km sw. von Cardiff, träumt trotz Großstadtnähe in ländlichem Frieden vor sich hin. Auf dem Hügelplateau darüber liegt eine kleine, vierwallige Festung, die per Fußpfad zu erreichen ist (hinter Burgruine am Dorfrande den Berg hoch). Nach Ausgrabungen von 1958 war sie bis ins Mittelalter bewohnt, geht aber aufs 5./6. Jh. zurück. Was diese Anlage von Hunderten dieser Art unterscheidet, ist der Reichtum und die Vielfalt an Fundgegenständen, die zum großen Teil aus einer Abfallgrube kamen.

Auf Dinas Powys saß ein nicht unbegüterter Zeitgenosse von Artus, der teils von Viehzucht, teils von Metallverarbeitung lebte und die größte bis jetzt gefundene nachrömische Halle mit Familie und Gesinde teilte. Daneben stand eine Scheune, und im Hof dazwischen wurde in mehreren Schmelzöfen örtlich gewonnenes Erz über den Eigenbedarf hinaus zu Waffen und Werkzeugen verarbeitet. Dieser Schmied war auch in Feinarbeit bewandert; er schmolz germanisches Altmetall und Altglas zu keltischen Mantelbroschen und Schmuck um. Die Produkte dieser Heimindustrie wurden gegen Luxusgüter aus dem Mittelmeerraum eingetauscht; denn auch größere Mengen Tintagelscherben (s. Tintagel), und zwar sowohl feines Tafelgeschirr als auch Transportamphoren für Wein, Öl und Spezereien kamen zum Vorschein. Ein Mörser zum Zerstoßen von Gemüsen und Früchten – man stellte damit in Rom die beliebten Saucen her – beweist, daß die römische Küche hier überlebte. Zwar kennt Dinas Powys keine Artus-Überlieferung, aber es ist dennoch ein wichtiger, spannender Ort: mit großer Sicherheit stammten die Gefährten des historischen Artus aus dieser Gesellschaftsschicht. Es waren ökonomisch-politisch unabhängige Briten mit recht hohem Lebensstandard, die sich nach Abzug der Römer wieder auf die keltische Lebensweise besannen, ohne die römische aufzugeben. Letztlich waren es diese materiellen und moralischen Werte, die sie gegen die Sachsen verteidigten. Von der Festung kann man über den Bristolkanal bis zur Küste von Somerset sehen. Feuersignale vom Brent Knoll (s. Brent Knoll) sind hier mühelos erkennbar.

Im Bristolkanal liegen die beiden kleinen Inseln, **Steep Holm** und **Flat Holm**, auf die sich Heilige gerne zurückzogen. Drei Zeitgenossen von Artus waren darunter: St. Gildas, der Historiker, der Artus *nicht* erwähnte (s. Einführung) und hier ein Kapellchen errichtete, St. Cadoc of Llancarfan, der der Vita zufolge Artus Kompensation zahlen mußte, und St. Illtud von Llantwit Major, ein Cousin von Artus, der seine brillante militärische Karriere abbrach, um Mönch zu werden.

St. Cadoc, der Abt des Klosters Llancarfan, mit dem der *dux bellorum* in argen Konflikt geriet (s. Einführung), war ein eifriger Kirchengründer. Der Stadtteil **Cadoxton** (Cadoc's Town) der Hafen- und Industriestadt **Barry**, 22 km von Cardiff, ist nach einer solchen benannt. Inmitten der Arbeitersiedlung steht nicht das Original, aber St. Cadoc's ist eine hübsche, alte Kirche mit Spuren von Wandmalerei. Barry selber geht auf St. Cadocs Freund und Kollegen St. Baruch zurück, zu dessen Kirchlein auf **Barry Island** (mit dem Festland verbunden) vor der Industrialisierung halb Wales pilgerte. Heute kommen die Arbeiter zu Tausenden zu den großen Vergnügungsparks auf der Insel. Grotesk ist, daß die Ruine aus dem 5./6. Jh. mit einem Metallgitter gegen Vandalismus geschützt werden mußte – sie steht auf dem Grund des Butlin's Holiday Camp!

Trotz Elektrizitäts- und Zementwerk, dem Flughafen von Rhoos und den Militärübungsplätzen bringt es das Dorf **Penmark**, ca. 2 km w. von Barry, fertig, ländlich verschlafen auszusehen. Seinen Namen soll es Isoldens Gatten Mark verdanken, der sich hier, als alter Mann, weit weg von Cornwall, als Ein-

St. Cadoc's Church, Cadoxton, Barry.

siedler niedergelassen haben soll, um seine reichlichen Sünden abzubüßen. Es ist nicht festzustellen, wie echt diese Überlieferung ist. Vielleicht ließen sie die normannischen Ritter der Burg Penmark, deren ausgedehnte Ruinen hinter der Kirche liegen, zirkulieren. Andererseits wurde in der Kirche die Reliquie eines St. Mark aufbewahrt.

Fährt man auf den winzigen, manchmal nur autobreiten Sträßchen nach **Llancarfan**, ca. 1,5 km n. von Penmark, verliert man sich vollends in der walisischen Ländlichkeit – die Zeit steht still. Zum Aufsuchen eines keltischen Klosters ist das keine schlechte Einstimmung, denn das keltische Christentum sah, voll Ehrfurcht, in der Natur die Manifestation des göttlichen Geistes.
St. Cadoc »der Weise« – manche frühen walisischen Quellen machen ihn zu König Artus' Ratgeber, was bei Artus von Glamorgan (s. Tintern, Mathern, Caerwent) natürlich möglich gewesen wäre – war der Sohn des Lokalkönigs Gwynlliw. Im frühen 6. Jh. entsagte er der Welt, um das Kloster und die Schule von Llancarfan zu gründen, wo u. a. St. Gildas lehrte. 600 Jahre später produzierte dessen Skriptorium unentwegt Heiligenleben – und unverblümte Propaganda gegen Artus. Zwei der bekanntesten Beispiele dafür stammen aus St. Cadocs Vita (s. Einführung). Das erste ist um so peinlicher für Artus, als das Mädchen, Gwladys, dessen schwierige Situation er zu einem Liebesabenteuer ausnützen möchte, sich als die zukünftige Mutter von St. Cadoc entpuppt! Die Episode mit den Kühen weist auf den Konflikt zwischen weltlicher und geistiger Macht und offenbart die Haltung der Kirche gegenüber dem *rex rebellis*, wie ihn Caradoc of Llancarfan im Leben von St. Gildas nennt (s. Einführung). Im 12. und 13. Jh. spürte man im Kloster wohl sehr deutlich, daß König Artus, der walisische Nationalheld, den Heiligen beim Volke die Schau stahl.

Llancarfan, das sich natürlich schneller über die A 48, mit Abzweigung hinter Bonvilston, erreichen läßt, liegt in einem stillen Tälchen am offenen Dorfbach. Die Klostersiedlung muß nach keltischer Art dezentralisiert gewesen sein, verschiedene alte Bauernhöfe weisen noch Klostermauern auf. Im Garten der Farm Llanveithyn sind mehrmals Skelette ausgegraben worden, vermutlich vom ehemaligen Mönchsfriedhof. Jahrhundertelang kursierte das Gerücht im Tal, der Dichter Aneirin, der Verfasser des *Y Gododdin* (s. Einführung), sei bei einem Streit im Kloster, in dem er, als ehemaliger Schüler, nach der Katastrophe von Cathreth (s. Catterick) Zuflucht gesucht habe, ums Leben gekommen. Ein Klosterbruder sei mit einer Axt auf ihn losgegangen und habe ihm ein Bein abgehackt – das Grab sei unauffindbar. Handwerker wollen vor ca. 100 Jahren bei Renovierungsarbeiten in den dicken Mauern von Llanveithyn auf das Skelett eines einbeinigen Mannes gestoßen sein. Wenn das Ganze nicht nur ein Produkt der Sensationslust ist, der die Menschen zu allen Zeiten huldigten, ist es nicht ausgeschlossen, daß sie den Barden, der im gleichen Jahrhundert wie Artus lebte, gefunden haben.
Die heutige Kirche im Talgrund aus dem frühen und späten 13. Jh. steht ziemlich sicher an der Stelle von St. Cadocs erstem Kirchlein.

Das sog. **Vale of Glamorgan** im Küstenstreifen zwischen der alten Römerstraße A 48 und dem Meer ist hochinteressant mit seinen Überresten aus der Bronze- und Eisenzeit, den römischen Forts und den unzähligen kleinen Kirchen aus dem Zeitalter der Heiligen. Daraus ragt im wahrsten Sinne des Wortes die große Kirche von St. Illtyd/Illtud in **Llantwit Major** an der B 4265 heraus, genauso wie der Heilige, an den die Kirche erinnert, aus der Schar der Kirchenmänner des 5. und mittleren 6. Jh. herausragt. St. Illtyd war von Geburt Bretone, ein Groß-

St. Illtyd's Church, Llantwit Major.

Radkreuz, 9. Jh., Llantwit Major.

neffe von St. Germanus von Auxerre und Cousin des etwas jüngeren Artus. Um 450 machte er sich daran, das seit Jahrzehnten verfallene, von römischen Christen im 3./4. Jh. angelegte Kloster in Llantwit neu zu beleben, und zwar mit soviel Geschick, daß hier Britanniens größte Schule, eine eigentliche Universität, entstand. Auf ihrem Höhepunkt lebten hier 2000 Studenten aus verschiedenen Ländern in 400 Holzhäusern und 7 großen Hallen um die Kirche herum. Neben Theologie wurden die klassischen Künste gelehrt, aber auch praktische Dinge wie Ackerbau und Technik. Illtyd selbst entwickelte einen neuen Pflugtyp, der in Wales weite Verbreitung fand. Manche, die hier studierten, wurden berühmt, wie St. David, der Nationalheilige, St. Gildas, der Historiker, Maelgwyn (s. Deganwy), der Barde Taliesin und Artus, *dux bellorum*. St. Samsons Eltern brachten ihren Jungen persönlich aus der Bretagne hierher, um ihm die bestmögliche Erziehung angedeihen zu lassen.

St. Illtyd beeindruckte seine Zeitgenossen nicht nur durch sein Wissen, sondern auch durch seine tiefe Frömmigkeit. In ihm verbanden sich die besten Züge seiner Zeit, keltische Tradition, römische Gelehrsamkeit, christliche Moral, mit einer charismatischen Persönlichkeit. Bis heute verehren ihn die Waliser als »Illtyd Farchog«, »Illtyd, der ritterliche Soldat«, weil er die weltliche Laufbahn eines britischen Fürsten eingeschlagen hatte, ehe er sich der Kirche zuwandte. Verschiedentlich wird darauf hingewiesen, daß er der literarischen Schöpfung des Gralsritters Galahad zugrunde liegt.

Die heutige Kirche ist unerwartet groß für das kleine Dorf. Sie besteht aber eigentlich auch aus zwei, einer Pfarrkirche aus dem 12. Jh. auf der Stelle von Illtyds Original, und einer Klosterkirche aus dem 14. Jh., mit einem Turm als Nahtstelle. Was zu sehen ist, stammt allerdings aus Umbau- und Renovierungsarbeiten des 15. Jhs., einschließlich der Wandgemälde, die die Puritaner unter Tünche verschwinden ließen.

Beeindruckend sind die keltischen Kreuze in der Westkirche. Von St. Illtyds Kreuz (8. Jh.) existiert nur noch der massive Schaft mit »SAMSON POSUIT HANC CRUCEM PRO ANIMA EIUS« (Samson stellte dieses Kreuz auf für seine Seele) auf der Vorderseite und »ILTUT« auf der Rückseite. Das prächtige Radkreuz mit den typischen Flechtmustern ließ Hywel für seinen Vater Rhys im 9. Jh. errichten. Von Interesse im Artusschen Zusammenhang ist auch St. Samsons Kreuz (s. Golant), das mehr einem großen Menhir gleicht. Abt Samson ließ diesen Stein für seine Seele und diejenige der Könige Ithael und Arthmael (notabene eine walisische Form für Artus) herrichten. In Llantwit Major wurden die Großen von Glamorgan begraben – es war eine Art walisisches Westminster.

Von Llantwit Major nach Bridgend sind es ca. 16 km.

Bei **Bridgend** fängt bereits die trostlose Großindustrielandschaft der walisischen Südküste an, die uraltes Kulturgebiet mit Fabriken, Hochöfen, Schutt- und Schlackenhalden und Schloten überzieht. Erstaunlicherweise finden sich mittendrin unberührte Ecken, die, wenn sie von Archäologen untersucht werden, plötzlich für Schlagzeilen sorgen, wie z. B. die Höhle von **Coed-y-mwstwr** bei **Pencoed** (A 48, A 473, unbezeichnete Straße nach Shelf). St. Illtyd soll hier seinen Cousin Artus aus taktischen Gründen heimlich begraben haben. 1884 folgte die Cardiff Naturalist Society dieser Spur und vergrößerte den Höhleneingang mit einer Ladung Dynamit. Leider haben sie ihre Ausgrabungen nicht dokumentiert – außer Knochen, die sie auch nicht näher bestimmten, fanden sie nichts. Jetzt wird vermutet, daß sie vielleicht doch das Grab freigeschaufelt hätten, denn im Felsboden ist eine eingehauene Vertiefung zu erkennen. Nach einem Manuskript vom 9. Jh. soll dies sowieso nur ein Provisorium gewesen sein – Artus sei später in ein ande-

res, unbekanntes Grab überführt worden. Ob zu Schiff, auf die andere Seite des Bristolkanals – nach Somerset (s. Glastonbury)?
Es ist schon möglich, daß bei Pencoed die Unklarheiten über Tod und Begräbnis des historischen Artus begannen, die für die Psychologie des Waliservolkes weitreichende Folgen hatten und sich für die Literatur als so fruchtbar erweisen sollten.

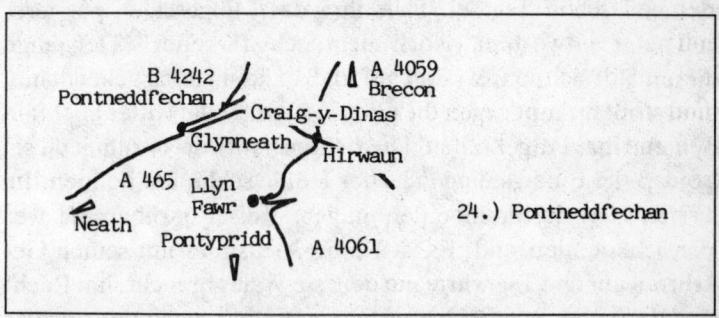

Von Bridgend nach Pontneddfechan über die M 4, A 465 und B 4242 sind es ca. 53 km.

Das **Vale of Neath** zieht sich aus der Schwerindustrie von Swansea heraus in die Hügel hinein, in denen die Schäden des Kohleabbaus mehr oder weniger sichtbar sind. Man verläßt die A 465 bei Glynneath und fährt auf der B 4242 bis **Pontneddfechan**. Über dem Zusammenfluß des Sychryd und des Melltre, der in Wasserfällen zu Tal stürzt, erhebt sich der kahle Felskopf von **Craig-y-Dinas**, dem »Fels der Festung«. Er ist von einem Höhlensystem durchzogen, dem Anlaß zur bekanntesten »Höhlenlegende«.
Ein junger Waliser auf Arbeitssuche wird von einem Fremden auf der London Bridge angesprochen. Er verheißt ihm vom Ort, wo dessen Haselstecken herkommt, große Reichtümer und zeigt dem Jüngling, als dieser ihn zum Wurzelstock am

Craig-y-Dinas hinführt, den darunterliegenden Eingang zur Höhle. Darinnen liegen schlafende Bewaffnete, einer mit einer goldenen Krone neben sich. In ihrer Mitte ist ein Haufen Gold- und ein Haufen Silbertaler aufgetürmt. Der Fremde erlaubt ihm, von einem der beiden zu nehmen, macht ihn aber darauf aufmerksam, daß er die Glocke im Gang nicht berühren dürfe. Ihr Klang würde die Männer aufwecken, die ihn fragen würden, ob schon Tag sei. Falls ihm das Mißgeschick passiere, müsse er antworten: »Noch nicht, schlaft weiter!« Der junge Mann lädt sich so viel Gold auf, daß er kaum noch gehen kann, und stößt prompt gegen die Glocke, worauf die Ritter hochfahren und ihre Frage stellen. Die richtige Antwort beruhigt diese, so daß die Eindringlinge aus der Höhle schlüpfen können. Im Freien klärt der Fremde den jungen Waliser darüber auf, wer die Schlafenden sind. Es ist König Artus, der mit seinen Gefährten auf den Tag warte, an dem sie Wales braucht, um Recht und Ordnung wieder herzustellen. Er verschwindet mit der Mahnung, das Gold nicht zu verschwenden. Aber natürlich tut der junge Mann genau das Gegenteil. Er sucht die Höhle zum zweiten Mal auf, und der Vorgang wiederholt sich, nur daß er diesmal aus Gier den Kopf verliert und die Antwort vergißt. Die Ritter stürzen sich auf ihn, nehmen ihm das Gold ab und verprügeln ihn so, daß er mehr tot als lebendig die Höhle verläßt. Sein Leben lang bleibt er ein Krüppel und bettelarm – den Eingang zur Höhle findet er nie wieder.

Sw. von **Hirwaun** (A 465) unter dem steilen Hang von Craig y Llyn, liegt der ehemalige Bergsee **Llyn Fawr** mitten im Wald. Vom Aussichtspunkt an der A 4061 ins Rhondatal kann man darauf hinuntersehen. Bis 1911, als er in ein Reservoir umgewandelt wurde, näherten sich ihm die Bewohner der Hochtäler nur mit einer gewissen Scheu, denn er galt als Wohnstätte der Feen. Es heißt, frühmorgens sei da zuweilen die »Dame vom

See« beim Kämmen ihres goldenen Haares überrascht worden. Als der Wasserspiegel für die Konstruktionsarbeiten gesenkt wurde, kam ein Hort zum Vorschein, der Archäologenherzen höher schlagen ließ. 24 Gegenstände vorwiegend aus Bronze – zwei große, bauchige Kessel, Äxte, Meißel, eine Rasierklinge, Schmuckgegenstände, Sicheln, eine eiserne Speerspitze – und eine eiserne Schwertklinge! Sie sind ins 5.–6. Jh. v. Chr. datiert worden und im Nationalmuseum Cardiff (s. Cardiff) ausgestellt. Es ist recht eindeutig, daß es sich hier um Votivgaben, nicht um willkürlich verlorene Gegenstände einer Pfahlbausiedlung handelt. Den Kelten war das Wasser heilig, vor allem in Form von Quellen und tiefen Seen. Sie kannten eine »Göttin des tiefen Wassers« und sollen sie hier unter dem Namen »Morgan« verehrt haben: der Wald um den See heißt noch immer »Coed Morganwg«; »Glamorgan« soll auch davon abgeleitet sein. Letztlich war sie eine Erscheinungsform der Großen Mutter. Man darf annehmen, daß sie das Original der »Dame vom See« der Artusliteratur ist, die in den Romanen als »Viviane«, Merlins Freundin, vorkommt, aber manche ihrer Züge auch »Morgane, der Fee« verliehen hat (s. Glastonbury, Avalon).

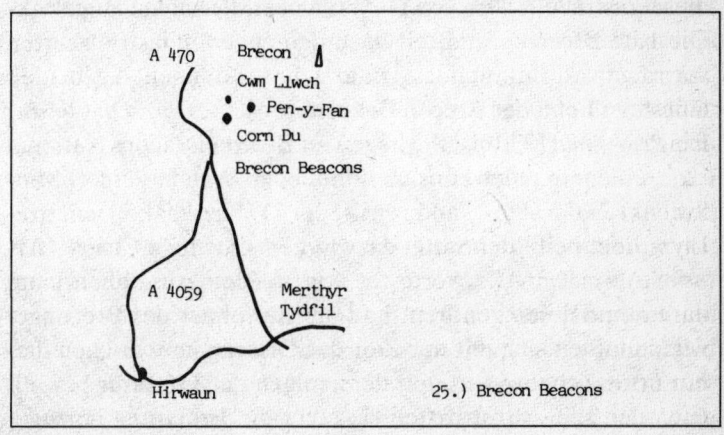

25.) Brecon Beacons

Arthur's Chair, Brecon Beacons, Brecon Nationalpark (Brendan-Martin Botheroyd).

Die Bergstraße A 4059 von Hirwaun über die kahlen Hügelrücken nach **Brecon** vermittelt nach den engen industrialisierten Tälern etwas Befreiendes. Bald schon kommen die beiden höchsten Gipfel der **Brecon Beacons** in Sicht, *Corn Du* (266 m) und *Pen-y-Fan* (270 m). Sie liegen im Brecon Beacons National Park, einem in jeder Hinsicht lohnenden Wandergebiet. Mindestens seit Giraldus Cambrensis, der 1175 Erzdiakon von Brecon wurde, heißt der Sattel dazwischen »**Arthur's Chair**« (Artus' Stuhl). Ein Allerwertester von solchen Ausmaßen kann nur einem Riesen gehören, und die Bewohner des Brecongebietes mußten sich mit der Zeit der Diskrepanz zwischen diesem urtümlichen Artus und demjenigen der Literatur bewußt geworden sein, sonst hätten sie nicht die Erklärung hinzugefügt, er habe dort oben zur Tafelrunde versammelt. Gewisse Felsbrocken sollen Bruchstücke des Tisches sein.

Fest steht, daß diese Bergspitzen und der tiefe Bergsee **Cwm Llwch** nw. davon mit der vorchristlichen Religion in Beziehung standen. Lange hieß es, daß die Feen auf einer vom Ufer aus nicht sichtbaren Insel einen wunderbaren Garten unterhielten, den sie den Sterblichen einmal im Jahr, zum Maienfest, öffneten. Einer nahm einmal eine Blume mit, und seither wollen die Feen von den Menschen nichts mehr wissen.
Aus Neugierde versuchten einige Bauern den See trockenzulegen, aber dem Wasser entstieg eine große, unheimliche Frauengestalt, die sie mit schrecklicher Stimme davor warnte, Wasser abzulassen. Sollten sie es dennoch tun, würden sich solche Wassermassen aus dem Berg ergießen, daß ganz Brecon darin ertränke. Ließe man das Wasser wirklich ab, fände man wohl ähnliches wie bei Hirwaun (s. Hirwaun).

Das ehrwürdige Städtchen **Brecon**, 8 km. nö. am Zusammenfluß von vier Flüssen, war die Hauptstadt des britischen Königreichs Brycheiniog, worüber Brychan, der Sohn des irischen Fürsten Anlach und der Königin Marchell von Glamorgan, einer Tante von Artus von Glamorgan, im 6. Jh. regierte. 48 Kinder entsprossen seinen drei Ehen, die er in großer Gottesfurcht erzog. Eine Reihe von ihnen wurden Heilige und Märtyrer, wie z. B. seine Tochter Endellion (s. St. Endellion); einige davon wurden die Eltern von Heiligen, wie z. B. Gwladys, die Mutter von St. Cadoc. Brychan war es gewesen, der Tochter und Entführer Gwynnlin wütend verfolgte, wobei alle drei von Artus, Kai und Bedivere beobachtet wurden (s. Llancarfan).
Ein Abstecher von Brecon nach **Hay-on-Wye**, ca. 26 km nö. an der Grenze zu England, ist lohnend, einmal des malerischen Wye-Tals wegen, zum zweiten, weil sich da das größte Buchan-

tiquariat der Welt befindet. Hay-on-Wye ist ein Städtchen, auf dessen 1000 Einwohner 14 Büchergeschäfte mit mehr als einer Million antiquarischer Bücher kommen. Man kann sich hier u. a. mit Artusliteratur quer durch die Jahrhunderte eindecken.

Der wunderbare Hügel **Carn Gafallt**, sw. von **Rhayader**, nw. von *Brecon*, ist ein guter Vorwand, um das zu Unrecht kaum bekannte Landesinnere kennenzulernen. Die B 4520 von Brecon nach **Builth Wells**, 26 km, eine richtige Berg-und-Tal-Bahn, ist besonders empfehlenswert. Die Heilquellen in Builth Wells sind leider geschlossen, im Gegensatz zu denen von **Llandridnod Wells**, 11 km n., dessen Kurbetrieb vom 18. Jh. an die Hautevolee Europas und Englands anzog. Das Kurhaus ist seit kurzem wieder hübsch hergerichtet.

Etwa 3 km vor Rhayader taucht der auffallend wohlgeformte **Carn Gafallt**, »der Hügel von Artus' Hund Cabal«, auf. Er läßt sich auf einer winzigen Straße umfahren, durch stille Tälchen mit Bächen und kleinen Teichen, an einsamen Gehöften vorbei. Bitte Viehgatter schließen! Noch besser ist es, sich ihn zu erwandern. Auf der Kuppe breitet sich ein großer Steinhaufen aus, der eigentliche *cairn*. Obendrauf liegt ein Stein, auf dem Artus' Hund einen Pfotenabdruck hinterließ. Nach Nennius (s. Einleitung), der diesen Steinhügel zu Britanniens Wundern zählt, hat ihn Artus eigenhändig aufgeschichtet und den Pfotenstein oben drauf gesetzt. Wenn immer er weggetragen wird – nach 24 Stunden ist er zurück, am alten Ort. Es handelt sich offensichtlich um eine sehr alte, nicht mehr ohne weiteres verständliche Überlieferung. Ein Schlüssel zu ihrer Bedeutung könnte darin liegen, daß der Hund »Cabal« – lat. »caballus« = Pferd – heißt. Sie könnte sich mit einer Erinnerung an das Pferd des Sonnengottes (bzw. der Sonnengöttin) gekreuzt haben.

Von Rhayader über Llanwrtyd Wells, Llandovery und Llangadog (A 470, B 4358, A 483, A 40, A 4069, A 4067) zur Autobahn M 4 Richtung Carmarthen sind es ca. 97 km.

Der Rückweg zur Küste kann über Llandovery und Llangadog erfolgen. Wählt man dann die A 4069, kann man die Artusorte um **Pont-ar-Llechau** und den **Black Mountain** mitnehmen. Außerhalb von Llangadog sitzt die eisenzeitliche Festung **Castell Meurig**, die an den Vater von Artus von Glamorgan erinnert (s. Tintern, Mathern). Rechts steig der bewaldete Hügel **Pen Arthur** an. Unten im Sawdde liegen zwei beachtliche Felsbrokken. »Arthur's Quoit« soll dieser vom 1,5 km entfernten Hügel hierher gepfeffert haben; der andere ist ein Steinchen, das sein Liebchen im Schuh drückte, so daß sie es ärgerlich in den Fluß warf. Wie alt hier die Überlieferung von Artus als Riesen ist, läßt sich schwer feststellen. Einerseits spielen im Black-Mountain-Massiv Szenen aus der urwüchsigsten Artusepisode, aus der Geschichte von Culhwch und Olwen: die Jagd auf den magischen Eber Twrch Trwyth (s. Preseli Mountains). Andererseits liebten die Viktorianer solche Geschichten und erfanden sie hemmungslos für den ersten Massentourismus in Keltia. Die Fahrt (A 4069) durch den immer etwas düster wirkenden Black Mountain ist beeindruckend. Die A 474/A 4067 fungiert als Zubringer für die seit 1987 fertiggestellte Autobahn M 4 Richtung Carmarthen. So umfährt man elegant Swansea, die häßlichste aller walisischen Industriestädte mit ihrer schier unabsehbaren Industrielandschaft.

Allerdings sollte man die **Gower-Halbinsel** nicht auslassen – sie ist landschaftlich lohnend und erstaunlich unberührt. Bei **Reynoldston** – ca. 15 km von der M 4 entfernt – auf dem moorigen Hügelrücken von Cefn Bryn ist das Megalithgrab **Maen Cetti** aus der Jungsteinzeit zu sehen. Wie der 25 t schwere Deckstein

Arthur's Stone, Maen Cetti bei Reynoldston.

Arthur's Stone auf die neun Stützen gelangte, ist noch immer mehr Gegenstand der Spekulation als des Wissens. Die Volksüberlieferung hat eine patente Lösung: Auf dem Weg nach Camlan fand Artus einen Stein im Schuh! Ungehalten schleuderte er ihn sieben Meilen weit von sich, so daß er auf die Träger zu landen kam. Daß er gespalten ist, hat er St. Davids Schwert zu verdanken, der diesen heidnischen Stein, um den noch im 19. Jh. allerlei Fruchtbarkeitsrituale ausgeführt wurden, zerstören wollte. Noch immer rollen die Steine an Johanni und Allerseelen zum Bach, um zu trinken. In mondhellen Nächten wollen die Ortsansässigen König Artus' Geist in glänzender Rüstung gesehen haben, wie er sich aus der Steinkammer langsamen Schrittes zum Meer hinunterbewegt. Auf dem Wirtshausschild vom King Arthur Pub am Rande von Cefn-Bryn-Allmend ist ein prächtiger König gemalt.

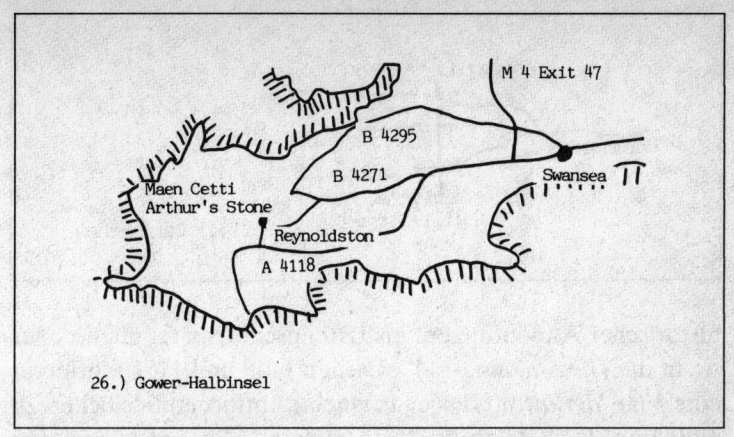

26.) Gower-Halbinsel

Auf der M4/A48 sind es ca. 37 km nach Carmarthen.

Carmarthen: Die Stadt Moridunum, die die Römer, allem Anschein nach einmal auf unkriegerische Art, aus der alten Keltensiedlung der Demetier am Tywi entwickelten, ist seit Geoffrey of Monmouths *Historia* (s. Einführung und Monmouth) die Vaterstadt – falls man das in diesem Zusammenhang so nennen kann – von König Artus' Erzieher und Ratgeber, dem Zauberer Merlin. In der Festung von Moridunum, walisisch Caer Merddyn/Kaermerdin, stoßen Vortigerns Boten endlich auf den vaterlosen Jungen, der als Opfer für Vortigerns Turm (s. Dinas Emrys) herhalten soll. Seine Mutter war eine Demetierprinzessin, die offenbar sehr angenehmen Umgang mit einem *incubus* pflegte, »einem Dämonen halb Mensch, halb Engel«, der sie in Gestalt eines gutaussehenden jungen Mannes besuchte. Merlin ist das Produkt dieses Verhältnisses, der von seinem Vater die Fähigkeit erbt, in die Zukunft zu sehen (s. Einführung, Ganarew, Dinas Emrys). Geoffrey beschäftigte sich jahrelang mit Merlin; als erster übersetzte er die Merlinschen Prophezeiungen, ein dunkles Sammelsurium kosmisch-

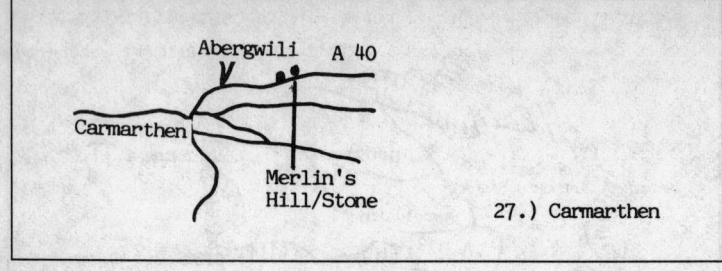

27.) Carmarthen

historischer Andeutungen, ins Lateinische. Später gliederte er sie in die *Historia* ein, und zwischen 1148 und 1151 schrieb er eine *Vita Merlini*, in der er versuchte, Informationslücken zu schließen, auch wenn er dafür früheres Material korrigieren oder ihm widersprechen mußte.

Merlin ist schon an Uther Pendragons Hof die graue Eminenz. Er erfindet die Tafelrunde (s. Winchester), bringt Stonehenge von Irland zur Salisbury Plain (s. Salisbury Plain), verhilft dem zukünftigen König Artus zu seinen Eltern, Uther Pendragon und Ygerne (s. Tintagel), kümmert sich in Rat und Tat um den heranwachsenden Regenten und schmiedet für ihn das erste Schwert. Lange Jahre steht er dem König zur Seite, dessen Schicksal er genauso wie sein eigenes zum voraus kennt. Seiner Geliebten, der schönen Viviane/Nimuë, der Dame vom See (s. Hirwaun) wird er alle seine Zauber lehren, bis sie ihn eines Tages damit binden und in eine Höhle unter einem Weißdornstrauch bannen wird.

Die visionären Äußerungen dieses Magiers, der Macht über die Natur besitzt, bis ihn Mutter Erde schachmatt setzt, übten eine ungeheure Faszination auf ganz Europa aus – noch 1574 setzte sie das Konzil von Trient als Aberglaube auf den Index. Die englischen und deutschen Romantiker machten Merlin geradezu zur Symbolfigur ihrer Bewegung; seither sind Merlindichtungen und -romane nicht mehr abgerissen. Aber schon Goethe, der sich in erster Linie als Naturwissenschaftler verstand, bezeichnete sich gerne als »alten Merlin«. Heute fühlen sich die Alternativen zu ihm hingezogen im Bestreben, ein neues Verhältnis zur Natur zu finden.

Wie König Artus, so hat auch Merlin eine historische Basis. Das *Black Book of Carmarthen* (ca. 1200), das älteste Buch in walisischer Sprache, enthält drei, das *Red Book of Hengist* (ca. 1400) zwei Gedichte mit biographischem Material vom Barden Myrddin, dem Sohn Morfryns aus dem 6. Jh. Das einschneidendste Erlebnis in seinem Leben war die Schlacht bei Arfderryd in der Nähe von Carlisle (s. Arthuret), wo er mit seinem Brotherrn Gwenddolau gegen Rhydderch Hael vom Norden zog. Er erlebte sie als grauenhaft; Gwenddolau und dessen Sohn, für den er die Verantwortung trug, kamen beide ums Leben. Halb irrsinnig flüchtete der Dichter in die Caledonischen Wälder, wo er noch 50 Jahre mehr wie ein Tier als ein Mensch gehaust haben soll. Allerdings war er zum Seher geworden, der seine Visionen in Gedichtform der Menschheit überließ. Er stammte jedoch aus dem Süden, der Überlieferung nach aus Carmarthen. Es ist möglich, daß er mit dem Barden Llallogan oder Lailoken, »dem wilden Mann aus dem Norden«, identisch ist (s. Drumelzier). Er könnte sich »Lailoken von Caer Myrddin« genannt haben, was im Laufe der Zeit zu »Myrddin« verkürzt, schließlich von Geoffrey of Monmouth zu »Merlinus«, aus offensichtlichen Gründen nicht »Merdinus«, latinisiert wurde.

Etwa 6 km sw. der Stadt, unweit vom Tywi-Ufer, befindet sich **Myrddin's Quoit**, ein Gedenkstein, der an den Dichter-Propheten erinnern soll.

Bis 1978 standen die Reste einer uralten **Eiche** in Priory St. (am Ostende von Carmarthen), von der Merlin vorausgesagt haben soll:

»When Myrddin's Tree shall tumble down,
Then shall fall Carmarthen Town.«

»Wenn Myrddins Eiche nicht mehr steht,
Die Stadt Carmarthen untergeht.«

Jahrhundertelang pflegten die Einwohner Carmarthens ihre Eiche, bis sie im frühen 19. Jh. ein Anlieger vergiftete, weil er sich darüber ärgerte, daß sich alt und jung zu allen möglichen Zeiten und Aktivitäten unter dem Baum versammelte. Dieser Brauch ging auf die Druiden zurück, denen die Eiche heilig war. Es ist kaum von ungefähr, daß Merlin mit dem Zusatz »der letzte Druide« bedacht wird! Der sterbende Baum wurde respektvoll mit Betonsockel und Eisenbändern gestützt, bis das letzte tote Stück 1978 als »Verkehrshindernis« in die St. Peter's Civic Hall, Nott Square wanderte; abgebrochene Stücke sind im Museum in Abergwili zu sehen. Merlins Prophezeiung hat sich erfüllt, wenn auch auf viel subtilere Art, als durchs Mittelalter bis in die Neuzeit erwartet wurde, wo die Einwohner wegen mehrerer Fehlankündigungen von Sintfluten die Stadt fluchtartig räumten. Das große Modernisierungsprogramm, das seither durchgeführt worden ist, hat die Atmosphäre der bis dahin mittelalterlich anmutenden Stadt so zerstört, daß weder Lailoken-Myrddin noch Geoffrey of Monmouths Zauberer hier noch etwas zu suchen haben.

Das ist anders auf **Merlin's Hill**, 3 km ö. der Stadt (A 40), fast genau über Abergwili, in dessen altem Bischofspalast **Carmarthens** interessantestes **Museum** untergebracht ist. Hier ist der berühmte Vo(r)teporix-Stein zu sehen, der auf Latein und Ogham kundtut, daß er für Voteporix, den Protektor, aufgestellt worden sei. Voteporix, der Sohn des Aircol = Agricola, Enkel des Triphun = Tribun, war König von Demetien, einer der fünf

König-Artus- und Merlin-Briefmarke der britischen Post, 1985.

Britenkönige, denen St. Gildas im 6. Jh. wegen ihres unmoralischen Lebenswandels die Leviten las (s. Einführung). Sein Vater, Agricola, war romanisiert genug, um unter Artus, *dux bellorum*, gegen die Sachsen zu kämpfen.

Knapp hinter dem Bischofspalast führt ein unbezeichnetes Sträßchen links hügelan, Richtung *Bryn Myrddin*, Merlins Hügel, mit der großen, zungenförmigen Hügelbefestigung aus der Eisenzeit. Sie ist einwallig und wird nicht von Besuchern überrannt, da man die 150 m zu Fuß hochsteigen muß. Der weite Blick ins breite, behäbige Tywi-Tal und die nur von Vogelgezwitscher und ähnlichen ländlichen Geräuschen unterbrochene Stille, passen besser zum traditionellen Merlin-Bild. Der Fels auf der Hügelkuppe ist »Merlin's Chair«, die Delle weiter unten »Merlin's Grave«, das Gebüsch in der Mitte »Merlin's

Grove« (Hain). Alternativ dazu geht auch das Wäldchen am Südhang unter »Merlin's Grove«. Die Merlinquelle scheint versiegt zu sein. Die Höhle, in die Viviane den Zauberer einschloß, soll unter dem Hügel liegen – Ortsansässige wollen zuweilen Seufzen und Stöhnen aus dem Hügelinnern gehört haben.

Am Fuße der Festung, auf der anderen Seite der A 40 steht der beachtliche **Carreg Fyrddin**, »Merlins Stein«, von dem Merlin prophezeite, daß ein Rabe Menschenblut von ihm trinken werde. Dies trat ein, als ein Schatzsucher darunter ein tiefes Loch aushob, so daß er kippte und ihn zerquetschte. Fünf Pferde brauchte es, um ihn wieder aufzustellen.
Dem Dichter Edmund Spenser war der Hügel an der Straße wohl zu prosaisch; er verlegte Merlins Höhle flußaufwärts nach Llandeilo, in die Anlage vom Schloß Dynevor, wo die alte Burg noch als Ruine steht.

Von Carmarthen nach Tenby sind es 43 km.

Das entzückende, ummauerte Städtchen **Tenby**, ein kleiner Badekurort mit mildem Klima und südlicher Flora, das zudem ein fast kitschig blaues Meer auf drei Seiten umspült, ist natürlich ein Touristenmagnet. Im Artusschen Zusammenhang zählt es jedoch nur als Fährhafen, von dem die Boote nach *Caldey Island* übersetzen.
Seit 1929 haben sich hier Trappisten niedergelassen, in der Nachfolge von Benediktinern, die im 12. Jh. hierherkamen, und einer keltisch-christlichen Klostergemeinde vom 5./6. Jh. Einer ihrer ersten Äbte war St. Samson (s. Golant u. Marazion). St. Illtyds ehrwürdiges Kirchlein mit dem leicht schrägen Turm, der in ein spitzes Steindach ausläuft, dürfte über den Grundmauern der ersten Klosterkirche stehen. Der Ogham-

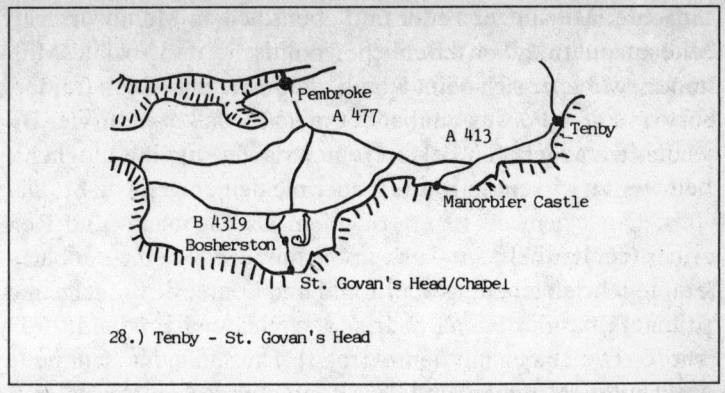

28.) Tenby - St. Govan's Head

stein im Innern, der zusätzlich eine kaum entzifferbare lateinische Inschrift trägt, stammt vom 6. Jh. Ein Glasfenster zeigt St. Illtyd als Artusritter (s. Llantwit Major).

Auch als Ruine dominiert die Burg von **Manorbier** (14. Jh.) das gleichnamige Dorf, ca. 9 km sw. von Tenby, wo seit dem frühen 12. Jh. die anglo-normannische Familie der de Barri saß. In einer bescheideneren Vorgängerin kam 1145/46 eine der erstaunlichsten Persönlichkeiten des walisischen Mittelalters zur Welt, Giraldus de Barri, oder, wie er sich selber nannte, Giraldus Cambrensis, Gerald von Wales – womit er bereits sein Lebensprogramm skizzierte. Dieser Kirchenmann, Abkömmling aus normannisch-walisischem Adel war zeitlebens ein leidenschaftlicher Patriot. Seine Karriere – er besaß bereits ein halbes Dutzend Pfründen, ehe er mit 28 das Erzdekanat von Brecon angetragen bekam (s. Brecon), wurde ganz von seinem politisch-reformerischen Denken gelenkt, denn alles, was er tat, ordnete er dem einen Ziel unter, die Unabhängigkeit der walisischen Kirche wiederherzustellen und das keltische Christentum neu zu beleben. Zu diesem Zweck strebte er den Bischofssitz von St. David's an, den er in einen Erzbischofssitz umzuwandeln gedachte. Mit spitzer Feder und ebensolchem Mundwerk geißelte er unermüdlich kirchliche, politische und soziale Mißstände, wobei er sich beim König, dem Erzbischof von Canterbury und dem Papst so unbeliebt machte, daß er zwar vier Bischofssitze angeboten bekam (einen davon, um ihn möglichst weit weg zu wissen, in Irland), aber nie denjenigen von St. David's. Der Nachwelt ist er vor allem als Tagebuch- und Reiseschriftsteller bekannt – er war ein ausgezeichneter Beobachter und schrieb lebendig über Land und Leute, Gebräuche und Sitten, Flora und Fauna in Irland, Wales und England. Früh schon setzte er sich mit dem Artusstoff auseinander, sammelte Artusüberlieferungen und ihre topographischen Aufhänger. 1192/93 ging er als Berichterstatter nach Glastonbury, wo die Mönche ein, zwei Jahre zuvor König Artus' Grab gefunden hatten (s. Glastonbury) und befragte den Abt und die Klosterbrüder über das Ereignis.

An sich wäre die Süd-Pembrokeküste zum Wandern wie geschaffen, aber die Freude daran vergällt das Militär, das sie zu Waffenübungen benützen darf, obwohl der Küstenstreifen zum National Trust (Naturschutz) gehört. Man bewegt sich also in einer »Danger Area« (Gefahrenzone), die man bei roten Fähnchen tunlichst meiden soll! Auch sonst ist wegen nicht explodierter Sprengkörper u. dergl. Vorsicht geboten!

Bosherston und **Bosherston Lake** erreicht man entweder über die Küstenstraße A 4139, von der etwa auf der Höhe der Swanlake Bay das unbezeichnete Sträßchen nach Freshwater-Stackpole-Bosherston links abgeht, oder via Pembroke (A 4139) – sinnigerweise heißt der Stadtteil Merlin's Cross – und die B 4319. Der See, der sich in einem ca. 4 km langen Spaziergang umwandern läßt, entstand erst Ende des 18. Jh., als sich eine Sandbank vor das Mündungsgebiet dreier Bäche schob. Die Überlieferung, die mit dem See verbunden ist, die Excaliburgeschichte (s. Glastonbury, Dozmary Pool, Loe Pool, Llyn Lydaw) kann deshalb gar nicht alt sein. Die Umgebung jedoch weist älteste Besiedlungsspuren auf: zwischen dem ersten und zweiten Seearm ein eisenzeitliches Fort, mehrere aufrechtstehende Steine (besonders interessant: ein Kreuz auf dem Bosherstoner Friedhof, bei dem ein alter Kreuzkopf auf einen Menhir gesetzt wurde) und eine Reihe von Grabhügeln auf dem Ostufer. Dazu weist der See die Besonderheit auf, daß im sog. »Lilypool« (Seerosenteich) eine starke Quelle stoßweise austritt, deren Wasser konstant 6°C kälter ist als der Rest des Sees. Es ist nicht ausgeschlossen, daß die Erinnerung an einen mysteriösen Teich, der vielleicht einmal sogar der Wassergöttin geweiht war (s. Hirwaun), die Ansiedlung der Excaliburgeschichte begünstigte. Aber vielleicht braucht man gar nicht so weit zu suchen: der See mit seinen begrünten Ufern und dem Seerosenteppich sieht auch so märchenhaft-mysteriös aus und trifft die romantische Note der späteren Artusromane.

Folgt man dem unbezeichneten Sträßchen von Bosherston nach Süden, landet man auf einem Parkplatz über den Klippen, in denen *St. Govan's Chapel* wie ein Schwalbennest hängt. Leider gilt auch hier die obige Warnung: Panzer können auftauchen, und die Klippen werden zuweilen vom Meer aus unter Beschuß genommen! Fähnchen beachten! Obwohl Malory Sir Gawain in aller Form in der Kapelle von Dover Castle beisetzen läßt (s. Dover Castle), sind in Wales von seinem Ende und Begräbnis andere Überlieferungen im Umlauf. Gawain soll die Schlacht von Camlan überlebt haben, aber entweder von Seeräubern erschlagen oder von falschen Freunden gemeuchelt worden sein. Im 11. Jh. will man das Grab eines Riesen an der Küste von Pembroke gefunden haben, von dem man annahm, daß es Gawain sein müsse. Vermutlich des ähnlichen Klanges wegen hieß es dann, Gawain liege in **St. Govan's Chapel** unter dem Altar begraben; er habe die letzten Jahre dort als Einsiedler verbracht.

St. Govan's Chapel.

Die kleine Kapelle (5,50 m × 3,65 m), die über einen Felsspalt an der Klippe gebaut ist und zu der man über unzählige Stufen hinunterklettern muß, stammt aus dem 12./13. Jh. Die Einsiedelei jedoch ist bedeutend älter, vielleicht vorchristlich: der Steinaltar und ein aus dem Fels gehauener Sitz sollen aus dem 5./6. Jh. sein.
Walisische Quellen halten fest, daß es zu dieser Zeit eine St. Govan gab – sie war die Gemahlin von König Tewrdig von Glamorgan (s. Tintern u. Mathern), und damit wären wir bei den Großeltern von König Artus von Glamorgan angelangt! Eine Volksüberlieferung kennt allerdings auch einen St. Govan, der sich, von Piraten verfolgt, in diese Felsspalte flüchtete. Barmherzig schloß sich der Fels um ihn und öffnete sich erst wieder, nachdem seine Verfolger abgezogen waren. Noch immer sind die Rippen des heiligen Mannes dem Fels aufgeprägt, und wer

in der Nische steht, darf einen Wunsch tun, der erfüllt wird, sofern man ihn nicht ausplaudert. St. Govans heilige Quelle unter ihrem Quellhäuschen, die noch im letzten Jahrhundert Pilgerscharen besuchten, ist versiegt.

Von Pembroke nach Haverfordwest sind es 18, nach St. David's weitere 26 km.

Kurz vor **Haverfordwest** geht die A 477 in die A 4076 über, die auf »Merlin's Bridge« »Merlin's Brook« (Bach) überquert. Die A 487 verläßt die Stadt in nw. Richtung nach **St. David's**, der alten Bischofsstadt, deren Grund St. David im 6. Jh. mit einer Mönchssiedlung legte. »Dewi Sant« ist der Nationalheilige von Wales; er soll König Artus' Onkel gewesen sein, was bei König Artus von Glamorgan (s. Caerwent) möglich ist. Ein milder Mann der Nächstenliebe, aber unerbittlich in der klösterlichen Disziplin, verlangte er von seinen Mönchen, die ihm in Scharen zuströmten, harte körperliche Arbeit, immerwährende Andacht und spartanische Lebensweise. Er war ein begabter Prediger, dessen Missionsreisen ihn nach England, Irland, Schottland, Cornwall und die Bretagne führten. Überdies unternahm

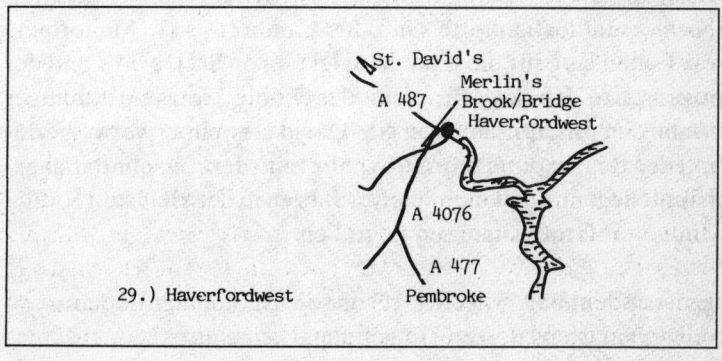

29.) Haverfordwest

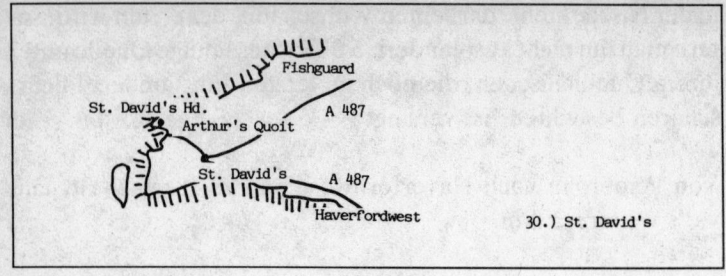

30.) St. David's

er eine Pilgerfahrt nach Jerusalem und Rom, wo er die Bischofsweihe empfing. Hochbetagt verstarb er am 1. März 588, noch heute der walisische Nationalfeiertag. Seine Mönche begruben ihn in der ersten Kathedrale, von der, nachdem sich die Wikinger ihrer angenommen hatten, nichts mehr übrigblieb. Die jetzige Kathedrale ist mindestens das dritte Gebäude an dieser Stelle. 1866 wurden die sterblichen Überreste des Heiligen in einer Nische am Fuße des Hauptaltars wiedergefunden; ein Schrein vor dem Altar birgt sie heute.
Im frühen Mittelalter galt St. David's als wichtigstes religiöses Zentrum der westlichen Welt – bis ins 12. Jh. waren zwei Pilgerfahrten dahin soviel wert wie eine nach Rom. Nichtsdestotrotz hatte der Bischofssitz durch den Anschluß an und die Vernachlässigung durch die römisch-englische Kirche schwer gelitten. Nicht grundlos kämpfte Giraldus Cambrensis (s. Manorbier) ein Leben lang für die Unabhängigkeit von St. David's und der walisischen Kirche. Er, dem der König trotz einstimmiger Wahl den Bischofssitz von St. David's zweimal verweigerte, mit der Begründung, Giraldus habe sein Herz zu sehr daran gehängt, liegt nun seit mehr als 800 Jahren in der kleinsten Kathedrale von Großbritannien begraben.

Es ist undenkbar, daß ein Ort von solch nationaler Bedeutung – oder wenigstens dessen Umgebung – keine direkte Artusüberlieferung besitzt. Etwa 3 km weiter westlich, auf der Halbinsel **St. David's Head,** ist denn auch **Coetanarthur** bzw. **Arthur's Quoit** (Stein), ein neusteinzeitlicher Dolmen mit einem 3,65 m langen Deckstein, zu finden. Dieses steinerne Skelett einer Grabkammer war vor 5500 Jahren mit einem Erdhügel überzogen. Man bricht am besten vom Parkplatz an der Whitesand Bay zu ihm auf und geht, am Grundriß von St. Patricks winziger Kirche (5./6. Jh.) vorbei, den Küstenpfad entlang. Eine eisenzeitliche Landzungenbefestigung aus dem 1. Jh. v. Chr. riegelt die äußere Spitze von St. David's Head ab. Die acht Steinkreise darinnen sind die Fundamente von 2000 Jahre alten Hütten. Rechts davon befindet sich der *Quoit,* von dem es in der Volksüberlieferung heißt, Artus habe ihn vom Moelfre-Hügel heruntergeworfen.

Von St. David's nach Mynachlogddu sind es ca. 60 km.

Die **Preseli-Mountains,** Route zum Zentrum **Mynachlogddu**: A 487 Fishguard – *Newport* – auf dem Ufer, vor der Brücke, in der neuen Häusersiedlung, ist *Carreg Coetan Arthur/Arthur's Quoit* zu finden, ein gutes Exemplar von einem Dolmen – Eglwyswrw, B 4332 nach Llanfair Nant Gwyn; unbezeichnete Straße sw. nach Mynachlogddu.
Der Preseli-Distrikt, zu dem auch St. David's gehört, zieht sich im Nordosten fast bis Cardigan, im Osten über Narbeth hinaus; die eigentlichen Preseli-Mountains erstrecken sich östlich von Fishguard. Es ist ein großartiges Wandergebiet, wobei die Moorhügel noch weniger überlaufen sind als der zu Recht berühmte Küstenpfad. Die Sicht über die runden Hügelwellen, wo nur auf den höchsten Kuppen der blanke Fels durchbricht, reicht an klaren Tagen bis zu den Wicklowbergen in Irland. Vielfältige geologische Schichten treten in diesen Felsköpfen – sog. *carns* – zutage, aber das Glockenbechervolk, das vor fast

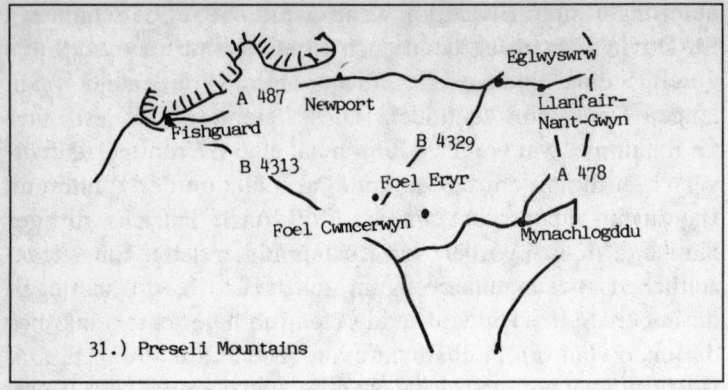

31.) Preseli Mountains

4000 Jahren Stonehenge erweiterte (s. Stonehenge), suchte sich für seine *sarsenstones bluestones* – bei Nässe blauschimmernde Steine – vom Carnmenyn-Gebiet oberhalb von Mynachlogddu aus. Nach den vielen prähistorischen Überresten zu schließen, waren die Preseli-Mountains heiliger Grund für die Menschen der Stein- und der frühen Bronzezeit. Es ist sehr wohl möglich, daß die 90 um 4 t schweren *sarsens* schon ein Heiligtum im Hügelgebiet um Foel Drygarn (wo eine Steinzeitsiedlung nachgewiesen ist) bildeten, bevor sie nach Newport transportiert und nach England verfrachtet wurden. Daß Merlin ein Steinzeitheiligtum abmontiert und auf die Salisbury Plain gebracht habe, wäre somit nicht völlig aus der Luft gegriffen! Verschiedene Menhire um Mynachlogddu verwenden den *bluestone,* genau wie *Gors Fawr,* ein Stonehenge im Kleinformat von 16 großen Blöcken sw. vom Dorf, im Feld gegenüber vom Penrhos Cottage.

Die Preseli Mountains, *Preseleu,* sind in der Geschichte von Cultwch und Olwen der erste Tatort des magischen Ebers Twrch Trwyth auf walisischem Boden. Der Eber war das Kulttier der Inselkelten par excellence, ein Geschenk der Götter an den Menschen, was dieser in rituellen Wildschweinjagden feierte. Grabfunde zeigen, daß das Schwein in allen möglichen Materialien nachgebildet – aber auch als Schweinebraten – den Toten in die Anderswelt begleitete, wohl auch in einer magischen Schutzfunktion.

Zuweilen durchbrachen aber auch monsterhafte Zauberschweine die Barriere zwischen den Welten und richteten im Land der Sterblichen Verheerung an, wie Twrch Trwyth, der ein König gewesen war, doch zur Strafe seiner Sünden Tiergestalt annehmen mußte. Was wie mönchische Moral klingt, ist bestes keltisches Heidentum – Übeltäter mußten gelegentlich ihre Schuld in verschiedenen Tierinkarnationen abtragen. Das Ungeheuer trägt zwischen den Ohren einen goldenen Kamm, ein Rasiermesser und eine Schere, die Culhwch, will er die schöne Olwen gewinnen, seinem Schwiegervater in spe, dem Riesen Ysbaddaden, bringen muß. Nur mit Hilfe seines Cousins ersten Grades, König Artus, kann er diese und dreiunddreißig weitere, unmögliche Aufgaben lösen. So begibt er sich an dessen Hof, gewinnt ihn und seine Gefährten für sein Vorhaben, und die ganze Gesellschaft zieht nach Irland, um den Eber aufzustöbern, mit dem Erfolg, daß dieser ein Drittel des Landes zertrampelt und in der gleichen Absicht nach Wales hinüberschwimmt. Artus, seine Mannen und der Hund Cavall (s. Carn Gafallt) bleiben ihm dicht auf den Fersen, wobei es immer wieder zu Scharmützeln kommt. Einer der *carn* oberhalb von Mynachlogddu ist nach Artus benannt; warum aber ein ovaler Steinkreis auf dem Hügelplateau darunter, in einer Linie mit Gors Fawr *Bedd Arthur* (Artus' Grab) heißt, ist nicht ersichtlich, denn er jagt den Eber siegreich durch Wales, nach Cornwall und von da ins Meer. Allerdings tötet das Untier auf Foel Cwmcerwyn, der höchsten Erhebung der Preselis (536 m), zuerst vier von Artus' Gefährten, später, bei einem zweiten Angriff, noch einmal dieselbe Zahl; einer der Gefallenen ist Gwydre, Artus' Sohn. Am Fuße des Foel Cwmcerwyn

werden »die Söhne Artus'« (sic) begraben und ihnen Steine gesetzt, die **Cerrig Meibion Arthur,** während auf dem Hügelrücken darüber die **Cerrig Marchogion,** die »Steine von Artus' Rittern«, an diese erinnern.
Zwischen Foel Cwmcerwyn und Cerrig Lladron läuft die B 4329 durch die Hügel, bis sie auf die A 487 nach Cardigan aufstößt.

Von Cardigan nach Craig Gwrtheyrn sind es ca. 30 km Teifi-aufwärts

Craig Gwrtheyrn, die eisenzeitliche Festung über dem Teifi bei **Llandysul,** liegt wie diejenige von Ganarew (s. Ganarew) auf einem Hügel über dem Fluß. Verblüffenderweise läßt sich wortwörtlich eine Parallele zwischen den beiden ziehen, denn Ganarew befindet sich praktisch auf gleicher Höhe am anderen Ende von Wales! Die ähnliche Lage mag mitgeholfen haben, die gleiche Überlieferung wie im Wye-Tal im Teifi-Tal anzusiedeln. »Gwrtheyrn« ist die walisische Form von »Vortigern« und die Festung, deren starke Steinmauer der Hügelkontur folgt, soll Vortigerns letzte Fluchtburg gewesen sein, in der ihn Konstantins Söhne einäscherten. Sie muß einst als uneinnehmbar gegolten haben, denn sie war nach den neuesten technischen Erkenntnissen gebaut. Den Eingang schützte nicht nur ein kompliziertes Bollwerk von Wällen, sondern auch ein Gürtel aus in die Erde gerammten, spitzen Steinen – spanischen Reitern – die damalige Version der Panzerfalle!

60 km abwechslungsreiche Küstenstraße (A 487) bringen einen von Cardigan nach **Aberystwyth,** »der Universitätsstadt am Meer«, Sitz der Walisischen Nationalbibliothek mit ihrer riesigen Manuskriptsammlung, wo wie sonst in keiner Universität Großbritanniens Artusforschung betrieben wird.

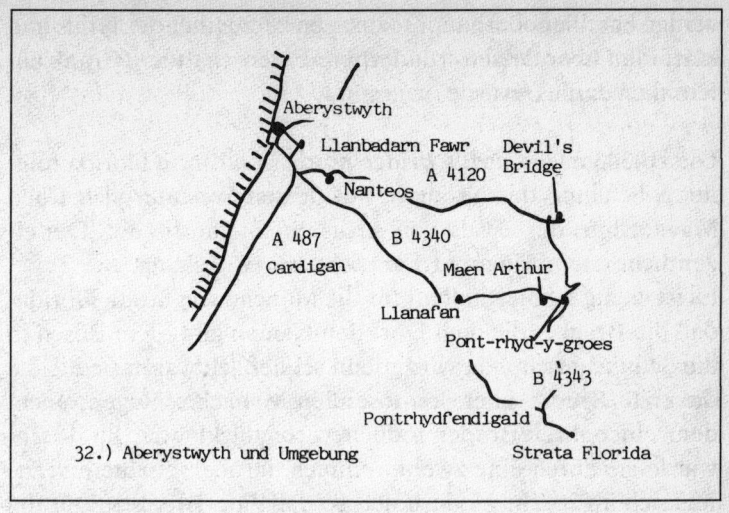

32.) Aberystwyth und Umgebung

Kurz davor, nach der Kreuzung A 487/A 4120 geht die B 4340 rechts ab ins Hinterland, zum Dorf Pontrhydfendigaid, von wo nur noch ein unbezeichnetes Sträßchen zur Abtei von **Strata Florida** führt, in die für die Zisterzienser charakteristische Einsamkeit und Wildnis. Für den modernen Besucher bedeutet das Einkehr zu Ruhe und Frieden in unberührter Natur mit dem Bonus einer sorgfältig präsentierten Klosterruine. An ihr hat sich eine Überlieferung festgehakt, die sich mit großer Hartnäckigkeit hält, auch wenn sie noch so oft »wissenschaftlich« widerlegt worden ist. Nach der Auflösung der Abtei von Glastonbury (s. Glastonbury), 1539, fanden hier sieben Mönche mit ihrer würdigsten Reliquie Zuflucht – einer einfachen, altersschwarzen Schale aus Olivenholz – dem Original des Abendmahlkelchs. Als noch im gleichen Jahr Strata Florida dasselbe Schicksal ereilte wie Glastonbury, gab die Powell-Familie von Nanteos (s. Nanteos) den Mönchen Gastrecht in ihrem Haus. Vor seinem Tod ernannte der letzte Mönch das damalige Familienoberhaupt sozusagen zum Hüter des Grals und klärte ihn über dessen wunderbare Eigenschaft auf: Trank ein Kranker daraus, wurde er gesund.

Die B 4343 nach *Devil's Bridge* nördl. von Strata Florida folgt der S-Schlaufe des Ystwyth, auf dessen Westufer sich **Coed Maenarthur,** der »Wald von Artus' Stein«, ausbreitet. Der eigentliche Stein **Maen Arthur** steht am Hügelhang.
Es ist wenig schmeichelhaft für die Mönche von Strata Florida, daß die Brücke, die dem Dorf den Namen gibt, dem Bösen in die Schuhe geschoben wird, denn schließlich waren sie es, die die erste Brücke über den tosenden Mynach schlugen, nachdem einer ihrer Brüder tödlich verunglückt war. Im 18. Jh. wurde sie durch eine zweite, einfach darübergebaute ersetzt, was sich im 20. Jh. wiederholte, so daß eine Tripelstruktur die Schlucht überspannt.

Nach Capel Selon (A 4120 nach Aberystwyth) zweigt ein ausgeschildertes Schottersträßchen aufs Gut **Nanteos** ab (s. Strata Florida). Seit es kürzlich den Besitzer gewechselt und die letzte Powell-Erbin gestorben ist, weiß niemand mehr so recht, was mit der *Nanteos-cup,* der wundertätigen Holzschale, geschah. Längere Zeit lag sie in einem Banktresor und soll dann auf eine Heilungstour nach Amerika geschickt worden sein... Fest steht, daß sie, nach jahrhundertelangem Gebrauch als Reliquie und Medizin nur noch als Bruchstück vorhanden, Hunderte von Heilungen nachgesagt bekommt.
Das Haus von 1739 ist ein Beispiel für Palladius' klassisches Ideal, auf Fundamenten aus dem 11. Jh. Im Frühjahr 1987 will man die Särge der Glastonbury-Mönche in einem vergessenen Gewölbe entdeckt haben. Die Mönche sollen als ernste, nicht unfreundliche Gestalten im Haus umgehen – soweit die jetzige Besitzerin. Weit etablierter ist die Überlieferung, daß Richard

Nanteos.

Wagner im Musikzimmer den *Parsifal* zu Ende geschrieben habe. Angeblich machte er 1855 in einem Londoner Club die Bekanntschaft eines musikalischen Powell, der ihn nach Nanteos einlud, das ohnehin im Ruf stand, den Gral zu verwalten.
Beim Zusammenfallen von Artus- und Wagnerbegeisterung mit mißverstandener Gralsmystik soll es schon zu absonderlichen Szenen gekommen sein: deutsche Touristen, die sich ins Musikzimmer stürzten, um ergriffen den mottenzerfressenen Teppich unter dem Konzertflügel zu küssen!

Llanbadarn Fawr, im gleichnamigen Vorort von *Aberystwyth* auf dem Nordufer des Rheidol, war im frühen Mittelalter ebenso berühmt wie die Klöster von Llantwit Major oder Llancarfan in Süd-Wales. Mit ersterem hat dieses gemein, daß auch

St. Padarn, Llanbadarn Fawr.

sein Gründer, St. Padarn, aus der Bretagne und einer stark romanisierten Familie stammte. Im frühen 6. Jh. soll er von da mit 847 Mönchen ausgezogen sein, um den Westen zu christianisieren. Klug, energisch, aber diplomatisch, brachte er Maelgwyn Gwynedd (s. Deganwy) dazu, ihm den Streifen Land zwischen Rheidol und Clarach zu überlassen. Seine in Llancarfan geschriebene Vita zeigt ihn in Konflikt mit der weltlichen Gewalt, in Gestalt des diebischen Artus (s. Einführung), aber er begegnet ihm souverän, mit Hilfe eines kleinen Wunders. Interessanterweise gibt diese Vita Artus' sozialen Status als »Tyrann« an, nicht im Sinne von »Despot«, sondern mehr als »Hergelaufener«, einer, dessen Machtbefugnis selbstherrlich und von zweifelhafter Autorität ist. Knapper läßt sich die Haltung der Kirche dem historischen Artus gegenüber nicht formulieren!
Die heutige Kirche von Llanbadarn Fawr (12. Jh.) ist eine der größten von Wales und wirkt durch ihren mächtigen Zentralturm stark und gedrungen. Außer zwei eindrücklichen Steinkreuzen aus dem frühen 8. Jh. ist vom keltischen Kloster nichts erhalten. Das eine zeigt St. Padarn mit dem Abtsstab unter einem einfachen Kreuz.

Von Aberystwyth nach Tre-Taliesin sind es ca. 15 km.

Tre-Taliesin auf dem Südufer der Dovey-Mündung n. von Taly-bont (A 487) bedeutet »Taliesins Stätte«, und die Überlieferung will, daß Taliesin, der bedeutendste Barde des 6. Jh., der zusammen mit Aneirin (s. Llancarfan, Catterick) und Myrddin (s. Carmarthen) ein berühmtes Dreigestirn bildete, hier eine Heimat fand. Sein Leben soll er dem Lokalkönig Elphin zu verdanken gehabt haben, der ihn als kläglich weinendes Baby aus einem halb gekenterten Boot rettete, das sich an einem Wehr bei Borth verfangen hatte. Herangewachsen gehörte er zu

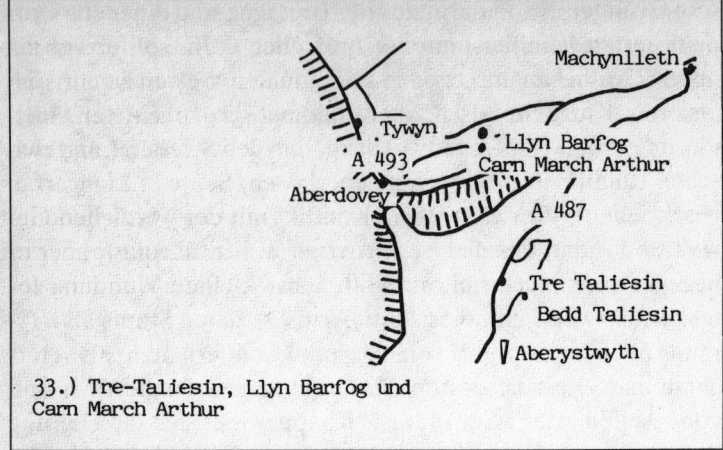

33.) Tre-Taliesin, Llyn Barfog und Carn March Arthur

Maelgwyn Gwyneds Hof (s. Deganwy) und schloß sich später der berühmten Bardenschule des Königshauses von Rheged in Nord-England an.

Bruchstücke seiner Dichtung (s. Einführung) sind erhalten; sie sind die ältesten literarischen Zeugnisse in walisischer Sprache und damit der ältesten noch gesprochenen europäischen Sprache überhaupt.

Taliesin kommt schon im *Mabinogion* als Charakter vor; namentlich erwähnt wird er als einer der Sieben, die das Massaker von Irland überleben und Brans Haupt nach Wales tragen (s. Harlech), um es dann auf dem Tower Hill in London (s. London) zu begraben, und in *Culhwch* und *Olwen* ist er in aller Selbstverständlichkeit König Artus' Hofbarde.

In der *Vita Merlini* läßt Geoffrey of Monmouth Taliesin seinen Dichterkollegen schildern, wie er den todwunden Artus nach Avalon, der paradiesischen Insel, begleitet, wo sich die Heilerin Morgane und ihre neun Schwestern um den König bemühen.

Ein sehr steiles Sträßchen führt an der Flanke des Moel y Garn zum **Bedd Taliesin,** Taliesins Grab, hinauf, wo auf einer Bodenerhebung die Reste eines Grabhügels zu sehen sind. Eine auf einer Seite mit Steinen unterlegte Steinplatte schützt noch die eine Ecke einer ca. 1,80 m langen, eng mit Platten ausgelegten Grube.
Es ist kein für den Tourismus erschlossener Ort – dazu bedeutet er den Walisern zuviel –, aber der eher mühsame Weg wird durch eine herrliche Sicht über die ganze Dovey-Mündung vergolten.

Von Tre-Taliesin nach Machynlleth sind es 15 km.

Vogelflügel brächten einen sofort von Bedd Taliesin zu **Llyn Barfog** und **Carn March Arthur** auf dem Nordufer des Dovey, genau gegenüber. Da sie jedoch nicht das übliche Transportmittel sind, ist der Umweg über **Machynlleth** unvermeidlich. Statt aber der A 493 bis Aberdovey zu folgen, zweigt man bei Cwrt auf die schmale Parallelstraße durchs Happy Valley ab. Vom Parkplatz führt ein Fußpfad zum sagenumwobenen Bergsee **Llyn Barfog,** der wegen dichtem Schilfwuchs an einem Ende »der bärtige See« heißt. Das Hochtälchen mit dem seerosenbedeckten Wasser ist ein *Beauty Spot,* wohin halb Aberdovey zum Sonntagspicknick zieht. Aber auch kulturell ist er höchst interessant: Hüttenfundamente und Steinsplitterhaufen verraten, daß sich hier oben eine steinzeitliche Werkzeug- und Waffenindustrie bis weit in die keltische Eisenzeit hinein hielt, was die örtlichen Sagen getreulich überliefern:
Ein Bauer verliebte sich so sehr in ein schönes Mädchen, das er am Seeufer kennengelernt hatte, daß er sie heiraten wollte. Sie willigte unter der Bedingung ein, daß sie niemals weder Fleisch essen noch Metall berühren müsse, und brachte ihm als Mitgift kleine, starke Kühe mit in die Ehe, die erstaunlich viel Milch

Bedd Taliesin.

lieferten. Das Glück der beiden war jedoch nicht von Dauer – beide Gebote wurden übertreten, und die Schöne verschwand mitsamt ihrer Herde im See. Einem andern Bauern gelang es, eine solche »Feenkuh« einzufangen und mit seinem Vieh zu kreuzen. Nach Jahren wollte er sie schlachten, aber bevor das Messer sie berührte, rief eine grüngekleidete Frau vom Hügel her mit weithin schallender Stimme, sie und alle ihre Nachkommen beim Namen – worauf die Tiere auf Nimmerwiedersehen davongaloppierten.

Artus soll sich nach der örtlichen Überlieferung mit dem *afanc* angelegt haben, dem Ungeheuer vom See, das widersprüchlich geschildert wird. Bald ist es etwas Krokodilartiges, bald ein Wesen, das mit vergifteten Speeren um sich wirft. Am Hügelhang s. vom See machen sich die Reste eines großen zerstörten, wahrscheinlich bronzezeitlichen Steinhaufens breit, vom **Carn March Arthur**. Auf einem Steinblock hat sich der Hufabdruck von Artus' Pferd eingeprägt. Auch hier dürfte es sich um ein ehemaliges Sonnenheiligtum handeln (vgl. Carn Gafallt).

Von Tywyn nach Dolgellau sind es 26 km.

Die B 4405 von Tywyn folgt dem langen, engen Tal-y-Llyn-Tal mit dem gleichnamigen, pittoresken See am Fuße des kahlen, wild zerklüfteten **Cadair Idris**. Das englische »Arthur's Seat«/ »Artus' Sitz« ist eine Fehlübersetzung und Fehlbesetzung; der Berg ist dem legendären walisischen Riesen, Dichter und Astronomen Idris vorbehalten. Die Raben, die in den Felsabbrüchen von diesem Naturschutzgebiet brüten, wären das einzig Artussche an diesem Berg. Idris soll auf dem höchsten Gipfel, Penygadair (893 m), über dem düsteren, wie es heißt, bodenlosen Vulkansee *Llyn-y-cau* ein steinernes Observatorium unterhalten haben, da, wo heute der Steinhaufen, der eigentliche *Cadair*/Sitz aufgeschichtet ist. Es heißt, wer darin eine Nacht verbringt, ist am Morgen tot, verrückt oder ein brillanter Dichter. Mag sein, daß der Sitz eine alte Einweihungsstätte ist – 1823 wurde unweit davon eine schwere, goldene Halsspange – ein *torc* – irischer Herkunft gefunden, vielleicht eine Votivgabe.

Das Panorama vom Gipfel ist hinreißend, falls man einen klaren Tag erwischt. Nebel kommt sehr plötzlich auf – diese Berge sind nicht harmlos und sollen nur gut beschuht und vernünftig ausgerüstet bestiegen werden. Es ist auch das klügste, auf den markierten Pfaden zu bleiben, dem »Ponytrack« oder dem allerdings sehr steilen »Fox Path« (beide von **Dolgellau**), oder auch dem längeren vom Dysynni-Tal aus auf der Südseite.

Cadair Idris.

Zirka 11 km ö., noch im Schatten des markanten Berges, geht der Bergpaß Ochr-y-Bwlch (A 470 Richtung Machynlleth) in das Hochtal von **Camlan,** »das gekrümmte Tal« über, wo Artus' letzte Schlacht stattgefunden haben soll (vgl. Salisbury Plain, Slaughterbridge, Camboglana usw.). Es ist heute ein einsames Bergtal wie viele andere auch, aber im 5./6. Jh. hielt es eine Schlüsselstellung zwischen Nord- und Süd-Wales. Es ist nicht ausgeschlossen, daß König Artus von Glamorgan (s. Caerwent) hier seinen letzten Kampf ausfocht.

Von Dolgellau, wo schon die Römer Gold fanden und eine Mine heute wieder arbeitet, sind es knapp 27 km in nö. Richtung bis zum **Bala Lake,** einem der anmutigsten, sicher dem größten, der walisischen Seen.

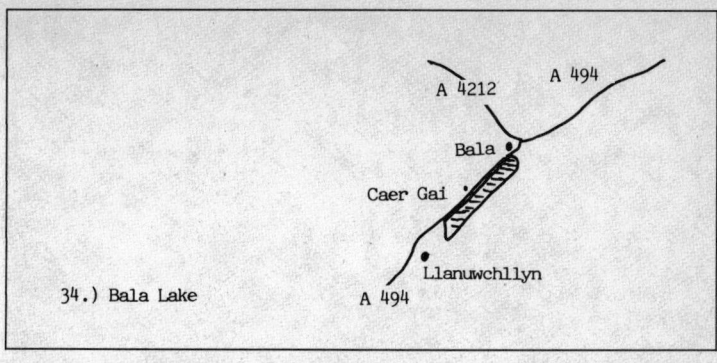

34.) Bala Lake

Am sanften Hang, nö. von Llanuwchllyn, befindet sich auf Privatgrund **Caer Gai** – bestes Anschauungsmaterial für walisische Geschichte! Ein römisches Garnisonsfort aus dem 1.–3. Jh. n. Chr., eine britische Festung vom 5./6. Jh. und ein Bauernhof vom 17. Jh. auf derselben Stelle, wobei der römische Wall und Graben, die britische Steinmauer, die römisches Material wieder verwendet, und die elisabethanischen Stilmerkmale auch für den Laien sofort erkennbar sind.

Der Überlieferung nach war der Besitzer der Festung Cai/Kai, später Sir Kay der Artusgeschichte. Der Name ist die britische Form des lateinischen Caius. In der walisischen Literatur, z. B. im *Mabinogion,* ist er, zusammen mit Bedivere, Artus' engster Vertrauter, sein Waffenbruder. Die Geschichte von Culwch und Olwen schildert seine erstaunlichen Eigenschaften: 9 Tage und Nächte kann er unter Wasser den Atem anhalten und ebenso lange ohne Schlaf auskommen; die Schwertwunden, die er austeilt, kann kein Arzt mehr heilen; nach Belieben kann er sich so groß machen wie ein Baum; seiner Heißblütigkeit wegen bleibt bei Regen alles um ihn eine Handbreit trocken... St. Cadocs Vita (s. Llancarfan) bestätigt ihm und Bedivere einen

Caer Gai bei Llanuwchllyn.

höheren moralischen Standard als dem König selber, und Geoffrey of Monmouths *Historia* beschreibt ihn als tüchtigen, königlichen Seneschall, als tapferen Helden, klugen Kriegsführer und selbstlosen Freund.

Erst in den Artusromanen, am ausgeprägtesten bei Malory, wird Sir Kay zur negativen Figur. Seine betonte Nähe zu Artus, der sein Ziehbruder ist, dient nur dazu, diesen in noch hellerem Licht erstrahlen zu lassen, denn Kay ist ein Lügner und Prahler, unhöflich gegen Fremde, grob gegen Schwächere, ein Feigling, aber tyrannisch gegen Untergebene, mißgünstig, argwöhnisch, verschlagen, taktlos, mit dem körperlichen Mangel des Hinkens behaftet – kurz, der Anti-Ritter, den der ganze Hof verspottet und doch fürchtet.

Das *Lliw*-Tälchen, sw. von Caer Gai, hat seine eigene Artussage. Am Carndocha, in den die Römer Stollen trieben, um an Gold heranzukommen, fing der Riese Rhita Wanderer ab, um sie zu töten und auszurauben. Die Bärte der Erschlagenen heftete er als Trophäe an den Mantel. Einmal geriet er an den Falschen, denn Artus machte kurzen Prozeß mit ihm und begrub ihn auf dem Nordufer, beim Bauernhof von Tyn-y-bwlch, wo der Felsbrocken, den er auf sein Grab stellte, noch zu sehen ist.

Von Dolgellau nach Barmouth sind es ca. 16 km.

Von Dolgellau kehrt die A 496 an die Küste zurück und folgt ihr bis zur Abzweigung auf die Lleyn-Halbinsel. Es ist eine der prächtigsten Straßen von ganz Wales, meist hoch über dem Meer, das Snowdon-Massiv und die blaue, gezackte Silhouette der Lleyn-Halbinsel vor Augen.

Am Hügelhang über **Barmouth** kann man den Tumulus **Cerrig Arthur**/Artus' Steine aufsuchen. Bis zum Hof von Sylfaen ist das steile Sträßchen, das gegenüber der Brücke die Bergflanke hochzieht, befahrbar. Dann zu Fuß zu den Überresten des prähistorischen Grabes – die Hauptattraktion ist die Aussicht über die Mawddach-Mündung beim Aufstieg. Weiter oben sind noch weitere Menhire.

Die romantischen Umrisse der Burg von **Harlech** tauchen schon recht früh auf; 18 km nach Barmouth steht man davor. Harlech ist eine richtige Trutzburg, eine aus der Kette, mit denen Eduard I. im 13. Jh. den freiheitsliebenden Norden in den Griff zu bekommen suchte.
Jahrhundertelang vorher war der »schöne Fels« eine walisische Festung gewesen. Sie hieß »Twr Branwen«/»Turm von Branwen«, der schönen Schwester von Bran, um deretwillen sich Ir-

land und Wales so zerstritten, das ersteres praktisch entvölkert war und in letzteres nur noch sieben Waliser – darunter der Barde Taliesin – (s. Tre Taliesin) zurückkehrten. Nach »Harddlech« brachten sie Brans Haupt auf der jahrelangen Reise zum Tower Hill (s. London), wo sie es begraben sollten. Beim süßen Gesang von Rhiannons Vögeln feierten die Helden ein siebenjähriges Gelage in der Festung, wobei ihnen der Kopf Gesellschaft leistete, als sei Bran noch am Leben. Diese Episode gehört zur Geschichte Branwen, Tochter des Llyr, aus dem *Mabinogion*.

Die **Lleyn-Halbinsel,** auf die die A 497 abbiegt, ist, und war seit je, ein Bollwerk walisischen Nationalgefühls, wo mit Stolz die alte Sprache gesprochen und der Tradition gefolgt wird. Sie ist gespickt mit prähistorischen und historischen Monumenten und landschaftlich vom Schönsten, was Wales zu bieten hat.

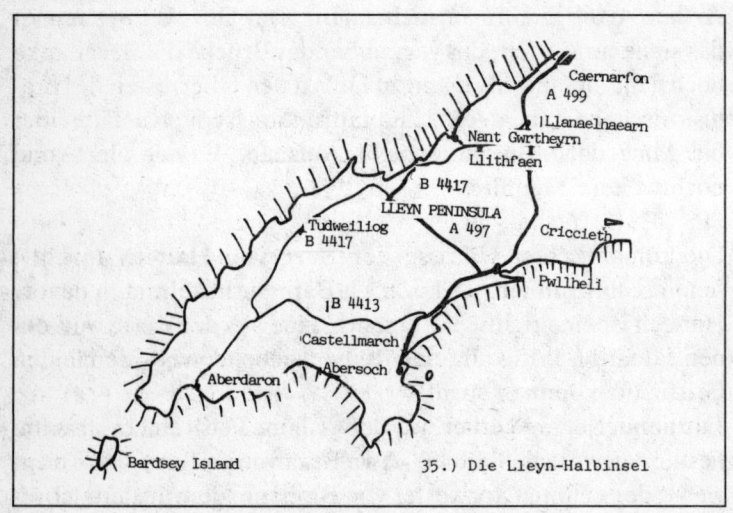

35.) Die Lleyn-Halbinsel

Einige Artusüberlieferungen gehören natürlich auch dazu. Der Deckstein eines prähistorischen Kammergrabs auf einer Bodenwelle über dem Dwyfor, n. von **Criccieth** ö. der B 4411 heißt **Arthur's Quoit**/»Artus' Stein«. Im Namen des wohlproportionierten Gutshauses **Castellmarch,** 1,5 km von **Abersoch** (A 499), taucht unvermittelt König Mark von Cornwall, Isoldens Gemahl, auf (s. Golant, Castle Dore etc.). An dieser Stelle soll einer seiner Höfe gestanden haben. Da sich jedoch nirgends die Spur einer britischen Festung findet, sieht es aus, als entstamme diese Überlieferung einer Volksetymologie: »Mark«, walisisch »march«, bedeutet gleichzeitig »Pferd«, und im Bestreben, beides zu vereinen, wurde March die Geschichte von König Midas angehängt, mit dem Unterschied, daß er statt Eselsohren Pferdeohren gehabt haben soll. Auch wenn diese edler als diejenigen seines klassischen Vorbildes waren, tat auch er, auf Kosten seiner Barbiere, sein Bestes, um diesen Makel zu verbergen. Er pflegte seine Figaros abzumurksen und begrub sie in einem Binsendickicht, bis die Binsen selbst das Geheimnis in alle Winde flüsterten und Flöten daraus immer nur »König March hat Pferdeohren« spielten.

Das hübsche Fischerdorf **Aberdaron** war im Mittelalter der wichtigste Fährhafen nach der Insel **Bardsey.** Die Herberge, wo die Pilger übernachteten und die schöne, schlichte Kirche mit dem normannischen Portal, wo sie um sichere Überfahrt beteten, sind zu besichtigen. Denn die Strömung im Bardsey-Sound ist gefährlich – es konnte passieren, daß man wochenlang auf der Insel festsaß. Drei Pilgerreisen nach Bardsey waren deshalb soviel wert wie eine nach Rom. Heute bringen im Sommer Motorboote die Touristen nach Bardsey, aber die Strudel sind deswegen nicht berechenbarer. Mit ihrem 50 m hohen, grauen Buckel gleicht die Insel vom Festland aus einem gestrandeten Wal. Zum Süden hin läuft sie flach aus; im Norddrittel befinden sich die Reste einer Klosteranlage, die St. Cadfan 516 gründete und die Augustiner im 13. Jh. übernahmen – die Klosterkirche ist der Muttergottes geweiht.

Die Insel stand im Geruch großer Heiligkeit – es heißt, 20000 Heilige seien auf dem Eiland begraben. Auch wenn das ein mönchischer Schreibfehler sein sollte – auf Ynys Enlli, der Insel Bardsey, kamen so viele Knochen zutage, daß Zäune daraus gemacht wurden. Allein nach der Schlacht von Chester (615), die Artus' Lebenswerk endgültig vernichtete, da den Sachsen der Durchbruch zur Westküste gelang (s. Bangor-is-y-Coed), sollen 900 Mönche, die das Massaker überlebten, hierher geflohen sein. Das geistige Leben auf Bardsey war ein sehr reges, und sogar Gildas (s. Einführung u. Flat Holm), Artus' säuerlicher Zeitgenosse, war für einmal des Lobes voll und pries die Insel ihrer Schönheit und Fruchtbarkeit, aber auch ihrer christlichen Einrichtungen wegen.

Bardsey war schon in vorchristlicher Zeit ein Heiligtum gewesen, eine jener paradiesischen Anderswelten vom Typ Avalons (s. Glastonbury), mit dem sie das keltische Konzept der »Ynis Vitrin«, der »Glasinsel« teilte, einem Ort der Seligen, der über den Wellen schwebt. Eine frühe walisische Quelle besteht darauf, daß Merlin sich am Ende seines Lebens auf diese Insel zurückgezogen habe, um dort die »Schätze Britanniens« zu hüten:

1. Artus' Schleier, der unsichtbar macht; 2. ein magisches Schwert, das explodiert, wenn es der Falsche führt; 3. ein Trinkhorn, das sich nie leeren läßt; 4. ein Korb, der Lebensmittel vervielfacht; 5. ein Wetzstein, der nur die Waffen der Tapferen schärft; 6. Padarns Mantel, der unsichtbar macht; 7. ein Kochkessel, der sich weigert, für Feiglinge zu kochen; 8. eine Art Gralsschüssel, die jedem die Nahrung serviert, die er sich wünscht; 9. ein Schachbrett, dessen Figuren sich von selbst bewegen; 10. ein Gewand, das gegen jede Witterung schützt;

11. ein Sessel, der seinen Besitzer hinbringt, wo immer er will;
12. ein Ring, der unsichtbar macht, und 13. ein heiliges Opfermesser der Druiden.
Eine nüchternere Sage von Merlins Ende identifiziert Bardsey mit der Glasinsel und verwendet auch die »Höhlenlegende« (s. Carmarthen usw.) mit: Merlin soll in einer Höhle auf Bardsey inmitten der 13 Schätze, die er vor den Sachsen in Sicherheit gebracht hat, schlafen oder sogar begraben sein.

Vor **Tudweiliog** (B 4417), auf der Höhe des Strandes von Penllech, am Hang des Mynydd Cefnamwlch, findet sich ein zweites prähistorisches Kammergrab, dessen Deckstein ein »**Arthur's Quoit**« (Stein) ist.

Carn Fadryn bzw. **Fodron,** ö. von *Tudweiliog,* dieser seltsame Kegel (113 m) mit der Festung aus der Eisenzeit, die Hüttenreste umschließt, ist schon der Aussicht wegen den Aufstieg wert. Der große, flache Stein auf dem Gipfel heißt **Brdd y Brenin,** der »Tisch des Königs«, oder schlicht **Arthur's Table**/»Artus' Tisch«. Es heißt, darunter sei ein großer Schatz, ein Topf voll Gold, vergraben.

Nant Gwrtheyrn, das »Flußtal von Vortigern« bzw. **Vortigern's Hollow,** »Vortigerns Schlucht«, ist der dramatischste Artusort auf der Lleyn-Halbinsel. Route: B 4417 bis Llithfaen, Abzweigung links an »Mount Pleasant«, den ehemaligen Vorarbeiter- und Kassierhäusern, vorbei bis zum Parkplatz vor dem Wald. Man sollte zuerst einen »Blick in den Abgrund tun«, entweder rechts, auf der Straße zum Steinbruch am Hang des Yr Eifl, oder links, vom Steilhang hinter dem Wald, bevor man ins Tal hinuntersteigt (Motorfahrzeugverbot). Es ist völlig von der Außenwelt abgeschnitten, nur die Bachmündung öffnet es etwas zum Meer hin. Von den Dorfbewohnern wird behauptet,

Nant Gwrtheyrn / Vortigern's Hollow, Lleyn-Halbinsel.

sie hätten noch um die Jahrhundertwende allen Ernstes geglaubt, der Teufel würde sie augenblicklich holen, wenn sie es wagten, in die sündige Welt jenseits der Granitbrüche hinauszugehen. Im 20. Jh., nachdem einer nach dem andern geschlossen wurde, nahmen sie das Risiko dann doch auf sich – um 1950 zog die letzte Familie fort. Das ganze Dorf ist heute ein walisisches Sprach- und Kulturzentrum.
Der Überlieferung nach war Vortigern, dem Usurpator (s. Ramsgate, Ganarew, Dynas Emrys usw.), diese Abgeschiedenheit nur recht. Von Sachsen und Briten gleichermaßen verfolgt, hetzte er westwärts, bis er am Ende von Wales ankam. Sein Königreich hatte er zum großen Teil an die Fremden verloren. Aber auch in diesem Schlupfwinkel ereilte ihn das Schicksal. Es gibt mehrere Versionen seines Endes: In fliegender Eile habe er ein Bollwerk mit hölzernem Turm aufwerfen

lassen, in den, kaum daß er stand, der Blitz gefahren sei – die gerechte Strafe Gottes für den Verräter. Seine Feinde hätten den Turm in Brand gesteckt und er sei in den Flammen umgekommen. Oder auch: er habe sich in totaler Verzweiflung vom *Carreg y Llam,* »Fels des Sprungs«, ins Meer gestürzt. Wie dem auch sei, der große Grabhügel *Bedd Gwrtheyrn,* »Vortigern Grab«, wurde im 19. Jh. geöffnet. Ein männliches Skelett von beachtlicher Größe in einer sorgfältig gefügten Steinkiste kam zum Vorschein.

Nant Gwytheyrn stand sicher im Zusammenhang mit **Tre'r Ceiri,** der »Stadt der Riesen«, der erstaunlichen Bronzezeitsiedlung auf dem niedrigeren Gipfel von Yr Eifl (110 m). Eine stellenweise heute noch 4 m hohe, mächtige Steinmauer mit komplizierten Eingangssystemen umgürtet Dutzende von Rundhüttenruinen, denen die Römer an die 150 viereckige Zellen zufügten.
Es ist heute erwiesen, daß die Stadt im 5./6. Jh. wieder von Briten bewohnt wurde.

Auf der ganzen Fahrt die Lleyn-Halbinsel hoch hat man die majestätischen Konturen des Snowdon-Massivs vor sich. Die höchste Pyramide (1085 m) ist **Snowdon** selbst, das Zentrum eines großzügig bemessenen Nationalparks. Der alte Name für »das Dach von Wales« ist »Eryri«, »Wohnort der Adler«, aus deren Lebensäußerungen die Druiden die Zukunft ihres Volkes voraussagten. Experimente für das Aussetzen eines Adlerpaares sind im Gang. Im Frühjahr und im Herbst, wenn Schnee liegt, ist die Bergkette besonders eindrucksvoll.
Man braucht nicht nach *Caernarfon* hinein, um auf der A 4085 am Fuße des Berges entlangfahren zu können, obwohl das alte Städtchen mit seinem berühmten Castle und dem römischen Fort Segontium es an sich lohnt. Weil es aber in der Saison vor

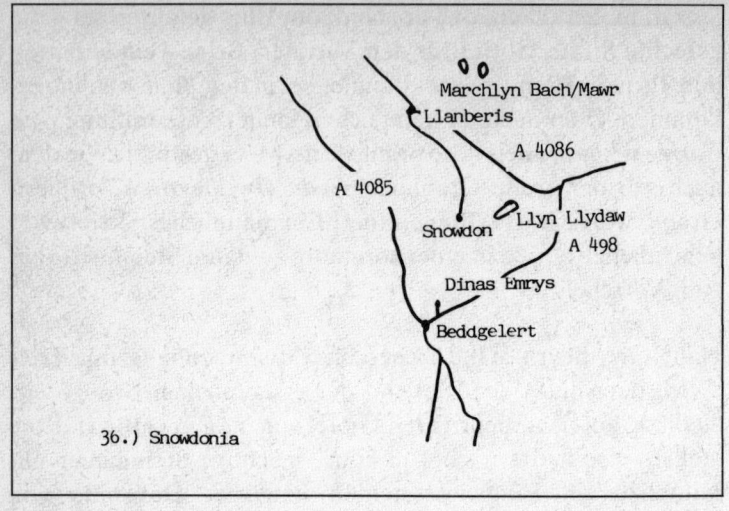

36.) Snowdonia

Touristen aus den Nähten platzt, ist die B 4418 von Penygroes, die bei Rhyd-Dhu auf die A 4085 stößt, eine willkommene Alternative. Von *Beddgelert,* ca. 4 km, führt eine recht steile Route zum Snowdongipfel, die leichteren sind auf der Nordseite.

Ca. 3 km nö. auf dem felsigen Hügel über der A 498, kurz vor dem Dinas-See, kreisen zwei schüttere Wälle die Hügelkuppe ein, wobei sie geschickt die natürlichen Felsen mit einbeziehen. Der Weg am Osthang führt zum Weiler Hafody-porth; man muß links den Hang hoch, will man die relativ kleine Festung (ca. 150 m × 90 m) durch den Nordeingang betreten. Sie heißt *Dinas Emrys,* »Festung des Ambrosius«, womit jener romanisierte Britenkönig Ambrosius Aurelianus gemeint ist, unter dem der historische Artus als *dux bellorum* die Oberaufsicht über die gesammelten britischen Streitkräfte führte (s. Einführung).

Nennius (s. Einführung und Bangor-is-y-Coed) erzählt, wie

Beddgelert.

sich Vortigern, nachdem das Experiment mit den sächsischen Söldnern fehlgeschlagen war, in die Berge von Snowdonia flüchtete, mit der Absicht, sich eine uneinnehmbare Festung bauen zu lassen. Was aber tagsüber an Material verbaut wurde, fiel nachts in sich zusammen. Vortigern konsultierte seine Ratgeber, die ihm empfahlen, die Grundmauern mit dem Blut eines vaterlosen Knaben zu besprengen. Sie griffen auf einen keltischen bzw. indo-europäischen Brauch zurück, nach dem sich das Fundament eines Baues durch ein Menschenopfer stärken ließ. Der eine große Wall von Cadbury, Somerset (s. Cadbury), enthielt das Skelett eines jungen, unverletzten Mannes, der mit großer Wahrscheinlichkeit genau diesem Zweck diente. Der junge Ambrosius wußte Vortigern zu erklären, warum das Fundament nicht stehenblieb: Nacht für Nacht wurde es durch zwei kämpfende Drachen erschüttert, die in einem künstlichen

Dinas Emrys: Der Kampf zwischen dem roten und dem weißen Drachen.

Teich unter der Felsplatte lebten – einem roten, der Wales, und einem weißen, der die Sachsen symbolisierte. Alles war in Wirklichkeit, wie der Junge es schilderte, und wie die Drachen zu kämpfen anfingen, sagte Ambrosius voraus, daß, obwohl der Weiße die Oberhand gewann, eines Tages der Rote siegen werde. Kühn prophezeite er Vortigerns Untergang und verlangte darauf die Festung für sich, die seither seinen Namen trägt.

Geoffrey von Monmouth übernahm zwar die Geschichte, nannte seinen Knaben jedoch »Merlin« (s. Carmarthen), und um mit der Nennius-Überlieferung klarzukommen, setzte er noch »Ambrosius« dazu.

Merlin-Ambrosius tritt mit der Selbstsicherheit eines Wesens auf, das nicht nur von dieser Welt ist – seine Mutter war wohl eine Sterbliche, aber sein Vater war ein *incubus*. Er will gleich von Vortigern wissen, weswegen er hierher bestellt wurde. Wie er den Grund erfährt, befiehlt er dem König, seine Räte zu versammeln, die sich vor dem Halbwüchsigen auf den Boden setzen müssen, und demonstriert, daß sie Lügner sind, die nicht wissen, was dieser Sache zu Grunde liegt. Er hingegen weiß es. Auf sein Geheiß läßt Vortigern Arbeiter kommen, die den Boden aufgraben, den Teich finden und das Wasser ablassen, so daß die beiden kämpfenden Drachen sichtbar werden. Von Vortigern nach der Bedeutung der Drachen gefragt, fällt der Junge in Trance und beginnt über die Zukunft Britanniens zu orakeln – die berühmten Prophezeiungen Merlins, die Geoffrey zuerst gesondert übersetzte (s. Monmouth). Schließlich gibt er Vortigern den lakonischen Rat, er solle weglaufen, falls er wisse, wohin (s. Ganarew).

Das Erstaunliche an dieser Geschichte ist, daß sie sich auf archäologisch überprüfbare Details stützt. Inmitten von Dinas Emrys steht die Ruine eines Turms (12. Jh.), der einen Vorgänger gehabt haben kann, und ein künstliches, überdachtes römi-

Snowdonia.

sches Wasserbecken aus dem 1.–2. Jh. ist nachgewiesen worden. Bis ins 5./6. Jh. diente es einer kleinen britischen Siedlung als Zisterne!
Die Volksüberlieferung fügt hinzu, daß Merlin seine Schätze in einer Höhle im Hügel versteckt habe. Ein »goldhaariger und blauäugiger« soll der Auserwählte sein, für den sich, ohne sein Zutun, der Berg öffnen wird.

Von Beddgelert nach Pen-y-Pass sind es 13 km, nach Llanberis noch einmal soviel.

Vom Parkplatz gegenüber der Jugendherberge auf dem **Pen-y-Pass** (Pass of Llanberis, A 4086) führen sowohl der »Pyg Track« als auch der »Miner's Track« zum Snowdongipfel. Sie lassen sich zu einem 12 km langen Rundweg zusammenschließen, der zwar stellenweise steil, aber bei vernünftigem Schuhwerk gangbar ist. Auch hier gilt: durchdachte Ausrüstung und kein Leichtsinn! Jahr für Jahr passieren unter englischen und kontinentalen Touristen, die diese Berge unterschätzen, tödliche Unfälle!

Wer sich die Anstrengung nicht zumuten will bzw. kann, den bringt die einzige Zahnradbahn Großbritanniens von Llanberis bis 20 m unter den Gipfel. An klaren Tagen ist das Panorama atemberaubend. Von Süd-Schottland bis Irland liegt einem ganz Keltia zu Füßen! Der walisische Name für den Snowdongipfel ist »Yr Wyddfa Fawr«, »Großes Grab«, denn wo heute das Hotel steht, war ein riesiger Steinhaufen aufgestapelt, zur Erinnerung an den Riesen Rhita (s. Llanuwchllyn). Die Bärte der von ihm besiegten Könige pflegte er zu einer Art Pelzmantel zu verarbeiten. Geoffrey of Monmouth nennt ihn den Riesen »Rheto vom Berg Arvaius« und schiebt seine Geschichte ein als Parallele, nachdem Artus den Riesen von Mount St. Michèle in der Normandie getötet hat'(s. Marazion). Rheto soll König Artus zum Zweikampf gefordert haben, da dieser dem Befehl, seinen Bart auszuhändigen, nicht nachgekommen war – ehrenhalber gedachte ihn der Riese zwar zuoberst an seinen Mantel zu nähen. Dem Gewinner winkte der Mantel und der gegnerische Bart, und natürlich gewann Artus beides.

Auch das Snowdon-Massiv kennt, inspiriert vom Cwm-y-Llan-Tälchen am Südosthang, eine Camlansage (s. Cadair Idris). Artus soll mit seinem Heer von Dinas Emrys über den Grat von Tregalan hochgestiegen sein, wo er auf den von Snowdon kommenden Mordred stieß. Er wurde das Opfer eines alten Tricks. Seine Feinde lockten ihn in den **Bwlch-y-Saethau,** den »Paß der Pfeile«, wo sie ausschwärmten und ihre Verfolger mit einem Pfeilhagel überschütteten. Tödlich getroffen starb er fast sofort; über ihm wurde der große Steinhaufen **Carnedd Arthur** aufgeschichtet. Bis hierher klingt die Geschichte, unterstützt von exakten Ortsangaben, wie der Bericht eines historischen Feldzuges. Es ist möglich, daß ein anderer Artus der Glamorgan-Dynastie (s. Caerwent) in einem Streit zwischen Nord- und Süd-Wales ein solches Schicksal erlitt. Für den Artus des 5./6. Jh. und seine literarische Entwicklung ergibt dies keinen Sinn. Wenn das Grab bekannt – warum denn Avalon? Der Rest der Überlieferung folgt dem traditionellen Muster. Bedivere wirft Excalibur in den Llyn Llydaw – an dessen Ufer auch eine Steinzeitsiedlung stand, die einen primitiven Einbaum hinterließ. »Solange Artus unter diesem Steinhaufen liegt, wird kein Feind den Paß betreten« ist von Bran (s. London) geborgt.

Darauf folgt eine Variante der »Höhlenlegende« (vgl. Chepstow, Richmond usw.): Artus' Gefährten suchen Schutz in **Ogof Lanciau Eryri,** der »Höhle der jungen Männer von Snowdon« im fast senkrechten Hang des Lliwedd und schlafen darüber ein, »bis Artus sie braucht«. Ein Schäfer, auf der Suche nach einem verlorenen Schaf, wird durch den Lichtschein, der aus der Felsspalte dringt, angelockt. Verwundert über die schlafenden Krieger in schimmernder Rüstung, will er sich hineindrängen, stößt dabei aber an eine Glocke, deren Schall die Schläfer aufweckt, die unter Gebrüll zu den Waffen greifen. Entsetzt flieht der Schäfer Hals über Kopf. Sein Lebtag ist er ein geschlagener Mann und findet den Eingang nie wieder.
Übrigens: Auch im kupfergrünen See, *Glashlyn,* unter dem Snowdongipfel, sitzt ein *afanc* (s. Barmouth). Bezeichnenderweise hat Artus mit diesem nichts zu tun.

In *Llanberis* steht der kleine Bahnhof der Zahnradbahn, die wie ein Spielzeug den Snowdon hinaufpafft. No. vom Elider Fawr (281 m) über den riesigen Schieferbrüchen von Dinorwig sind die beiden einsamen Seelein **Marchlyn Bach** und **Marchlyn**

Mawr, der kleine und der große Pferdesee, zu finden, die heute als Reservoirs genützt werden. Mehrere Überlieferungen aus verschiedenen Epochen kreuzen sich beim größeren See, denn er ist der Schauplatz einer Artus'schen »Höhlenlegende«, aber ohne Akteure!
Ein Bauernjunge entdeckte beim Dunkelwerden eine Höhle voller Waffen und Schätze. Vor Sonnenaufgang ging er zurück und fand die Höhle von strahlendem Licht durchflutet – mitten drin einen goldenen Tisch mit einer mit Edelsteinen besetzten Goldkrone. Schlagartig erkannte er, daß er König Artus' Krone gefunden hatte. Voll Freude streckte er die Hand nach ihr aus, hatte sie aber kaum berührt, als Donner die Höhle erbeben ließ und das Licht erlosch. Zitternd tastete er sich nach draußen – der ganze See war in Aufruhr, und über die Wellen schoß ein kleines Boot mit drei königlichen Frauengestalten drin, die ein schrecklicher, wilder Fährmann zur Höhle hinruderte. Der Junge erschrak sich so, daß er sein Leben lang schwache Nerven behielt und bei der bloßen Erwähnung von Marchlyn Mawr in Krämpfe verfiel.
Da in den vor-keltischen Sonnenkulturen Seen, speziell Bergseen, oft sozusagen die Ställe für die Pferde des Sonnengottes waren, wo sie bis zum Morgen ruhten, und auf die Sonne in der Sage großes Gewicht gelegt wird, darf man annehmen, daß hier Artus' funkelnde Krone den Strahlenkranz des Sonnengottes verdrängte.
»Môn, Mam Cymru«, »Mona, die Mutter von Wales«, wie die Waliser die Insel **Anglesey** nennen, ist mit ihren 16 neolithischen Kammergräbern, unzähligen Dolmen, Menhiren, römischen Festungsmauern, keltischen Kreuzen und Klöstern, mittelalterlichen Burgen und Kirchen ein natürliches Freiluftmuseum zur Illustration der walisischen Vergangenheit.
Die Meerenge des Menai, die heute zwei Brücken überspannen, wirkte wie ein großer Wassergraben, der der Insel eine ge-

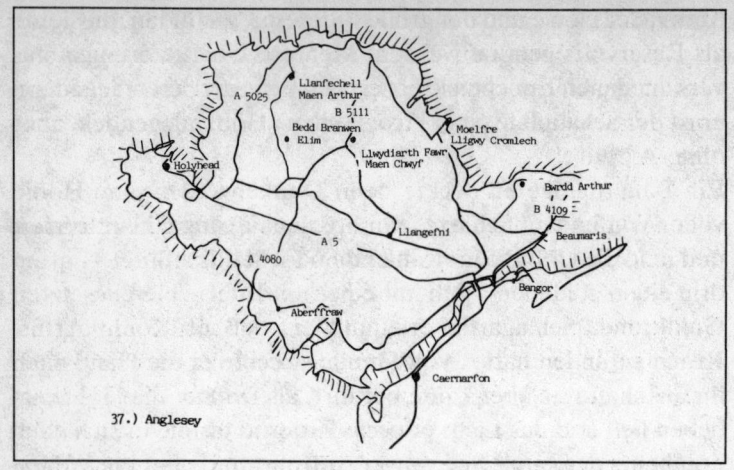

37.) Anglesey

wisse Unabhängigkeit sicherte. So konnte sich hier die größte druidische Studienstätte der keltischen Welt entwickeln, von der ein starker kultureller Impuls, aber auch erbitterter Widerstand gegen die römische Zivilisation ausging. Als die Römer 60 n. Chr. in die Kornkammer Anglesey einmarschierten, vernichteten sie diese druidische Ausbildungsstätte vollständig. Gleichzeitig nahmen sie die größte Kupfermine der britischen Inseln in Besitz. Die geistigen Erben der Druiden waren einerseits die Barden, die Artus' Lob lange vor Geoffrey of Monmouth verkündeten, andererseits die christlichen Heiligen, die druidisches Gedankengut verchristlichten, von denen aber verschiedene mit Artus in Konflikt geraten sollten (s. Einführung).

Auch Anglesey bewahrt seine Artusüberlieferungen. Auf der Inselnordhälfte allein befinden sich drei Artussteine (»Quoits« oder »Stones«). Am einfachsten zu erreichen ist **Lligwy Cromlech,** w. von **Moelfre,** dessen enormer, verwitterter Deckstein der eigentliche »Arthur's Quoit« ist.

Westlich davon der *Quoit* bei **Llwydiarth Fawr** ö. der B 511, der den Namen **Maen Chwyf** trägt; es handelt sich um einen sog. »loganstone«, einen Felsbrocken in solch prekärem Gleichgewicht, daß er bei jedem Anstoß vibriert oder schaukelt, aber nicht kippt.

Der dritte ist s. vom Dorf **Llanfechell** ö. der A 5025 unter dem Namen **Maen Arthur** zu suchen.

Bleibt man auf dem unbezeichneten Sträßchen Richtung Süden, parallel zur A 5025, stößt man nach Llandeusant auf der Höhe des Llyn Alaw, ö. von Elm in den Auen des Flüßleins Alaw, auf **Bedd Branwen,** das Grab von Brans (s. London) Schwester, »der schönsten Frau der Welt«, wie es in der *Mabinogion*-Geschichte »Branwen, Tochter des Llyr« heißt.
Nach einem Jahr Eheglück schafft es der irische Hof, Branwen ihrem Gatten zu entfremden, so daß er sie als Magd in die Küche schickt. Geduldig richtet sie dort einen Star ab, bis er die Botschaft ihres Unglücks ihrem Bruder übermitteln kann. Bran und seine Gefährten setzen sofort nach Irland über, aber nur sieben Helden kommen mit Branwen zurück (s. Harlech). Wie sie auf Anglesey zwischen Irland und Wales landen, bricht Branwens Herz beim Gedanken, daß ihretwegen die tapfersten Krieger gestorben und zwei große Königreiche verwüstet worden sind. Die sieben errichten für sie am Ufer des Alaw ein »Grab mit vier Seiten«; als man es 1813 öffnete, kamen die kremierten Knochen einer jüngeren Frau zum Vorschein!

Auf der Südseite der Insel liegen die Artusassoziationen genau entgegengesetzt – um Aberffraw im Osten und Beaumaris im Westen. **Aberffraw** (A 4080), an der gleichnamigen Bucht, ist heute ein verschlafenes Nest – im 5. Jh. wurde es zur Residenz der Könige von Gwynedd und blieb es bis ins 13. Jh. Sie stamm-

ten von Cunedda Wledig ab, jenem energischen romanisierten Britenfürsten aus dem Norden, der zusammen mit seinen 8 Söhnen die Iren aus Wales verjagte und den Westen neu organisierte. Sein berühmter Urenkel war Maelgwyn (s. Deganwy Castle).
Wohl wurden im Dorf die Spuren eines römischen Forts entdeckt – aber nach der Königsstadt suchen bis jetzt die Archäologen vergeblich. Möglicherweise liegt sie unter den meterhohen Dünen von Aberffraw! Sehr früh wird Artus mit Aberffraw in Verbindung gebracht, wo er angeblich Hof hielt. Plausibler ist die Überlieferung von *Ogof Arthur,* Artus' Höhle, am Strand von Porth Trecastell nw. von Aberffraw, die er als Versteck und Stapelplatz im Kampf gegen Seeräuber benützt haben soll. Es heißt, daß in dieser Höhle, die nur bei Ebbe betretbar ist, viel Gold versteckt sei, das nie abgeholt wurde. Solche organisierten Jagden im Dienste eines britischen Königs gegen irische Seeräuber gehören durchaus zur Biographie des jungen Artus (s. Einführung); so schulte er sich und seine Leute für größere Unternehmen, machte sich einen Namen und erst noch reiche Beute. Kann sein, daß Ogof Arthur der direkte Anlaß zur »Höhlenlegende« war.

Nordwestlich der hübschen Stadt **Beaumaris** mit der großartigen Ruine einer Wasserburg, thront über Red Wharf Bay die Hügelbefestigung *Bwrdd Arthur,* »Artus' Tisch«, die mit einem innen und außen mit aufrechten Steinen verstärkten Steinwall den ganzen flachen Hügel einnimmt.
Ein mysteriös geflecktes Katzentier *Palug's* bzw. *Balu's Cat* ist auch in die Artusliteratur eingegangen. Zwei Brüder aus Anglesey, Balus Söhne, fischten eines Tages ein geflecktes Kätzchen aus der Meerenge von Menai, das sich zu einem wahren Monster auswuchs. Nachdem es 180 Krieger verspeist und immer noch Hunger hatte, wurde Cai (s. Caer Gai) zu Hilfe geru-

fen. Leider bricht das walisische Gedichtfragment im spannendsten Moment ab, so daß ungewiß ist, wer im Kampf siegt. Varianten lassen Artus mit dem Ungeheuer kämpfen – in einer unterliegt er sogar dem getupften Biest!
Die Kelten hatten eine Schwäche für greuliche Meeresungeheuer und vielleicht war es ein Phantasiegebilde. Andererseits gab es seit den Römern immer wieder britische Fürsten, die sich exotische Tiere an ihren Hof kommen ließen – es hätte also auch ein über Bord gespültes Leopardenbaby sein können.

In den Hügeln über **Penmaenmawr** stehen mehrere Menhire. Der auffallendste, dünn und lang, wurde in der Nähe des prähistorischen Grabes *Carn-y-Bugail* aufgepflanzt (ca. 3 km von Roewen am Hang des Conwytals). *Ffon y Cawr,* der »Stab des Riesen«, wird damit erklärt, daß ein Riesenschäfer mit dem Stab nach dem Hund warf, der im Dolmen schlief, statt Schafe zu hüten. Vermutlich eine jener verniedlichenden viktorianischen Erfindungen. **Picell Arthur,** »Artus' Speer«, tönt authentischer und macht Artus, wie so oft, zum Riesen. Der Stein könnte zu seiner Lebzeit gesetzt worden sein.

Von Penmaenmawr nach Llandudno sind es ca. 8 km.

Von **Castle Deganwy** s. von **Llandudno,** auf der Felsnase zwischen Conwy- und Colwyn Bay, regierte im 6. Jh. Maelgwyn, König von Gwynedd, das vereinigte Nord- und Süd-Wales. Die Hauptresidenz der Könige von Gwynedd war jedoch nach wie vor Aberffraw (s. Aberffraw) auf der Insel Anglesey, weshalb ihn Gildas (s. Einleitung und Flatholm) den »Drachen der Insel« nennt, an sich ein Ehrentitel, in Gildas Mund aber eher ein Schimpfname!
Maelgwyn ist die erstaunlichste und widersprüchlichste britische Persönlichkeit des 6. Jh., und seine Biographie zeigt so viele Parallelen zum Sir Lancelot der Artus-Sage, daß er als

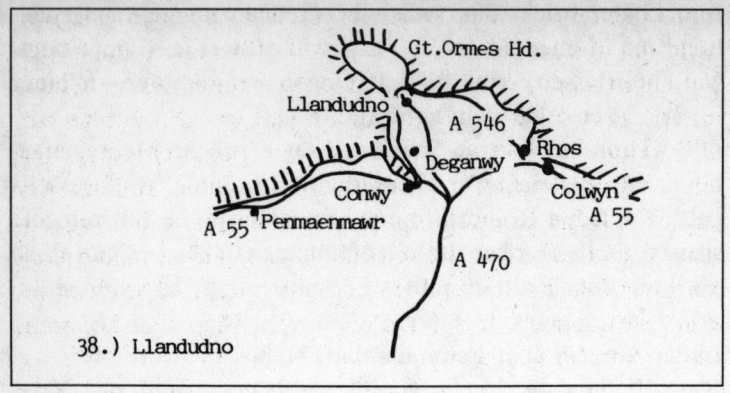

38.) Llandudno

Modell für den »besten Artus-Ritter« gelten kann. Er ist eine Trumpfkarte der walisischen Artusforscher, die in König Artus von Glamorgan das Vorbild zum literarischen König Artus sehen (s. Caerwent). Die beiden waren etwa gleichaltrig und vielleicht Mitschüler in St. Illtyd (s. Llantwit Major). Sozial war Maelgwyn Artus von Glamorgan ebenbürtig, wenn nicht überlegen. Er, Nachkomme des Cunedda Wledig, hatte außer dem beträchtlichen Königreich Gwynedd den Norden bis Strathclyde (s. Strathclyde) hinter sich. Sein Volk waren die Venedotier, der Stamm der Waliser, der sich am intensivsten mit der römischen Zivilisation verbunden hatte. Ausgrabungen von 1966 ergaben, daß sich Castell Deganwy aus einem römischen Fort entwickelt hatte. Kleine Mengen hie und da verlorener Tintagel-Scherben – keine unordentlichen Abfallhaufen – zeigen an, daß hier ein wohlhabender, romanisierter Britenfürst lebte und daß es hier zivilisiert und geordnet zuging mit einem geradezu römischen Bewußtsein für Hygiene. Zeitgenössische Quellen betonen, daß Bildung an diesem Hof zählte: Latein und Griechisch wurde gepflegt, den Wissenschaften nachgegangen, Fremdsprachen gesprochen – diplomatische Beziehungen sollen bis nach Böhmen gereicht haben. Musik und Dichtung spielten eine große Rolle – Maelgwyn hielt sich 24 Barden statt der 12, die ihm zugestanden hätten, Gildas kränkte es besonders, daß, wenn Maelgwyns Ohr aufmerkte, es nicht war, um das Lob Gottes zu vernehmen, sondern sein eigenes, natürlich aus dem Munde seiner Dichter. Taliesin, der als halber Teenager an Maelgwyns Hof kam, soll sich in jugendlicher Unverfrorenheit mit den etablierten Barden angelegt haben. Bevor sie ihn vor die Türe setzen konnten, verhexte er sie, so daß sie nur noch »blerwm, blerwm« hervorbringen konnten, was an Schafgeblök erinnert.

Darauf habe er ein langes Gedicht vom Stapel gelassen – manche nehmen es als Parodie, andere als esoterische Botschaft –, worin er seine Inkarnationen durch die Jahrhunderte aufzählte. Wie auch immer – Taliesin hinterließ einen tiefen Eindruck am Hof von Deganwy. Maelgwyn muß ihn geschätzt haben – so sehr, daß er ihn unbehelligt ziehen ließ, als er ihm viele Jahre später in schonungsloser Offenheit den Tod voraussagte.

Maelgwyn wird als ausgesprochen gutaussehender, hellhaariger, großer Mann beschrieben (er wird auch Maelgwyn Hir, der Große, genannt), als ausgezeichneter Kämpfer, gewandter Reiter, ausdauernd, genügsam, stark – das Urbild des ritterlichen Helden.

Was Gildas, außer der mangelnden Frömmigkeit, in Harnisch brachte, war Maelgwyns Privatleben und das war, auch in einer Zeit, in der christliche Moral erst eingeübt werden mußte, nun wirklich reichhaltig. Er wird angeklagt, seinen Onkel der Krone wegen umgebracht zu haben sowie seine Frau, weil er eine andere wollte, und deren Mann, weil er im Wege stand. Dazu kamen unzählige Weibergeschichten – vor allem mit Gattinnen seiner Mitkönige – und homosexuelle Beziehungen. Und doch verhielt sich dieser mächtige, kluge, gebildete und anderseits völlig amoralische Mann Artus von Glamorgan gegenüber, der die militärische Oberhoheit führte, loyal. Politisch klug ordnete er seine persönlichen Machtansprüche der Einigung Wales' unter, wohl wissend, daß seine Haltung Artus gegenüber von allen britischen Fürsten imitiert würde. So diente er, der in jeder Beziehung mächtiger war, dem König von Glamorgan, genauso wie Lancelot, der in seinem Lande ein großer Fürst gewesen wäre, König Artus dient. Mag sein, daß auch diese beiden eine persönliche Freundschaft verband. Mit Lancelot teilt Maelgwyn auch den ab und zu durchbrechenden Hang zum geistlichen Leben. Einmal entsagte er der Welt ganz, um dann aber, nach Artus' Tod, aus dem Kloster auf den Thron zurückzukehren. Im Alter kehrte er in den Schoß der Kirche zurück. Sein Tod ist in die Volksüberlieferung eingegangen. Taliesin hatte prophezeit:

> A strange creature will come
> from the marshes of Rhionedd
> to punish the crimes
> of Maelgwyn Gwynedd.
> Its hair, its teeth
> and its eyes all yellow
> 'tis it that shall make
> an end of Maelgwyn
> Gwynedd.

> Ein seltsam Wesen kommt,
> von den Sümpfen von Rhionedd
> zu strafen die Verbrechen
> von Maelgwyn Gwynedd.
> Sein Haar, seine Zähne
> und seine Augen ganz gelb
> dies ist's, das wird machen
> ein End' mit Maelgwyn
> Gwynedd.

Es war eine Art des Gelbfiebers, das Mitte des 6. Jh. Europa, Britannien und Irland heimsuchte, eine Seuche, die in komatöser Gelbsucht endete. Maelgwyn hoffte der Prophezeiung zu entgehen, indem er sich im Kirchlein *Llanrhos,* ö. von Deganwy, am Fuße des Bryn Maelgwyn (Hügel des Maelgwyn) einschloß. Wachen, die durch einen Spalt in der Tür linsten, sahen ihn schlafend ausgestreckt; erst Stunden später wagten sie hineinzugehen, aber da schlief er schon »Maelgwyns langen Schlaf in der Kirche von Rhos«, der seither im Walisischen sprichwörtlich ist.

Von Llandudno nach St. Asaph sind es 21 km, nach Denbigh weitere 8 km.

Die A 55 steuert direkt auf die alte Bischofsstadt **St. Asaph** zu, deren kleinste Kathedrale Britanniens nach 1151, wenn auch nur nominell, Geoffrey of Monmouths Sitz war (s. Monmouth).
Von *Denbigh* im Clwyd-Tal, 8 km s., überquert ein unbezeichnetes Sträßchen den Fluß, kreuzt bei Llandyrnog die B 5429 und steigt durch *Glyn Arthur* (Artustal) gegen den *Moel Arthur,* einen kahlen Hügelkopf (456 m), dessen Kuppe ein zweiwalliges Fort aus der Eisenzeit einfaßt. Wenn je mehr als nur der Name mit den beiden Orten verbunden war, so ist heute davon nichts mehr bekannt. Überlieferungen befassen sich mit einem Goldschatz in einem Henkeltopf, der im Hügel begraben sein soll, einem geisterhaften Licht, das in gewissen Nächten die Stelle bezeichnet, und einer »grauen Dame«, die ihn bewacht.

Von Denbigh nach Ruthin sind es 13 km.

Die, größtenteils noch, Fachwerkhäuser des hübschen, alten Städtchens **Ruthin** drängen sich auf einer steilen Hügelkuppe

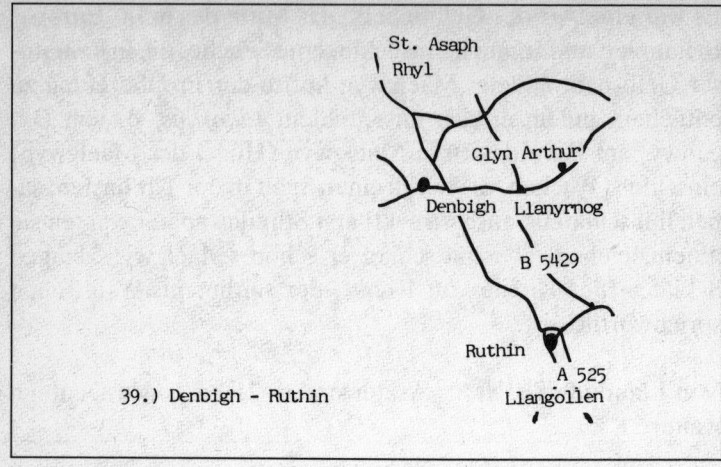

39.) Denbigh – Ruthin

um den Marktplatz. Vor dem Exmewe House, der heutigen Barclay's Bank, wird der große, oben abgeflachte Kalkbrocken **Carn Hueil,** »Hueils Stein«, aufbewahrt, auf dem Artus Gildas' rebellischem Bruder aus dem Norden den Kopf abschlagen ließ (s. Einführung). Die Volksüberlieferung kleidet den Machtkampf zwischen Artus und Hueil, der historisch belegbar ist, in folgende Geschichte:
Artus besaß eine Geliebte am Hofe von Caerwys (16 km nö.), die Hueil versuchte ihm auszuspannen, worüber es zum Zweikampf zwischen den beiden kam. Beide wurden verwundet, Artus am Knie, worauf er den Jüngeren ziehen ließ, unter der Bedingung, daß er das havarierte Knie nie erwähnen dürfe. Von da ab hinkte Artus etwas, was ihn nicht hinderte, sich einige Jahre darauf in Frauenkleidern unter einen Damenreigen zu mischen, weil er eine Schöne erobern wollte. Hueil, der Artus am steifen Knie sehr wohl erkannte, machte eine abfällige Bemerkung über das tanzende Hinkebein – womit er sein Versprechen brach – worauf ihn Artus festnehmen ließ.

Es sind ca. 30 km auf der A 542, einschließlich des steilen Horse-Shoe Pass (Hufeisenpaß) bis Llangollen, der berühmten Eisteddfod-Stadt.

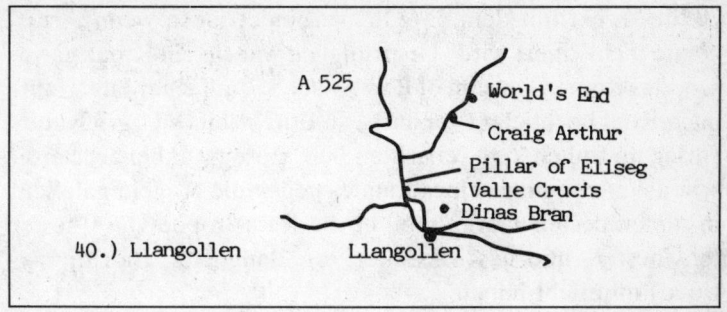

St. Collen, der laut Vita einen Zusammenstoß mit Gwyn ap Nudd, dem Herrscher über die Anderswelt im Glastonbury Tor (s. Glastonbury) hatte, legte im 6. Jh. die erste Klostersiedlung in Llangollen an. Anscheinend hatten die Wesen der Anderswelt ein besonderes Faible für ihn, denn hier versuchten ihn die rot-grün gewandeten *Fairies* mit Gesang und Musik zu verlokken. Mit puritanischer Strenge klärte sie der Heilige darüber auf, daß nur verlorene Seelen rot-grün gekleidet gingen – rot fürs Höllenfeuer, grün für die Eiseskälte des ewigen Dunkels. Gildas lamentierte über die verderbte Aristokratie Llangollens, Laien wie Kleriker (s. Einführung, Flatholm, Deganwy), regte sich darüber auf, daß letztere in Gesellschaft hübscher Damen zu speisen pflegten, und verdammte mit Nachdruck die Modefarben des Militärs – Rot und Grün!
Die heutige Kirche von St. Collen ist späteren Datums; ihre schwere, geschnitzte Decke stammt aus der Zisterzienserabtei, *Valle Crucis,* ca. 3 km nw. von Llangollen. 1201 gründete sie König Grufydd Maelor von Powys, und sie steht Tintern Abbey (s. Tintern Abbey) an Größe und Schönheit nur wenig nach.

Hinter der Ruine, auf einer kleinen Erhebung, wurde 1779 **Elisegs Pillar,** eine Steinsäule mit lateinischer Inschrift, wieder aufgepflanzt, nachdem sie 200 Jahre auf dem Boden gelegen hatte. Sie ist eine der wenigen Quellen, die die Menschen des 20. Jh. direkt mit dem 5./6. Jh. verbindet, auch wenn Artus' Name nicht zitiert wird. Ursprünglich war sie ein Kreuz gewesen, das König Concenn of Powys, der 854 auf einer Pilgerfahrt nach Rom hochbetagt verstarb, zu Ehren seines Urgroßvaters Eliseg im frühen 9. Jh. errichten ließ. Eliseg war bei der heroischen Verteidigung seines Landes gegen die Angeln gefallen; in seinen besten Jahren muß er die Katastrophe von Chester (s. Chester) und das Massaker von Bangor (s. Bangor-is-y-Coed) miterlebt haben.

Einunddreißig stark verwitterte Zeilen führen den Stammbaum der Könige von Powys auf und bitten jeden, der die Inschrift liest, um den Segen für Elisegs Seele. Am interessantesten ist die Stelle, die Britu, den Sohn Vortigerns (s. Einführung, Ramsgate, Ganarew, Nant Gwythern usw.), und Seviras, der Tochter des Maximus, der sich 383 zum weströmischen Kaiser ausrufen ließ und 5 Jahre später ermordet wurde, als Vorfahren der Könige von Powys nennt. Diese politische Heirat – Sevira war beträchtlich älter, aber durch sie konnte Vortigern nach keltischem Recht als »Erbe durch Heirat« auftreten und wenigstens theoretisch das weströmische Reich nebst den Ländereien seiner Frau in Wales beanspruchen – steht im Einklang mit dem kalkulierenden Charakter, den Geoffrey of Monmouth in seiner *Historia* skizziert. Wahrscheinlich hatte Vortigern seine Vormachtstellung unter den britischen Fürsten in erster Linie seinem berühmten Schwiegervater zu verdanken, denn er war weder ein brillanter Krieger noch ein gewiegter Diplomat.

Als das Hügelchen, auf dem die Säule steht, 1779 geöffnet wurde, fand man in einer sorgfältig gefügten Steinkammer das

Skelett eines großen Mannes mit erstaunlich starken, gut erhaltenen Zähnen. Es ist anzunehmen, daß es sich um Concenns Urgroßvater, Eliseg, handelte. Der Schädel soll vergoldet und pietätvoll wieder beigesetzt worden sein.

Nö. auf dem 324 m hohen Hügel, unter schroff abfallenden Kalkfelsen, die sich bänderartig an die 5 km am Eglwyseg Mountain entlangziehen, bis sie im Felsabbruch **Craig Arthur** (Artusfels) enden, sitzt eine einwallige Festung aus der späten Bronzezeit. Die mittelalterliche Burgruine darinnen ergibt eine eindrückliche Silhouette, besonders gegen den Abendhimmel, verliert aber aus der Nähe. Dies ist **Dinas Bran,** die Festung von Bran »the Blessed«, dem Gesegneten, dem Helden der *Mabinogion*-Geschichte, der so groß ist, daß er in kein Haus paßt und Meere durchwaten kann, womit er sich als den keltischen Rabengott zu erkennen gibt (s. Marazion, London usw.). Um ihn legt sich ein ganzes Netz von Gedankenverbindungen mit den Fischerkönigen der Gralsgeschichte, dem letzten Teil des Artuszyklus.

Im Kampf mit den Iren – der Grund des Streites ist seine schöne Schwester Branwen (s. Bedd Branwen, Anglesey) – wird sein Fuß oder Schenkel von einem vergifteten Speer durchbohrt, so daß er weder leben noch sterben kann. Deshalb bittet er seine Gefährten, ihm das Haupt abzuschlagen und es als magische Abwehr gegen Feinde im Tower Hill (s. London) zu begraben. Auf der Reise durch Wales (s. Harlech) erfüllt dieses den Freunden jeden Wunsch, und Brans Trinkhorn, ein wahres Füllhorn, wird nie leer. Bran war der Besitzer des magischen Kessels gewesen, bevor er ihn Branwens Gatten, dem König von Irland, schenkte. Tote, die abends hineingeworfen werden, sind morgens wieder lebendig und kämpfen, als wäre nichts geschehen – außer daß sie der Sprache nicht mehr mächtig sind. Neben Brans lebenspendenden Qualitäten wird gewöhnlich zu wenig beachtet, daß der Fischerkönig der frühen Gralserzählungen »Bron« heißt (auch Branwen wird in gewissen Überlieferungen zu »Bronwen«) und die Gralsburg »Corbenic«, bei Malory sogar »Corbin«, was, wie das moderne französische Wort »corbeau«, »Rabe« bedeutet. In *Perlesvaus* oder *The High History of the Holy Grail* wird Dinas Bran sogar namentlich erwähnt. Die örtliche Überlieferung erinnert sich vage daran, daß Dinas Bran etwas mit einem schwarzen Vogel zu tun hatte – sie nennt die Festung »Crow Castle«, »Krähenburg«! Wenn es irgendwo eine konkrete Vorlage für die Gralsburg gibt, so müßte sie im Tal von Llangollen zu suchen sein.

Über die A 542, A 483 und die B 5426 sind es ca. 25 km nach *Bangor-is-y-coed*.

Niemand weiß mehr, wo bis ins frühe 7. Jh. das um 180 n. Chr. gegründete Kloster »unter dem Wald« gestanden hat. Gesichert ist, daß es eines der ältesten und größten der keltischen Kirche gewesen war – es soll 2400 Mönche beherbergt haben. Als St. Augustinus nach der Bekehrung der Angelsachsen im Namen Roms die Unterwerfung der keltischen Kirche unter die römische forderte, stieß er die Waliser durch seine schroffe, autoritäre Art – sie wurde ihm als römische Arroganz angekreidet – vor den Kopf. Seine Kompromißlosigkeit half mit, den alten Haß zwischen den keltischen und germanischen Völkern neu aufflammen zu lassen. Seit Artus' Tagen hatten die Briten die Sachsen, so gut es ging, ignoriert und sich geweigert, ihnen Missionare zu schicken. Nun standen sie sich noch zusätzlich durch die Zugehörigkeit zu zwei verschiedenen christlichen Kirchen getrennt gegenüber. 615/616 kam es zur berüchtigten Schlacht von Chester. Alle Mönche von Bangor standen geschlossen hinter dem britischen Heer und beteten für den Sieg über die Angelsachsen. Das reizte Ethelfried, den König von Bernicien so, daß er Befehl gab, die unbewaffneten Mönche, 1200 an der Zahl, niederzumachen. 900 flohen nach Bardsey (s.

Bardsey Island). Das Kloster erholte sich nie wieder, obwohl angeblich Nennius im 8. Jh. als Abt von Bangor noch über eine beträchtliche Bibliothek verfügte.
Diese Schlacht hat insofern mit Artus zu tun, als sich hier keltische Religiosität mit dem seit Badon entwickelten britischen Nationalgefühl vermischte, das sich gegen die traditionellen Feinde, die, nun auch noch von Rom unterstützten, Sachsen wendete.

Nach Chester sind es ca. 30 km.

Die englische Grenzstadt **Chester** ist eine der faszinierendsten mittelalterlichen Städte Großbritanniens, wo sich römische, britische, sächsische Kulturelemente mischten, lange bevor die Normannen kamen. Das moderne Chester breitet sich auf der Römerstadt Deva (etwas flußabwärts) aus, wo als Gegengewicht zu Caerleon die 20. Legion permanent stationiert war. Noch heute stehen bis zu 5,20 m hohe Mauerreste und das größte britische Amphitheater ist hier zu sehen.
Die Briten übernahmen Devana Castra als »Castra«, was zu »Chester« wurde. Die *Annales Cambriae* (s. Einführung) halten es als Schauplatz von Artus' neunter Schlacht fest, was bedeutet, daß die Sachsen schon zu Artus' Lebzeiten den Durchbruch zum Irischen Meer versuchten, was ihnen aber erst 615/616 gelang. Dies war der Kopf des Keils, der sich bis ins 9. Jh. so geweitet hatte, daß die britischen Völker Süd-Englands und Wales' von denjenigen des Nordens für immer getrennt wurden – eine Entwicklung, die nicht zuletzt die Artus-Überlieferung in beiden Teilen beeinflußte.

Von Chester nach Alderley Edge bei Macclesfield sind es über die A54, A556, A5033 und die B5085 ca. 40 km.

Nw. von **Macclesfield** erhebt sich unvermittelt die lange Sandsteinrippe **Alderley Edge** über dem gleichnamigen Städtchen

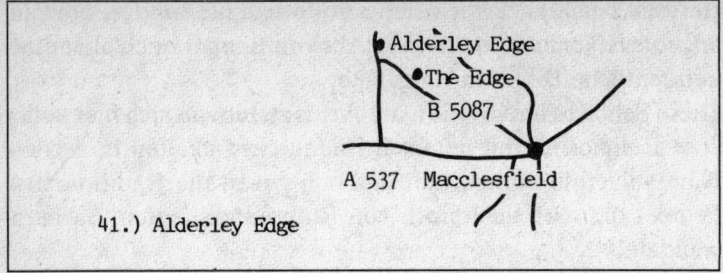

41.) Alderley Edge

aus der Ebene von Cheshire. Die B 5087 an ihrem Grat entlang ist eine prähistorische Straße, die auch jene Kelten und Römer benützten, die Kupfer und verwandte Metalle im Tagbau aus dem exponierten Felsen lösten. Neben dem Parkplatz des *National Trust,* der den ganzen Hügelstrang seiner natürlichen Schönheit wegen schützt, gebärdet sich das Wizard-Restaurant exklusiver, als es ist – eins der wenigen Beispiele für die kommerzielle Nutzung einer Artus- bzw. Merlin-Stätte. Das Wirtshausschild ist beste Volkskunst und illustriert die Sage von Merlin und dem Roßhändler, die sich hier abgespielt haben soll.

Ein Bauer aus Mobberley, der seinen Schimmel auf den Macclesfielder Markt bringen wollte, wurde von einem alten Mann mit der Frage angehalten, ob ihm das Pferd für eine gewisse Summe feil sei. Der Bauer schlug das Angebot aus, hoffte er doch einen besseren Preis im Städtchen zu erzielen, aber der Alte sagte voraus, daß er keinen Käufer finden werde. Zwar wurde das schöne Tier allgemein bewundert, aber Bauer und Pferd mußten den Heimweg gemeinsam antreten und stießen auf derselben Stelle auf den Alten, der in der Dämmerung noch viel ehrfurchtgebietender aussah. Er forderte den eingeschüchterten Bauern auf, ihm zu folgen, bis sie an einen Felsen kamen, den der Alte mit seinem Stab anschlug. Er tat sich auf, und ein eisernes Gittertor schob sich mit Donnergrollen auseinander. Alter, Bauer und Pferd folgten einem Gang, der sich zu einer geräumigen Höhle weitete, in der gerüstete Krieger auf und neben ihren milchweißen Pferden schliefen. Ein einziger war ohne Pferd – für ihn war der Schimmel bestimmt. Jetzt war der Bauer mit dem Kauf einverstanden und durfte sich von einem Haufen Gold den dreifachen Preis des Pferdes nehmen. Der Alte ließ ihn wissen, daß König Artus und seine Gefährten hier auf den Tag warteten, an dem Britannien sie benötigte. Kaum war der Bauer aus der Höhle, schloß sich der Fels und niemand hat den Eingang seither je wieder gefunden.

Ca. 500 m Richtung Alderley Edge geht von der B 5087 ein Fußweg rechts zum *Castle-Rock*-Felsen, einem großartigen Aussichtspunkt. Steinstufen führen hangabwärts und münden in einen bergab führenden Pfad. Links rinnt nach einigen Metern ein Wässerlein aus dem Fels in einen Brunnentrog. Darüber schaut das verwitterte, bärtige Antlitz eines alten Mannes aus dem Stein, und darunter steht in Großbuchstaben:

DRINK OF THIS AND TAKE THY FILL,
FOR THE WATER FALLS BY THE WIZARD'S WILL.

TRINK DAVON, NIMM DIR DIE FÜLLE,
DAS WASSER FÄLLT NACH DES ZAUB'RERS WILLE.

The Wizard, Alderley Edge.

Die Inschrift kann nicht älter sein als aus dem letzten Jahrhundert – das Bildnis hingegen ist älter.
Ortsansässige bringen einen auf überwachsenen Wegen zur »echten Merlinquelle« am Fuße des Felsens. Auch hier fängt ein Wasserbecken ein Rinnsal aus dem Fels auf, aber das Gesicht darüber, das Profil eines alten Mannes, ist gewachsener Fels. Es ist denkbar, daß vorchristliche Bergarbeiter hier eine mit dem Metall in Verbindung stehende Gottheit verehrten, die die Volkserinnerung mit dem Zauberer Merlin gleichsetzte.

Dank der Sachsen, die mit ihren kulturellen Überlieferungen die britischen überdeckten, ist bis **Cambridge** eine ca. 240 km lange Artussche Durststrecke zu überwinden. Die ersten historischen Dokumente, die der attraktiven Universitätsstadt das *studium generale* bestätigen, stammen von 1209, die erste königliche Anerkennung von 1230. Oxford hingegen konnte sein *studium generale* schon ab 1167 nachweisen. Von Anfang an herrschte große Rivalität zwischen den beiden Universitätsstädten – speziell, da Oxford für sich beanspruchte, die zweitälteste Europas zu sein, und nur noch die Sorbonne in Paris über sich gelten ließ. Cambridge hatte schwer zu kämpfen, um so etwas wie eine Gleichberechtigung in England zu erzielen. Als sich Oxford dann auch noch auf eine Schule berief, die Alfred der Große im 9. Jh. gegründet haben sollte, trumpfte Cambridge Mitte des 15. Jh. damit auf, ursprünglich mit dem Segen von König Artus gegründet worden zu sein. Da König Artus im 15. Jh. als historische Persönlichkeit und größter britischer König galt, stellte Cambridge damit das Gleichgewicht an Prestige her.

Bis zum Endpunkt der zweiten Route, Harwich, Sheerness bzw. Ramsgate/Dover sind es 90, 163 bzw. 204/201 km.

Route III

Neuengland und Schottland

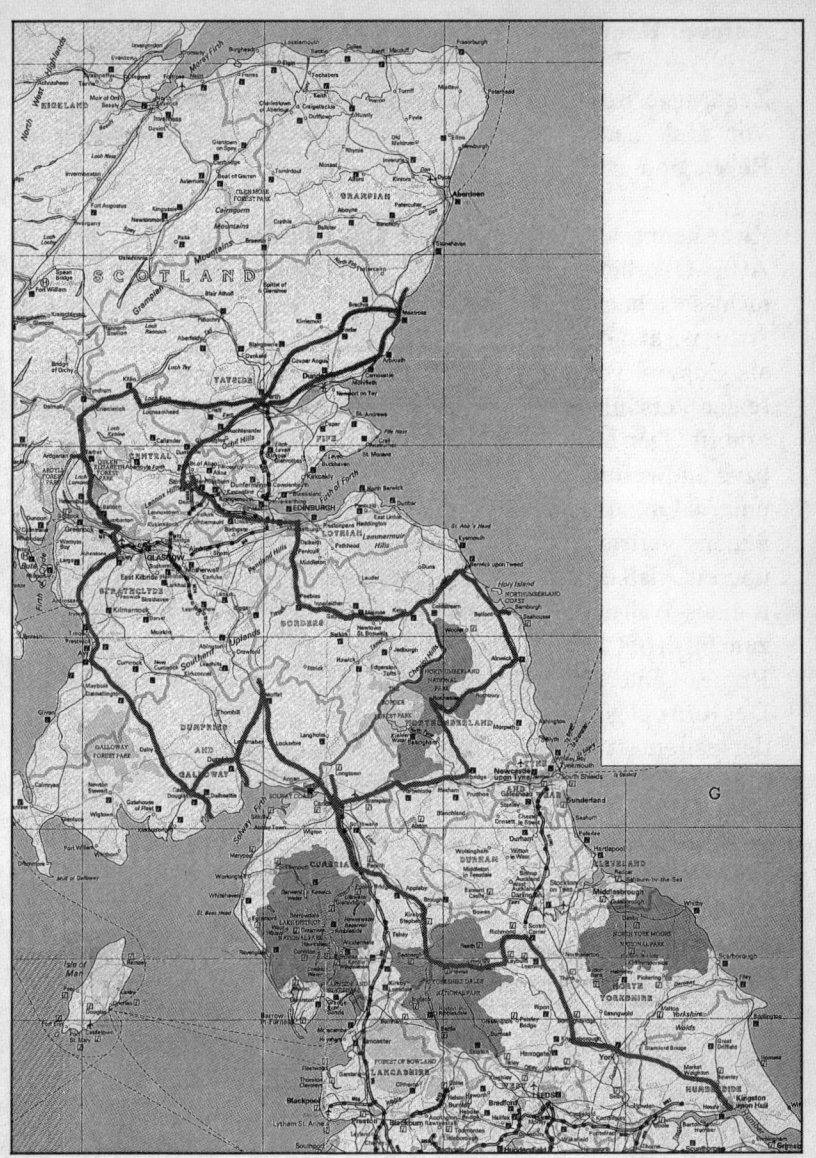

Übersichtskarte Route III

Anreise: Route III

Zeebrugge bzw. Rotterdam nach **Hull** (North Sea Ferries). Von Hull nach York, dem Ausgangspunkt unserer dritten Reise, sind es 60 km.

Zwar kennt der Norden, Nord-England und Schottland, auch Artus-Überlieferungen, aber sie sind nicht so dicht gesät und nicht so lebensvoll wie die südenglisch-kornisch-walisischen. Artus wirkt distanzierter, mehr als literarische Gestalt, weniger als glühend verehrter Volksheld auf dem Hintergrund einer realen Persönlichkeit, von dem sich eine Nation ihre Rettung erhofft. Der historische Artus war ein Mann aus dem Süden bzw. Südwesten, der hie und da Expeditionen in den Norden unternahm, aber vor allem die stärker romanisierte Kultur des Südens vertrat und deren Werte verteidigte. Damit stimmt überein, daß es kaum Artus-Überlieferungen jenseits des Antoninus-Walls gibt, der ab Mitte des 2. Jh. vom Firth of Forth zum Firth of Clyde reichte und die Pikten ausschloß, auf die die Römer keinen Einfluß hatten.
Der Keil der germanischen Völker, der die britischen auseinanderspaltete (s. Chester, Bangor), verstärkte die Eigenentwicklung, denn vom 9. Jh. an war der Norden vom Süden völlig getrennt.
Geoffrey of Monmouths Absicht, seinen Landsleuten ihre glorreiche Vergangenheit vor Augen zu führen und gleichzeitig den anglo-normannischen Königen bewußt zu machen, in wessen Fußstapfen sie traten, hatte im 13./14. Jh. einen unerwarteten Nebeneffekt. Sie nahmen Geoffrey of Monmouth als bare Münze und untermauerten mit der *Historia* ihren Suprematsanspruch Schottland gegenüber. *Sie* waren König Artus' Erben – Schottland Teil des alten, britischen Reiches – ergo gehörte Schottland ihnen. Die Schotten konterten damit, daß sie auf

Artus' Illegitimität verwiesen, durch die er als rechtmäßiger Erbe ausgeschlossen wäre. An seiner Statt hätte Mordred, der Sohn Annas, Artus' jüngerer Schwester, und König Loth of Lothian berücksichtigt werden müssen (obwohl Geoffrey in der *Historia* kein Wort darüber verliert, ob Uther Pendragon und Ygerne heiraten oder nicht). Damit dürften sie ein Argument wiederholt haben, das der historische Mordred, zwar nicht in bezug auf das britische Reich, aber auf Artus' Nachfolge 600–700 Jahre früher gebraucht haben könnte (s. Einführung). Eine Rebellion läßt sich besser vertreten, wenn man die Rechtmäßigkeit des Widersachers in Frage stellt.

Das mag die Tendenz *der* Überlieferungen erklären, die Artus in den Hintergrund treten lassen und Owain/Ywain, Gawain und Lancelot die Hauptrollen zuspielen, oder Artus' negative Aspekte – den betrogenen Ehemann, den Gefangenen und Ratlosen, den Riesen, der im Ehekrach seinem Eheweib Felsbrocken an den Kopf schleudert, den Mörder Hueils, der dessen Familie Genugtuung leisten muß – herausstreichen. Im großen ganzen ist der Artus des Nordens eine weniger strahlende Figur als derjenige des Südens.

Von Hull nach York sind es 60 km.

Die prächtige, mit weißen Kalksteinmauern umgebene mittelalterliche Stadt **York,** mit der großartigsten Kathedrale Nord-Englands, überlagert Eboracum, Stadt und nördliches Hauptquartier der Römer von 71 n. Chr. bis zu ihrem Abzug 300 Jahre später. Hier wurde 306 n. Chr. Konstantin der Große zum Kaiser ausgerufen, der das Christentum zur Staatsreligion erheben und den Schwerpunkt des Reiches nach Byzanz verlagern sollte.

Zu Artus' Zeiten ist der alte Glanz dahin: York ist das Hauptziel der Sachsen, das sie immer wieder überrennen und plündern, so daß in Geoffreys *Historia* sowohl Aurelius Ambrosius als auch Uther Pendragon und Artus für Ordnung sorgen müssen. Nur ersterem gelingt das in einem Anlauf; Uther muß geschlagen abziehen, und Artus bricht die Belagerung der Stadt ab. Geoffrey skizziert diesen ersten Feldzug des 15jährigen Königs in merkwürdig dürren Worten: Am »Douglas-River, vor der Stadt« stößt er auf die gesammelten piktisch-irisch-sächsischen Streitkräfte und endet die erste Runde mit einem Sieg, hebt aber, seinen erfahrenen Räten folgend, die Belagerung der Stadt auf, als er erfährt, daß 600 Sachsenschiffe im Anzug sind. Später, nachdem er mit Sachsen und Iren abgerechnet hat, wendet er sich der ausgebrannten, verwüsteten Stadt zu und stellt, indem er stellenweise wortwörtlich das Vorgehen von Ambrosius kopiert, Kirchen, Klöster und die Gesellschaftsordnung wieder her. Soviel Stereotypes läßt vermuten, daß Geoffrey mehr aus Verpflichtung, diese wichtige Stadt des Nordens in die *Historia* aufzunehmen, schrieb als aufgrund überlieferter Ereignisse.

Von York nach Catterick sind es über die A 59 und A 1 53 km.

Wegen der »Militärstadt« Catterick Camp an der A 6136, wo sich Kaserne an Kaserne reiht, übersieht man gern das an sich hübsche Dorf **Catterick** 5 km weiter östlich. Die Militärtradition in diesem Gebiet geht fast 2000 Jahre auf das römische Lager Cataractorium zurück, dessen 2,5 m dicke Mauern 73 000 m^2 auf dem Südufer des Swale bei Catterick Bridge einschlossen. Aller Wahrscheinlichkeit nach sind dies die Festungsmauern, auf denen Gwawrddur die schwarzen Raben (mit Leichen) mästete »obwohl er nicht Artus war« (s. Einführung). Diese – ziemlich sicher älteste – Anspielung auf Artus, den allbekannten Kriegshelden, stammt aus Aneirins (s. Llancarfan) Gedicht *Y Gododdin,* der Totenklage um die edlen Briten, die 598 bei Catraeth gegen die Angeln fielen. Er be-

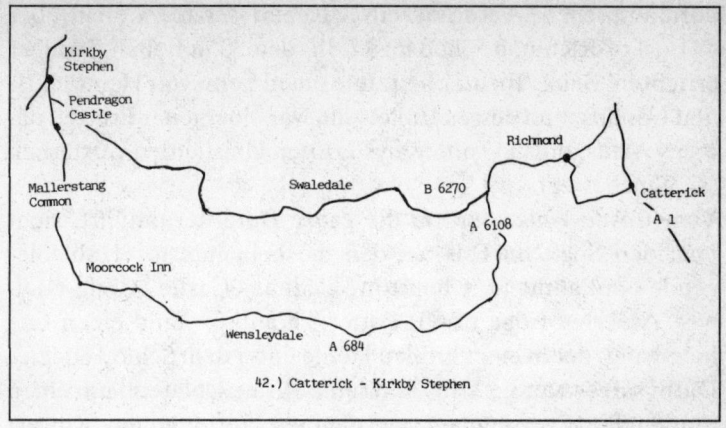
42.) Catterick – Kirkby Stephen

schreibt, wie über 300 Mann wohlgemut von Manau Gododdin, dem Königreich um Edinburgh (s. Edinburgh), auszogen – junge Leute im Stile von Artus' Reiterarmee (s. Einführung), dem Modell der Artusritter, und wie sie vom Heer des northumbrischen Königs durch dessen schiere Übermacht aufgerieben werden. Nur eine Handvoll kommt mit dem Leben davon, unter ihnen Aneirin, »...vom Blut überströmt, dank meiner gesegneten Dichtkunst«. Es ist, auch wenn in den folgenden Jahrhunderten Zeilen angehängt wurden, ein durch seine Unmittelbarkeit beeindruckendes Gedicht, das mit Gegensätzen: fröhliches Trinkgelage – Tod, Kriegsgeschrei – Stille, kurzes Leben – lange Klage arbeitet.

Von Catterick nach Richmond sind es 8 km.

Über dem gleichnamigen Städtchen mit dem kopfsteingepflasterten Marktplatz macht sich **Richmond** Castle, die erste steinerne Normannenburg Englands, am Steilufer des Swale breit, mit der Alan Rufus, General in der Schlacht von Hastings, der

normannischen Autorität ein Zeichen setzte. Conan, der 5. Earl of Richmond, ließ im 12. Jh. den 30 m hohen Zwinger errichten. Seine Tochter heiratete einen Sohn von Heinrich II. und Conans, und dessen Enkelsohn war einer jener Prinzen namens Artus, die jung unter mysteriösen Umständen verstarben (s. Winchester).
Vom *Castle Walk,* der um die ganze Burg herumführt, sieht man den Spalt im Fels, an den die bekannteste »Höhlenlegende« anknüpft (s. Chepstow, Cadbury Castle, Craig-y-Dinas, Alderley Edge usw.). Potter Thompson fand einen Geheimgang, der in einer großen Höhle unter dem Schloß endete. Darin sah er König Artus und seine Ritter schlafend um einen runden Tisch versammelt, auf dem ein Horn und ein Schwert lagen. Lange stand Thompson davor und wußte nicht so recht, was tun. Zögernd berührte er schließlich das Horn, da regten sich die Schläfer, und der Mann floh erschrocken aus der Höhle. Eine spöttische Stimme rief ihm nach:

Potter Thompson, Potter Thompson!
If thou hadst drawn the sword or blown the horn,
Thou hadst been the luckiest man e'er born!

Potter Thompson, Potter Thompson!
Hätt'st du gezogen das Schwert oder geblasen das Horn,
Du wärst der Glücklichste, jemals geborn!

Von Richmond Castle soll es tatsächlich einen Geheimgang zur 2,5 km entfernten Easby Abbey geben. Ein Trommler wurde hinuntergeschickt, und ein paar Soldaten gingen dem Ton oberirdisch nach. Plötzlich war kein Laut mehr zu vernehmen, und der Junge kam nicht mehr zurück. Bis in unsere Tage wollen Ortsansässige zuweilen unterirdische Trommelwirbel gehört haben.

Von Richmond nach Kirkby Stephen sind es 64 km.

Die A 684 folgt dem landschaftlich lohnenden Wensleydale. Beim Moorcock Inn taucht die B 6259 dem Eden nach ins Hügelgebiet von Mallerstang Common, Richtung **Kirkby Stephen**. Ca 6 km davor, wo die Straße dicht am Flüßlein entlang läuft, stehen die Überbleibsel von **Pendragon Castle** auf einem baumbestandenen, halb künstlichen Hügel. Die Ruine ist diejenige einer kleinen, kompakten Burg, die sich Hugh de Morville, einer von Thomas Beckets Mördern, im 12. Jh. hierhin setzte.

Im frühen 14. Jh., als der Artuskult an den britischen und europäischen Fürstenhöfen solche Blüten trieb, daß sich die Kirche genötigt sah, gegen diese teuren, risikoreichen und unmoralischen Nachäffereien der Artusritter, allerdings erfolglos, zu wettern, besaß Robert de Clifford, ein Heerführer Eduards I. (s. Winchester), die Burg. Er machte nicht nur die allgemeine Artusmode mit, sondern war, aus einer normannischen Familie stammend, in Artusverehrung erzogen worden. Die Volksüberlieferung, die bis heute darauf besteht, Uther Pendragon, König Artus' Vater (s. Tintagel, St. Alban's), habe früher auf diesem Hügel eine Festung stehen gehabt, mußte für ihn der Hauptgrund gewesen sein, die Burg zu erwerben. Man weiß, daß er sie mit Zinnen krönen ließ, und es ist sehr wohl möglich, daß er bei Festen und Turnieren die Rolle Uther Pendragons spielte. Ein Reim skizziert den König als störrischen alten Mann, der stur seine Pläne durchsetzen will. Das paßt zur Volksvorstellung, die ihn als mächtigen, aber dummen Riesen porträtiert. Es heißt nämlich, Uther Pendragon habe immer wieder versucht, dem Flüßlein Eden seinen Willen aufzuzwingen und es in den Burggraben zu leiten, was sich nie bewerkstelligen ließ:

Let Uther Pendragon do what he can
Eden will run where Eden ran.

Laß Uther Pendragon tun, was er kann,
der Eden wird rinnen, wo er immer schon rann.

Gerüchte gehen um, daß im Burghügel seit Artus' Zeiten, Schätze vergraben seien.

Von Kirkby Stephen ist die A 685/A 66 die direkte Verbindung nach **Penrith** – 40 km –; außerdem fährt sie am südlichen Stadtrand und damit am römischen Fort Brocavum vorbei, das die

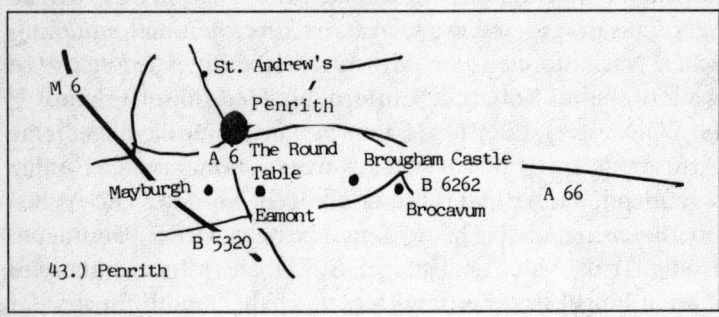

43.) Penrith

Furt am Eamont bewachte. Im Winkel zwischen der A 66 und der B 62662, am Zusammenfluß von Eamont und Lowther erhebt sich die noch immer stolze Ruine (12. Jh.) von **Brougham Castle.** Aus nicht mehr rekonstruierbaren Gründen ist hier die Überlieferung im Umlauf, daß Sir Lancelot einen mächtigen Riesen erschlagen habe, der eine Höhle unter der Burg bewohnte.
Bei **Eamont,** dort wo die B 5320 auf die A 6 auftrifft, befindet sich **The Round Table,** die Tafelrunde, eine erhöhte, runde Erdbank, die von Wall und Graben umgeben ist. Die zwei Ein-

gangslücken liegen einander gegenüber, wobei von der unteren eine Art Damm zur Mitte hinläuft. Das Gegenstück dazu ist das Erdwerk von **Mayburgh,** auf der andern Seite der A6, das gleich angeordnet ist, nur daß sich in der Mitte ein einzelner Menhir erhebt. Die Ortsüberlieferung sieht darin König Artus' Tisch, an dem er mit seinen Rittern zu speisen pflegte. 150 Mann hätten an diesem Rund von 45 m × 55 m schon Platz gefunden! Andererseits heißt es, diese Erdwerke seien das Amphitheater des kleinen Mannes gewesen, wobei die Spiele auf der Plattform stattgefunden und die Zuschauer an den Grabenhängen gesessen hätten. Unbestritten dürften die Erdwerke im Mittelalter diese Funktion übernommen haben, aber da bei Mayburgh Steinäxte aus der frühen Bronzezeit gefunden wurden, ist es unwahrscheinlich, daß sie als solche angelegt worden waren. Es ist eher anzunehmen, daß sie den Menschen um 4000 v. Chr. zu rituellen Zwecken dienten.

Gute 500 Jahre bevor die Römer die Festung Brocavum erbauten, gab es die Keltensiedlung von **Penrith** schon. Zu Artus' Zeiten gehörte sie zu Cumbria, das mit andern Territorien zusammen das Königreich Rheged ausmachte. Die Gemeindekirche St. Andrews ist stolz darauf, auf Grund zu stehen, der seit über 1500 Jahren als geheiligt gilt. Im schlichten Kirchhof befindet sich das »Giant's Grave«, das »Grab des Riesen«, eine seltsame Sammlung verwitterter Grabsteine aus dem 10. Jh., die vermutlich im 18. Jh. so angeordnet wurden, daß sie ein 4,60 m langes, schmales Grab bilden, das die beiden höchsten sich zuspitzenden Steine, ehemalige Kreuze, zu Häupten und zu Füßen beschließen. Immerhin kamen, als zwischen 1582 und 1590 ein Grab an der Stelle geöffnet wurde, die Knochen eines riesenhaften Mannes zum Vorschein, wie man glaubte, diejenigen des Britenkönigs Owein, dem Sohn Urbgens von Rheged, der vor 600 n. Chr. verstarb. Urbgen war also ein jüngerer Zeitgenosse von Artus, Owein zu dessen Lebzeiten höchstens ein

Kind. Trotzdem sind sie beide als Artusritter, Sir Ywain und König Urien, in die Artusliteratur eingegangen. Der Owein von Penrith ist jedoch alles andere als ein feiner Ritter. Das heute bis auf den Grundriß verschwundene Castle Hewen im damals undurchdringlichen Inglewood Forest, nö. von Penrith, war der Sitz des wilden Riesen Owein, der sich weder um Konventionen noch Moral scherte, sondern nur seinen Wünschen lebte. Vor allem hatte er es auf junge Damen abgesehen, die er auf seine Burg schleppte. Eins seiner Opfer entkam an den Artushof von Carlisle (s. Carlisle) und bat um Genugtuung, worauf sich Artus auf eine Strafexpedition begab. Es heißt, die Mächte der Finsternis hätten dem Riesen Rückendeckung gegeben, denn Artus vermochte keinen Finger zu rühren, als er vor ihm stand; seine Schwerthand hing schlaff herab, was den Riesen gehörig amüsierte. Schließlich versprach er, Artus' Kräfte zurückkehren zu lassen, wenn er am folgenden Neujahrstag die Frage beantworten könne, die im Zentrum der Ragnell-Geschichte steht, die in vereinfachter Form folgt (s. Carlisle).

Von Penrith nach Carlisle sind es 30 km.

Carlisle, das römische Luguvallium, am Westende von **Hadrian's Wall,** war 300 Jahre lang das römische Verwaltungszentrum für den Westabschnitt der Front. Wegen ihrer strategischen Lage kann die Stadt auf eine 1700jährige Geschichte voller Raubzüge und Grenzkämpfe zurückblicken. Die Erhebung, auf der das trutzige Carlisle Castle (11./12. Jh.) steht, nannten die Briten »Caer Luel/Leil«, nach dem Sitz des halb-legendären Keltenkönigs, den Geoffrey of Monmouth als Zeitgenossen von Salomon und der Königin von Saba vorstellt. Carlisle, wie Penrith, gehörte zum Königreich Rheged, das sich nach Artus' Tod als einziger britischer Staat die Sachsen erfolgreich vom Leib hielt und sogar expandierte.

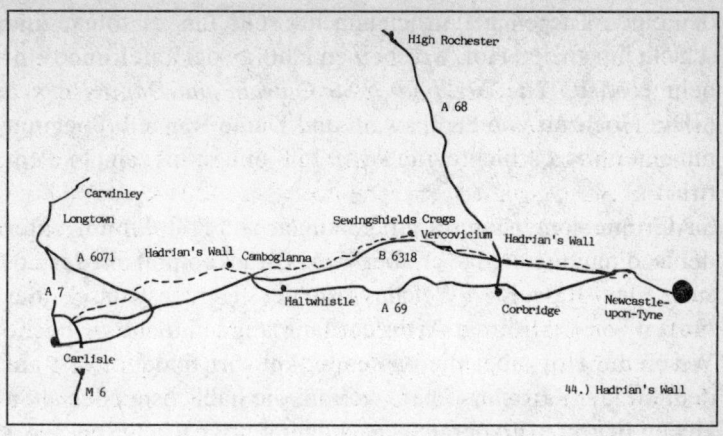

44.) Hadrian's Wall

Es ist anzunehmen, daß die französischen Artusromane unter »Carduel« »Carlisle« verstanden, sofern sie die reale Geographie überhaupt interessierte. Malory scheint zu vergessen, daß er eigentlich Winchester mit Camelot gleichgesetzt hatte (s. Winchester), denn zuweilen nennt er Carlisle als Artus' Hauptresidenz. So soll Königin Ginevra vor Carlisles Mauern wegen Ehebruch auf dem Scheiterhaufen verbrannt werden. Schon steht sie neben ihrem Beichtvater im bloßen Hemd vor dem Holzstoß, da haut sich Sir Lancelot durch die Menge, wobei er unabsichtlich Sir Gawains Brüder erschlägt und sich ihn für immer zum Todfeind macht (s. Dover), nimmt sie aufs Pferd und reitet in gestrecktem Galopp nach »Joyous Gard« (s. Bamburgh, Alnwick). Aber in Carlisle führt Sir Lancelot auch nach erbittertem Kampf mit Artus' Getreuen und päpstlicher Intervention die beiden Ehegatten wieder zusammen, muß jedoch, da Gawain darauf besteht, Britannien für immer verlassen. Carlisle kennt jedoch auch eigene Überlieferungen, wobei (Sir) Gawains Ruhm denjenigen von Artus überstrahlt. Im *Carl of Carlisle* (»Der Kerl von Carlisle«) bricht er den Zauber,

der einen Riesen gefährlich macht, statt ihn zu töten, und schickt ihn an den Hof, wo er einen Platz an der Tafelrunde einnehmen darf. *The Wedding of Sir Gawain and Dame Ragnell* (»Die Hochzeit von Sir Gawain und Dame Ragnell«) beginnt mit einer Vorgeschichte, die Artus hilf- und ratlos zeigt (s. Penrith):
Sir Gromersomer nimmt ihn gefangen und läßt ihn nur unter der Bedingung frei, daß er übers Jahr zurückkommt mit der Lösung des Rätsels: »Welches ist der Herzenswunsch der Frauen?« Zwar befragt Artus ein Jahr lang sämtliche weibliche Wesen am Hof, aber die passende Antwort findet er erst auf dem Weg zu Gromersomer, wo ihm die häßlichste aller alten Hexen begegnet. Aber erst, nachdem ihr der König sein Wort gibt, daß er ihr Sir Gawain zum Mann geben werde, verrät ihm Dame Ragnell, was Frauen am allerliebsten möchten: Sie wollen ihren Willen haben!
Die Fröhlichkeiten am Hochzeitsfest von Sir Gawain und der häßlichen Alten sind eher gezwungen, aber gehorsam begibt sich der tapfere Ritter mit seinem Scheusal ins Brautgemach, wo zu seiner Freude der erste Kuß das Ungeheuer in eine strahlende Schöne verwandelt. Der Zauber ihrer bösen Stiefmutter ist jedoch nur teilweise von ihr gewichen; jetzt muß Sir Gawain wählen, ob er sie lieber schön bei Tag oder bei Nacht habe. Feinfühlig erkennt er, wie bitter das Leben für sie in Gesellschaft all der anziehenden Hofdamen sein müßte, und überläßt die Entscheidung ihr. Dadurch, daß er ihr den eignen Willen läßt, fällt der Zauber völlig von ihr, und Gawain kann in seiner Gattin eine große Schönheit am Hof präsentieren.
Die Gemeinde um Longtown an der schottischen Grenze, ca 5 km n. von Carlisle auf der alten Römerstraße, der modernen A7, heißt *Arthuret*. Auf dem unbezeichneten Sträßchen nach N. tut sich eine abgeschiedene Gegend auf, wo der Weiler Carwinley am Lidellwater, einem Nebenfluß des Esk, liegt. Von

der Festung Caer Gwendollau, die im Laufe der Zeit zu »*Carwinley*« wurde, ist kaum mehr etwas zu sehen. Hier saß Myrddin/Lailokens Herr (s. Carmarthen), dem er in die Schlacht von Arthuret nachfolgte. Der Kampf um die Festung Caerlaverock auf dem Nordufer des Solway Firth war unter Briten ausgebrochen; Verwandte brachten sich hier in einer wilden Schlächterei gegenseitig um. Kein Wunder, daß der Barde, zumal er nicht verhindern konnte, daß der Sohn des Hauses getötet wurde, aus Furcht und Grauen den Verstand verlor und sich in den Caledonischen Wäldern versteckte. Geoffrey of Monmouth schreibt diese Abenteuer in der *Vita Merlini* seinem Zauberer Merlin zu, wobei ihn wenig kümmert, daß die Schlacht 573, rund 30 Jahre nach Artus' Tod, stattgefunden hat. Merlin wäre zu diesem Zeitpunkt etwa 100 Jahre alt gewesen. Geoffrey weiß sich zu helfen, indem er das Datum einfach vorverlegt.

Östlich von Carlisle zieht sich **Hadrian's Wall,** die große römische Mauer, die Pikten und Schotten aussperren sollte, wie eine steinerne Schlange über Berg und Tal zur Tyne-Mündung. Der römische Kaiser Publius Aelius Hadrianus ließ sie während seiner Amtszeit zwischen 117 und 138 erbauen. Als Mitte des 2. Jh. die Grenze für kurze Zeit bis zum Antoninus-Wall vorgeschoben wurde, saßen zwischen den beiden Mauern befreundete Stämme als Pufferstaaten. Nach der Räumung der antoninischen bildete die hadriansche die nördliche Grenze bis zum Abzug der Römer. Die B 6264/A 69/B 6318 folgen ihr, ihren Forts und Wachtürmen, 100 km bis nach Newcastle-upon-Tyne.
Camboglanna bzw. **Birdoswald,** eins der Zwischenforts, in einer phantastischen Lage über dem Irthing, ist über die B 6318 (dann unbezeichnete Straße) zu erreichen. Camboglanna wäre auf walisisch zu »Camlann« geworden – mehr als diese philolo-

gische Erklärung gibt es nicht für die Annahme, hier habe Artus' letzte Schlacht stattgefunden.

Housesteads bzw. **Vereovicium,** ca. 13 km weiter, war bedeutend größer als Camboglanna – 20 000 m², Raum für 1000 Fußsoldaten – plus eine zivile Siedlung für die einheimischen Frauen, Kinder, Händler, Wirte und wer immer sonst hoffte, sein Geld mit den Soldaten zu machen.
Die Festung ist gut erhalten: Hauptquartier, Magazine, Proviantkammern, vier Festungseingänge, Krankenhaus, Latrinen sind auszumachen. Fundgegenstände können in einem wohlorganisierten, kleinen Museum besichtigt werden.
Ab Housesteads schwingt sich die Mauer über die *Sewingshields Crags,* die wie riesige, grüne Sandverwehungen aussehen. Es lohnt, der Mauer entlang zu wandern und die Crags zu ersteigen. Unten liegen kleine Seen, um sich hat man weite, rollende Hügelrücken. Ein Stück nördlich, in einer Delle, müßte die noch im 19. Jh. beschriebene Ruine des Sewingshield Castle gelegen haben, an die eine interessante Variante der Potter-Thompson-»Höhlenlegende« anknüpft (s. Richmond). Einem Bauern, der strickend in der Ruine Schafe hütete, fiel der Wollknäuel in einen Felsspalt, der sich zu einem unterirdischen Gewölbe weitete, worin König Artus, Königin Ginevra, der ganze Hof inklusive Jagdhunde, in tiefem Schlaf lagen. Auf einem Tisch lag ein Horn, ein steinernes Schwert in einer Scheide – und ein Hosenband. Der Bauer zog das Schwert, zerschnitt das Band – worauf Artus erwachte und der Erschrockene das Schwert zurückstieß. Er beeilte sich, aus der Höhle zu kommen, aber die Klage des Königs hallte ihm in den Ohren:

> O woe betide that evil day
> On which this witless wight was born,
> Who drew the sword, the garter cut,
> But never blew the bugle-horn.

> O wehe diesem schlimmen Tag,
> wo dieser dumme Kerl geborn.
> Er zog das Schwert, zerschnitt das Band,
> doch niemals blies er in das Horn.

Im Zurückblicken sah er, wie der König in den Schlaf zurücksank.
Die beiden höchsten Erhebungen etwas nw. sind *Queen's Crag* und *King's Crag,* wo der nackte Sandstein an die Oberfläche tritt. Nach der Volksüberlieferung saß Artus während eines Ehekrachs auf King's, Ginevra auf Queen's Crag. Wütend schmiß ihr Artus einen Felsbrocken an den Kopf, der aber an ihrem Kamm abprallte und zwischen die beiden Crags zu liegen kam. Hier liegt er heute noch; man kann den Kammabdruck deutlich sehen.
Von Corbridge, ca. 21 km vor Newcastle-upon-Tyne, steigt die A 68 immer höher in die Cheviot Hills. Bei **High Rochester,** mit seinem modernen Armee-Lager, unterhielten die Römer das Fort **Bremenium.** Es wird angenommen, daß sich dieser Name zu »Breguoin« wandelte, wo nach Nennius Artus' 11. Schlacht stattfand. Hier wäre sowohl ein Zusammenprall mit Sachsen aus dem Norden als auch mit den Briten von Strathclyde (s. Strathclyde) möglich gewesen.
Die beiden Bilderbuchburgen **Alnwick** und **Bamburgh** liegen ca. 55 km nördlich von Newcastle, erstere an der A 1, ca. 6 km vom Meer, letztere an der B 1341, die von der A 1 bei Adderstone rechts abzweigt, auf einem Hügel am Meer. Malory gibt die beiden Burgen als Alternativen für Sir Lancelots »Joyous Gard«, wohin der Ritter Königin Ginevra nach der Rettung vom Scheiterhaufen bringt (s. Carlisle) und wo er Tristan und Isolde Schutz vor Marks Zorn bietet (s. Castle Dore).
Alnwick, eine Gründung vom 12. Jh. wurde im 14. Jh. so ausgebaut, wie es sich heute noch in seiner prächtigen, englischen

Parkanlage präsentiert. Fast noch eindrücklicher ist Bamburgh Castle (12. Jh.), trotz Anbauten und Restaurierungen im 19. und frühen 20. Jh., durch seine massigen, viereckigen Sandsteintürme, die in der kahlen Küstenlandschaft die geballte Kraft eines Bunkers vermitteln.

547 biß sich hier der angelsächsische König Ida an der northumbrischen Küste fest, indem er die britische Festung Din(as) Guayrdi auf dem Hügel mit Erdwällen verstärkte und zur Hauptresidenz seines Reiches machte. Sein Enkel Ethelfrith schenkte die Festung Jahrzehnte später seiner Gemahlin Bebba und nannte sie von da ab ihr zu Ehren »Bebbanburgh«, was zum modernen »Bamburgh« verschmolz. Malory, der wahrscheinlich im Rosenkrieg im Winter 1462/63 bei der Belagerung vom Bamburgh dabei war, könnte an Ort und Stelle den alten Namen der Festung erfahren haben, der ähnlich wie »Guard« klingt. Beim Anblick dieser beiden Burgen, die wie Illustrationen zur Artussage aussehen, ist es Malory nicht zu verdenken, daß er sie mit Sir Lancelot in Verbindung brachte, auch wenn weder die historische noch die philologische Basis oder die Volksüberlieferung dazu ausreichen.

Galashiels und **Peebles** sind die beiden größeren Zentren im Border Country (Grenzland), um die sich die hiesigen Artusüberlieferungen gruppieren. Am einfachsten fährt man von Bamburgh über Berwick-upon-Tweed (A1) und dann das Tweed-Tal hoch bis Melrose, will man die ca. 80 km schnell hinter sich bringen. Sonst locken natürlich die B-Straßen über die Hügelrücken. Die A699 ab dem eleganten Städtchen **Kelso** durchfährt St. Boswells, mit der Ruine von Dryburgh Abbey, nördl. am Fluß, Sir Walter Scotts (1771–1832) letzte Ruhestätte, die aber auch den Anspruch erhebt, Artus' Grab zu besitzen. Entweder entstand diese Tradition durch des großen Romanschriftstellers und Dichters Interesse am Artus-Mate-

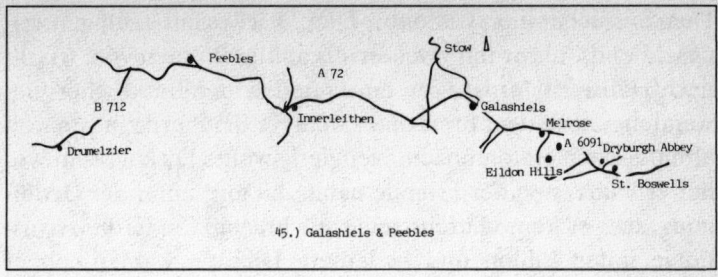

45.) Galashiels & Peebles

rial, oder sie bezieht sich auf eine Lokalfigur, einen schottischen Artus.

Melrose, bekannt durch die Ruine seiner großartigen Zisterzienserabtei, liegt am Fuße der drei heidekrautüberwachsenen Ex-Vulkane der **Eildon Hills,** die mit der merkwürdigen Silhouette ihrer drei Gipfel die Landschaft beherrschen. Sie geben ein interessantes Wandergebiet ab, einmal der weiten Sicht wegen, zum andern, weil auf dem nördl. Gipfel (396 m) die eisenzeitliche Festung der Selgovae saß, ein eigentliches Oppidum, von an die 300 Häusern, auf einer Fläche von 81 000 m², von einem dreifachen Wall umschlossen. Nach der Unterwerfung und Umsiedlung dieses Keltenstammes pflanzten die Römer einen Signalturm in die Mitte. Aufgepaßt – die Armee benützt die Westseite für Schießübungen!
Hartnäckig hält sich die Überlieferung, daß König Artus zwischen Galashiels und Stow (nördl.) gefallen sei. Die Sage will, daß er inklusive Ritter und Schlachtrösser im Innern des Lucken Howe (Little Hill), dem kleineren Hügel zwischen Mid und Wester Hill, bis zum Jüngsten Tag schlafen muß, falls es niemandem gelingt, ihn mit der richtigen Zeremonie vorher zu wecken. Es ist erforderlich, den Eingang zur Höhle zu finden, das Schwert zu ziehen und ins Horn zu blasen (s. Richmond, Sewingshields).

Dem Pferdehändler, Canonbie Dick, wäre es fast gelungen. Eines Abends, als er mit zwei unverkauften Pferden vom Markt nach Hause ritt, fragte ihn ein Fremder, in altmodischer Gewandung, nach dem Preis und zahlte für die Pferde in genauso altmodischen Goldmünzen. Neugierig wollte Dick wissen, woher er käme, und der Fremde nahm ihn mit, unter der Bedingung, daß er keine Furcht zeige. Er brachte ihn in die Artushöhle unter Eildon und bedeutete Dick zu wählen, ob er Schwert oder Horn zuerst gebrauchen wolle. Das Schwert zu ziehen erschien Dick als eine zu kämpferische Geste, zu herausfordernd in der Situation. So stieß er ins Horn, das wie die Posaune des Jüngsten Gerichts durch die unterirdischen Hallen schallte. Zu Tode erschrocken hörte er, wie ihn eine Stimme einen Feigling schalt – es war unköniglich, vor dem Kampf um Hilfe zu rufen!

> Woe to the coward, that ever he was born!
> Who did not draw the sword, before he blew the horn!

> Wehe dem Feigling, daß er jemals gebor'n,
> der nicht das Schwert gezückt, bevor er blies das Horn!

Sir Walter Scotts Haus, Abbotsford House, liegt 3 km westl. von Melrose. Unter anderem tat er sich als Sammler von Artusscher Volksüberlieferung hervor.

Die Lokaltradition von Artus' Tod zwischen Galashiels (6 km) und **Stow**, A7 (ca. 8 km), ist um so rätselhafter, als Artus nach Nennius (s. Einführung, Bangor-y-Coed) in der 8. Schlacht bei »Castellum Guinnion« einen Sieg über die Pikten und Schotten davontrug, dank dem Madonnenbild, das er »auf den Schultern trug«. Da Nennius ziemlich sicher aus dem Walisischen übersetzte, ist ihm hier ein Fehler unterlaufen. Walisisch »scuit« bedeutet »Schild«, »scuid« »Schulter«. Geoffrey of Monmouth (s. Monmouth), der den Nennius-Text verwendet, zieht sich elegant aus der Affäre, indem er berichtet, Artus habe den Schild mit dem Bildnis der Muttergottes über die Schultern geschlungen getragen und in diesem Zeichen gesiegt! Da die *Vetusta Ecclesia* (s. Glastonbury) den Marienkult pflegte, lange bevor er auf dem Kontinent bekannt wurde, wäre nichts Besonderes dabei, wenn Artus ein Anhänger gewesen wäre. Daß er allerdings mit dem Madonnenbild gegen die Pikten ritt, die den Kult der Großen Mutter sehr wohl kannten, zeigt ein durchaus überdurchschnittlich kluges Einsetzen seiner Mittel als Feldherr! (S. Einführung) Das Kirchlein von Stow, St. Mary of Wedale, will noch bis ins 13. Jh. Fragmente jenes Bildes aufbewahrt haben.

Peebles, 30 km der A 72 nach, pflegte bis weit ins Mittelalter den vorchristlich-keltischen Brauch des Beltane-Feuers, das Anfang Mai entzündet wurde, um die fruchtbare Zeit des Jahres festlich zu begehen. Noch heute feiert das Städtchen eine »Beltane-Woche« voller Lustbarkeiten, deren Höhepunkt die Wahl der Beltane-Königin ist. Bis in diese Region muß das Nordende der »Caledonischen Wälder« (s. Arthuret) gereicht haben, jenes riesigen, zusammenhängenden Urwaldes, der praktisch das ganze Grenzland bedeckte, überall da, wo heute kahle Hügel sind. **Drumelzier** in den Hügeln 10 km sw. ist traditionelles »Merlin-Gebiet«, wobei es sich wahrscheinlich wieder um die historische Persönlichkeit Myrddin/Lailoken handelt, denn von beiden werden dieselben Geschichten erzählt. Das Tälchen, das sich auf dem gegenüberliegenden Tweed-Ufer öffnet, heißt »Merlindale«.

In den Flußmatten unter Drumelzier, unweit vom Zusammenfluß des Drumelzierbachs bzw. Pausayl, soll sich einst Merlins Grabhügel erhoben haben. Alternativ dazu gibt es eine Stelle unter dem Felsen, auf dem das Kirchlein steht, wo ein Weißdornbusch bis ins 19. Jh. das Grab bezeichnete. Die Merlin-Überlieferung im Tweed-Tal tönt nach realen Begebenheiten; es heißt, nach Artus' Tod habe Merlin seinen Einfluß dazu benützt, keltische Stammesangehörige gegen ihre Bundesgenossen, die Briten von Strathclyde, aufzuwiegeln. Aus Rache für das Unrecht von Arthuret? (S. Arthuret) Jedenfalls wurde dieser rebellische Haufe schnell von den geübten Kämpfern Strathclydes aufgerieben. Merlin traf die Schuld an deren Tod, und er wurde dazu verurteilt, bis ans Lebensende heimatlos herumzuziehen. So ausgestoßen wanderte er von Ort zu Ort und sagte überall sein Ende voraus; einmal durch einen Fall vom Felsen, oder auch durch Erhängen oder Ertrinken. Kein Wunder, daß ihm niemand glaubte und er allgemein für verrückt gehalten wurde. Jedoch, er sollte recht behalten; als Schafhirten ihre Hunde auf ihn hetzten, stürzte er sich in seiner verzweifelten Flucht von den Felsen über dem Tweed, verhedderte sich mit den Füßen in aufgespannte Fischnetze und hing, unfähig sich zu befreien, kopfvoran im Wasser, bis er ertrank. Der »dreifache Tod« ist ein Konzept der keltischen Mythologie, der auch bei den Druiden eine Rolle spielte. So hängt auch diesem Merlin (bzw. Myrddin/Lailoken) etwas vom »letzten Druiden« an (s. Carmarthen).

Schottlands Hauptstadt **Edinburgh,** ca. 37 km nördl. von Peebles, das »Athen des Nordens«, ist eine Stadt der Gegensätze: In New Town, Princes Street, eleganter Klassizismus mit Parkanlagen, in Old Town dichtgedrängtes grimmiges Mittelalter und die militärische Strenge der Burg auf dem Felsen über der Stadt. Ca. 1,5 km östl. davon zeichnet sich unverkennbar **Arthur's Seat** (253 m) gegen den Himmel ab, ein erloschener Vulkan, der den Aufstieg mit einem gloriosen Rundblick über die ganze Stadt belohnt. Der Sitz zwischen den beiden Erhebungen würde, wörtlich genommen, Artus zum Riesen machen (s. Brecon Beacons, Sewingshiels), aber »Sitz« kann natürlich auch »Heimstätte«, »Festung« bedeuten – Spuren einer solchen aus der Eisenzeit sind vorhanden. Wie viele andere könnte sie im 5./6. Jh. von den Briten wiederbenützt worden sein. Eine piktische Anlage soll den Burgfelsen befestigt haben, die zu Artus' Zeiten in britischer Hand gewesen sein muß, weil »Din Eydin« die Residenz des Königreichs Manau Guotodin war, das sich als langer Streifen die Ostküste hinunterzog. Von hier stammten die Helden, denen Aneirin in seinem Gedicht *Y Gododdin* (s. Einführung) ein Andenken setzt. 363 Mann ritten nach dem Königreich Deira im Süden, und nur eine Handvoll kam mit dem Leben davon (s. Catterick). Es ist möglich, daß eine piktisch-britische oder keltisch-britische Auseinandersetzung stattfand, während Artus Oberbefehlshaber der britischen Truppen war, denn eine walisische Quelle erwähnt, Artus habe auf dem Berg »Eidyn« mit »Dogheads«, »Hundsköpfen«, gekämpft. Was heute als Schimpfname aufgefaßt würde, könnte eine Kriegerbande bezeichnet haben, die unter ihrem Totemtier fochten.

Geoffrey of Monmouth schreibt die Burg auf »Mount Agned« – mit ziemlicher Sicherheit Edinburgh – König Ebraucus zu, einem Zeitgenossen von König David und den »Propheten Gad, Nathan und Asaph«, der sich schon durch die Gründung von York (s. York) und Alclud (s. Dunbarton) hervorgetan hatte. Geoffrey fügt allerdings hinzu, daß sie jetzt »Maiden Castle« und »Mount Dolorous« hieße. Die Burg, in der eingesperrte Jungfrauen auf ihren Befreier warten, und »Mount Dolorous« werden von den kontinentalen Artusromanen aufgegriffen, wobei die reale Geographie in den Hintergrund tritt. Geoffrey of Monmouth borgt »Mount Agned« von Nennius als Ortsangabe für Artus' 11. Schlacht. Ob die Schlacht am »Mount Agned« in einem Zusammenhang mit dem Kampf mit den »Hundsköpfen« am »Berg von Eidyn« steht, ist nicht auszumachen.

Edinburgh.

Camelon, die nordwestliche Vorstadt von **Falkirk,** an der Edinburgh-Sterling-Autobahn, der M9, begann als Römersiedlung im Schutze des Antoninus-Walls, mit dem Kaiser Antoninus Pius um 140 n. Chr. die Provinz Britannien im Norden gegen Pikten und Schotten abriegelte. Auf einem steinernen Fundament waren Torfsoden bis zu 2,75 m Höhe und 4,30 m Breite aufgestapelt und von einem hölzernen Wehrgang abgeschlossen. Ein tiefer Graben auf der Nordseite vervollständigte das Ganze. Unter den Bewerbern für Artus' letzte Schlacht bei Camlan nimmt Camelon die schwächste Stellung ein, hat es doch außer dem klangverwandten Namen nichts weiter zu bieten.

Über **Stirling,** M9 ca. 22 km nw. von Edinburgh, thront das mächtige gleichnamige **Castle,** auf einem ca. 76 m hohen Felssporn, eins von denen, die seit dem 13./14. Jh. die englische Autorität in Frage stellten.

Von der Burg ist der heute rasenüberzogene **King's Knot,** der ehemalige königliche Park, gut zu überschauen. Drinnen erhebt sich ein achteckiges Erdwerk mit einer Plattform über der andern, wobei sich die obere etwas verjüngt. Im Zentrum läuft ein Graben um einen runden, abgeflachten Hügel von ca. 13 m Durchmesser. Dieser ist der eigentliche Tisch der »Tafelrunde«. Diese Anlage ist viel komplizierter als die beiden ähnlichen aus der Bronzezeit außerhalb von Penrith (s. Penrith) und kann, mit ihren scharfen Ecken und Kanten, nicht älter als frühes 17. Jh. sein, als der königliche Park nach französischem Muster neu gestaltet wurde.
Der innere Hügel, Graben und Wall könnten aus dem 15. Jh. stammen, aus der Zeit, als der Artuskult an britischen und kontinentalen Fürstenhöfen zeitweise in Artusverrücktheit ausartete. »Round Tables« bezeichnete damals nicht mehr nur den

Tisch aus Holz (s. Winchester) oder ein Erdwerk, sondern auch das ganze zeremonielle Spiel darum herum, eine Mischung von Bankett-Gelage-Turnier und Maskerade, die immer kunstvollere Kulissen und aufwendigere Requisiten brauchte. Ausgeklügelte Szenarien halfen den edlen, als Artussche Helden und Heldinnen verkleideten Damen und Herren, deren Taten nachzuspielen. Schließlich schritt die Kirche gegen diese Mode ein (s. Pendragon Castle).

Beim Hochzeitsmahl von Eduard I. (s. Winchester) war das Erscheinen der häßlichen »Dame Ragnell« (s. Carlisle) ein vielbejubelter Erfolg: Ein junger Ritter hatte sich mit wunderlichen Versatzstücken in ein wahres Ungeheuer verwandelt. Eduard III. gründete 50 Jahre später den Ritterorden der Tafelrunde von 300 Mitgliedern und spielte Artus, und von König René von Anjou wird berichtet, er habe sich ein »Joyous Gard« aus Holz zimmern lassen und es mit seiner Menagerie von »Löwen, Tigern und... Einhörnern« bevölkert!

Die wenigen Artusüberlieferungen außerhalb des Antoninus-Walls liegen im Umkreis von **Perth,** 42 km nö. von Stirling. Die A 94 streift den Weiler Arthurstone, genannt nach einem Artusstein, der heute verschwunden ist, führt durch Meigle und weiter nach Glamis. Nach der örtlichen Überlieferung ist Königin Ginevra auf dem Friedhof von **Meigle** begraben – was natürlich der literarischen Tradition widerspricht, wonach sie im Grabe ihres Gatten beigesetzt wurde (s. Glastonbury). Überhaupt ist diese Überlieferung im Tone so sehr verschieden von derjenigen der zivilisierten britischen Welt, daß man sich fragen muß, ob nicht etwa nur eine zufällige Namensgleichheit Geschichten zweier Kulturen zusammengenietet habe. Hier ist es Ginevra, die Mordred dazu anstiftet, sie auf seine Festung bei Alyth (s. Alyth) zu entführen, worauf sie sich Artus mit seinen Gefährten wutentbrannt zurückholt, nur um sie, wegen

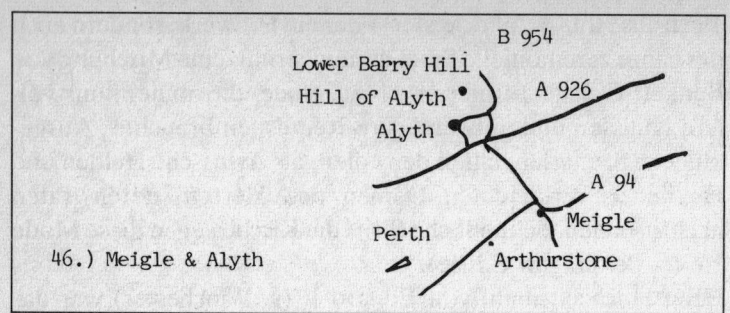

46.) Meigle & Alyth

Ehebruch, mit eigner Hand zu töten. Eine noch barbarischere Version schlägt ein noch blutrünstigeres Ende vor: Artus habe die Königin wegen Ehebruch von vier wilden Hengsten in Stücke reißen lassen.

Lange Zeit galt Ginevras Grab als besondere Sehenswürdigkeit; einige verzierte, aber verwitterte Steine galten als Überbleibsel ihres Mausoleums. Das Museum von Meigle, hinter der Kirche, hat Steine aus verschiedenen Perioden gesammelt – u. a. auch den »Ginevra-Stein«: durch ein Ringkreuz auf der einen Seite ist er als christliches Monument ausgewiesen. Auf der andern Seite ist zwar eine menschliche Figur dargestellt, die von wilden Tieren bedroht wird, aber, soweit es sich bei der Verwitterung ausmachen läßt, handelt es sich um die Szene, die so oft auf irischen Hochkreuzen dargestellt wurde, weil sie in *einem* Bild Gottes Hilfe in der Not vor Augen führt: Daniel in der Löwengrube. Indirekt mit Artus zusammenhängend, als Kontrast zur romanisierten keltischen Kultur, sind die mit wunderbaren Mustern und Tierornamenten versehenen Steinfragmente der piktisch-christlichen Periode äußerst sehenswert.

Nw. von Meigle – ca. 5 km auf der A 927 – duckt sich **Alyth** unter die beiden prominenten Hügel Hill of Alyth und Hill Loyal. An der B 954 erhebt sich der kleinere felsige Kopf von **Lower**

Barry Hill, dessen Kuppe zwei eisenzeitliche Wälle und Gräben einfassen. Hier soll Mordreds Festung gestanden haben, in die ihm Ginevra willig folgte, wofür sie mit dem Tod büßte (s. Meigle).

Fast an der Küste, ca. 56 km nö. von Alyth (A 926/B 957/A 94) steigt der eher bergartige **Hill of Garvock** (279 m) über Laurencekirk auf. Im Schatten von Johnstone Tower vom frühen 19. Jh. breitet sich der Steinhaufen *(cairn)* **Arthurhouse** aus. Allein der Name einer Überlieferung, die sich auf einen Artusschen Wohnort bezogen haben muß, ist übriggeblieben. Immerhin ist es ein Aussichtspunkt, der den Aufstieg dem Hügelgrat nach von der B 9120 lohnt und außerdem ist Arthurhouse die nördlichste Artusassoziation von ganz Großbritannien.
Der Sprung zum ehemaligen britischen Königreich Strathclyde im Südwesten von Schottland mit der Residenz **Dumbarton** nw. von Glasgow ist beträchtlich und läßt sich am besten über die abwechslungsreiche Küstenstraße, die alte Industrie- und Hafenstadt Dundee und Perth, die »fair city«, bewerkstelligen. Von Perth führt die A 85 immer tiefer in die seenbesetzte Wildnis und Einsamkeit der Grampian Mountains bis zur Gabelung bei der Jugendherberge von Crianlarich, von wo die A 82 an den schäumenden Wasserfällen des Glen Falloch vorbei am

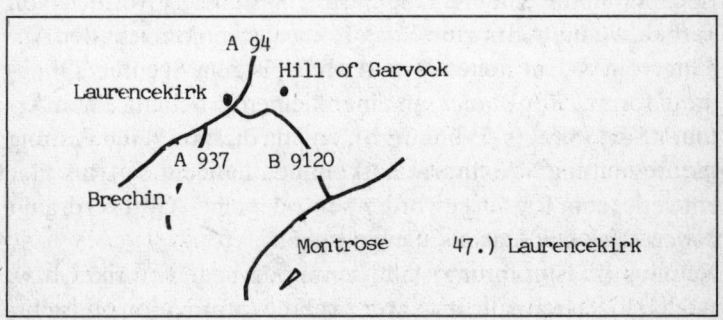

47.) Laurencekirk

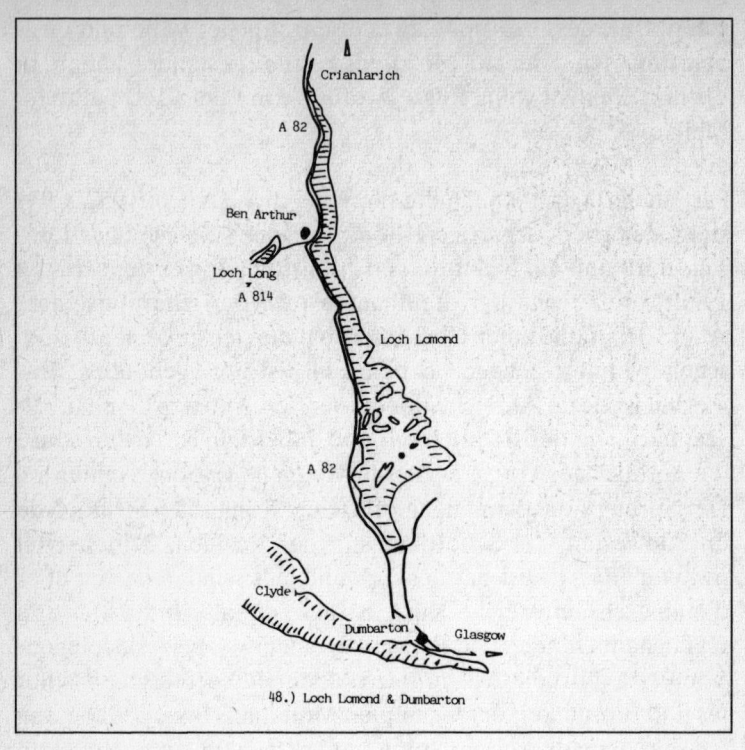

48.) Loch Lomond & Dumbarton

Loch Lomond entlang Dumbarton ansteuert. Westlich von Tarbet, wo die A 814 zum Loch Long abzweigt, reicht der Abhang vom 881 m hohen **Ben Arthur** bis zum Seeufer. Obendrauf formt *The Cobbler* mit einer kleinen Erhebung einen **Arthur's Seat** (Sitz) (s. Edinburgh), und da diesmal keine Festung die Bedeutung »Wohnort« aufkommen läßt, muß Artus hier entweder zum Riesen geworden sein oder einen Gott verdrängt haben (Brecon Beacons, Sewingshields, etc.).
Nennius (s. Einführung) läßt den modernen Historiker bzw. Archäologen zappeln, indem er zwar die Information preisgibt,

Loch Lomond.

Artus habe die 2.–5. Schlacht gegen die Sachsen in der »Region von Linnuis« geschlagen, aber als Spezifizierung nur angibt: am »Fluß Dubglas«. Natürlich gibt es Dutzende von »dunkel blau/grünen Flüssen« in keltischsprachigen Gebieten!

Da aber nach dem antiken Geographen Ptolemäus beim **Loch Lomond** eine Siedlung »Lindum« bestanden haben muß, und Glen Douglas mit seinem Bergbach Loch Long mit Loch Lomond verbindet, ist anzunehmen, daß diese vier Schlachten hier stattgefunden haben, wobei Ben Arthur nw. mit einbezogen worden sein könnte. Geoffrey of Monmouth, der zwar von Kämpfen gegen Pikten und Schotten spricht, unterstützt diese Annahme. Diese belagern Hoel, Artus' Neffen, in Alcud (s. Alcud), bis Artus die Festung entsetzt und die Feinde Richtung

Loch Lomond verfolgt. Offensichtlich erzählte man sich zu Geoffreys Zeiten Wunderdinge von dem See, der wegen seiner landschaftlichen Schönheit gern mit dem schweizerischen Vierwaldstätter See verglichen wird. Seine Beschreibung läßt die 60 wie eine magische Zahl immer wiederkehren: 60 Inseln gäbe es im See, 60 Ströme speisten ihn, jedoch nur einer fließe heraus ins Meer. 60 Felszacken mit 60 Adlernestern seien auf den Inseln auszumachen; die Adler würden sich dort alljährlich treffen und jede wunderbare Begebenheit, die sich im Königreich ereignen sollte, mit schrillem Schrei voraussagen.
Auf diese Inseln flohen Pikten und Schotten, aber Artus schnitt ihnen per Boot die Zufahrt ab, und hungerte sie 15 Tage lang aus, so daß sie zu Tausenden starben.

Man müßte den 73 m hohen **Castle Rock** am Hafeneingang der geschäftigen, modernen Stadt **Dumbarton** aus der Vogelschau sehen, um richtig abschätzen zu können, was für eine großartige natürliche Zitadelle dieser überdimensionale Basaltbrokken abgibt, den das Meer auf drei Seiten umspült. Wenn auch dieser »Fels im Clyde«, **Alclud** bzw. **Alcluith** nicht, wie Geoffrey of Monmouth behauptet, von König Ebraucus, dem Gründer von Edinburgh (s. Edinburgh) und York (s. York) um 1000 v. Chr. befestigt worden ist, so nützten ihn sicher schon Pikten, lange bevor die Römer in einem politischen Schachzug befreundete Briten als Satellitenstaat gegen die ewig unruhigen Pikten und Sachsen vor den Toren des Antoninus-Walls ansiedelten. Kurz nach deren Abzug regierte hier Ceredig, romanisiert Coroticus, ein Britenfürst und älterer Zeitgenosse Artus' über eine britisch-christliche Aristokratie und piktisch-schottische, durch Bündnisse gesicherte Untertanen. Wie man aus einem Brief von St. Patrick an den König weiß, stand der irische Nationalheilige mit diesem nicht auf bestem Fuß. Der König – nominell römischer Bürger und Christ – hatte nämlich beide

Augen zugedrückt, als eine Kriegerbande von seinem Hof einen Raubüberfall auf eine irische Siedlung verübte, mehrere, eben getaufte Christen umbrachte und andere als Sklaven mitschleppte. Was den besonderen Zorn des Heiligen erregt, ist, daß dieser Heuchler die irischen Christen an vom Christentum abgefallene Pikten verkaufte. St. Patricks Protest, kompromißlos und in scharfer Sprache, verlangt die sofortige Bestrafung der Räuber und die Auslieferung der Opfer – aber es sieht nicht danach aus, als ob er mit diesem Brief etwas erreicht hätte, denn es war bereits der zweite, den er in dieser Angelegenheit schreiben mußte!
Diese nördlichen Briten, mit ihrer piktischen und schottischen Beimischung, zeigten auch unter Artus ein doppeltes Gesicht: Heute läßt sich nicht mehr ausmachen, ob der Feldzug, der den *dux bellorum* zum Loch Lomond (s. Loch Lomond) führte, von Alcluid her unterstützt wurde oder nicht; genausowenig, wie man weiß, ob ihm die Strathclyder Briten nicht, während er mit den Sachsen kämpfte, vom Norden her in den Rücken fielen. Schließlich war Gildas Familie (s. Einführung, Glastonbury, Flatholm) am Clyde ansässig und die Geschichte seines Bruders Hueil, die sich um Ruthin (s. Ruthin) niederschlug, berichtet von Rivalität, Untreue und Verrat. Diese Elemente dürften der örtlichen Überlieferung zugrunde liegen, die davon spricht, daß Mordred, König Artus' hartnäckigster Widersacher und, von schottischer Seite her, der rechtmäßige Erbe Britanniens (s. Einführung: Route III), das Licht der Welt in der Festung Alcluid erblickte!
Obwohl Beda (s. Einführung) im 8. Jh. respektvoll »Dunbreatan«, das »Britenfort«, eine »civitas Brettonum munitissima« (»äußerst stark befestigte Stadt der Briten«) nannte und bis ins 14. Jh. in Dokumenten ein »castrum Arturii« erwähnt wird, sind nur noch die Reste einer Festung aus dem 17./18. Jh. auf dem Fels zu sehen.

Wenigstens zeitweise dürfte das Königtum von Strathclyde (s. Dumbarton) bis zum Solway Firth gereicht haben, obwohl das Königreich Rheged (s. Carlisle, Penrith) immer wieder Vorstöße nach Norden unternahm. Die beiden Königreiche zeigen eine typische keltische Haltung: statt gemeinsam Front gegen einen Feind zu machen, zehrten sie ihre Energien und Reserven in Raubzügen und Händeln untereinander auf. Unter Urbgen bzw. Urien um 570 kam es zwar zu einem Bündnis mit Rhydderch von Strathclyde und einem gemeinsam erfochtenen Sieg über die Angeln – aber Urbgen fiel durch Verrat, und unter seinem Sohn Owein (s. Penrith) bröckelte das Bündnis vor sich hin.

Die nordbritischen Höfe waren ein Magnet für Barden; von Talhaern, Bluchbard, Cian aus der Schule von Rheged sind nur die Namen übriggeblieben, aber von Aneirin (s. Einführung, Llancarfan, Catterick), Taliesin (s. Einführung, Bed Taliesin, Harlech, Deganwy), Myrddin (Camarthen, Arthuret) sind bis heute Gedichtfragmente erhalten. Meist beschäftigen sie sich zum Ruhme ihres Brotherrn mit dessen Heldentaten im Kampf oder dessen Freigebigkeit und Gerechtigkeit im Zivilleben. Die Totenklage nahm einen besonderen Platz ein, war sie doch die letzte Gelegenheit, den Toten zu ehren und dessen Taten den Lebenden einzuprägen. In diesem Sinne schrieb Lywarch Hen, ein Verwandter Urbgens, nach dessen Ermordung ein mehrstrophiges Gedicht.

Da Urbgens Haupt nicht den Feinden in die Hände fallen durfte, wurde es dem Toten abgetrennt und nach Rheged zurückgebracht; ein Beispiel dafür, daß der keltische Kopfkult noch im 6. Jh., wenn auch abgewandelt, eine Rolle spielte! Der Dichter stellt sich vor, der Träger des Hauptes zu sein:

> A head I hold up which once sustained me...
> My arm is numb, my body trembles,

My heart breaks;
This head I cherish, formerly cherished me.

Ein Haupt halt' ich hoch, das mich einst erhalten...
Mein Arm ist fühllos, mein Körper zittert,
Mein Herz bricht;
Dies Haupt, das ich hochhalte, einst hielt's mich hoch...

Wahrscheinlich gehörte das **Mote of Mark,** »Marks Festung« ö. von **Kirkcudbright,** noch zum Königreich Rheged. Von Glasgow sind es über 150 km: drei A-Straßen laufen von Glasgow Richtung Ayr, dem hübschen Seebad mitten im »Robert-Burn's-Country«. Von da setzt die A 713 die Reise durchs Hügelland von Galloway fort, bis New Galloway, von wo einen die A 712/B 794/A 710 und zuletzt eine unklassifizierte Straße zum Fischerdorf Kippford bzw. zum viktorianischen Bad Rockcliffe bringen. Dazwischen sitzt das **Mote of Mark,** eine Hügelbefestigung, die vielleicht schon in der Eisenzeit den flachen Fels über dem Rough Firth besetzte; mit Sicherheit war sie im

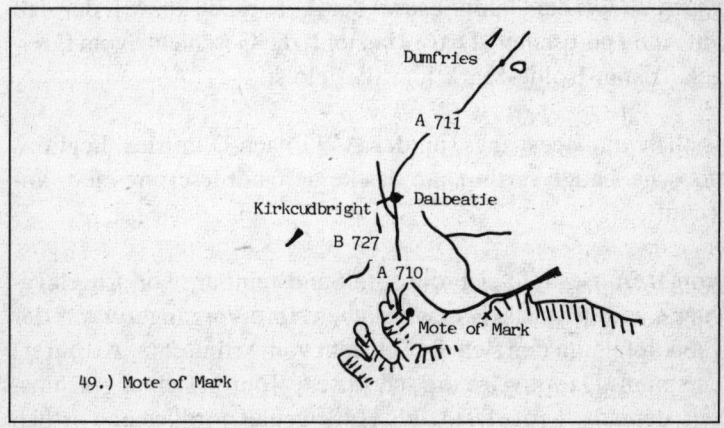

49.) Mote of Mark

5./6. Jh. von Briten bewohnt. Ein Graben schützte sie auf der Landseite; die Befestigungsmauern sind vitrifiziert (verglast), d. h., die Trockensteinmauer, in ihrem hölzernen Rahmen, wurde Feuer ausgesetzt – ob absichtlich, um eine gehärtete Mauer zu erzielen, oder durch Feindeshand, ist nicht mehr klärbar. Diese Technik soll im Nahen Osten benützt worden sein, und in der Artusliteratur kommen mehrere Städte mit »gläsernen Mauern« vor. Im 5./6. Jh. wurden diese Mauern mit dagegengepacktem Schutt verstärkt.

Immer wieder wurde in dieser Festung offiziell und inoffiziell gegraben und nach Schätzen gesucht, denn hier waren Goldschmiede und Juweliere im 5./6. Jh. am Werk gewesen, die bronzene und goldene Mantelbroschen herstellten und mit Millefiori-Glas und Email verzierten. Ihre Formen und Rohmaterialien sind vermischt mit »Tintagel«-Scherben und Glasresten gefunden worden. Offensichtlich war auch hier ein wohlhabender britischer Fürst zu Hause (s. Tintagel, Dinas Powys usw.), der etwas für die Kunst übrig hatte. Die örtliche Überlieferung behauptet, das sei König Mark, Isoldens Gatte gewesen (s. Castle Dore); aber es sieht eher aus, als habe der Hügelname *Trusty's Hill* (bei Gatehouse an der A 75, ca. 30 km w.), der sich auf einen piktischen »Drust« bezieht, die Geschichte vom Dreieck Tristan-Isolde-Mark hierher gelotst.

Östlich von Beeswings, an der A 711 nach Dumfries, liegt das hübsche **Lough Arthur,** an das keine Überlieferung mehr anknüpft.

Von **Dumfries** läßt sich die rote Sandsteinburg von **Caerlaverock Castle** über die B 725 erreichen. Ihre Vorgängerin war der Zankapfel, um den sich die Schlacht von Arthuret (s. Arthuret) entspann. Damit wäre die schottische Tour in sich abgeschlossen, denn das heute fast kahle Hügelgebiet nördlich und östlich

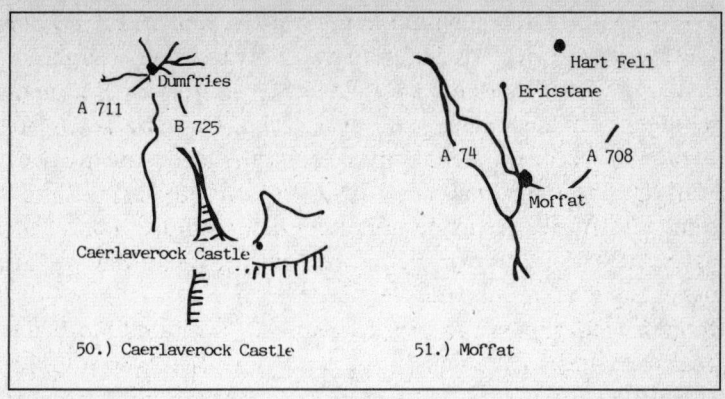

50.) Caerlaverock Castle   51.) Moffat

von Dumfries gehörte zum ehemaligen Urwald der **Caledonischen Wälder** (s. Arthuret, Drumelzier), in die Nennius (s. Einführung) Artus' siebte Schlacht gegen die Sachsen verlegt.

Nach einer wenig bekannten Überlieferung soll sich der Dichter und Prophet Myrddin in ein Tälchen unter **Hart Fell** (246 m) nö. der Spa von **Moffat** (ca. 34 km n. von Dumfries) zurückgezogen haben. Ein unbezeichnetes Sträßchen führt zum letzten Weiler Ericstane im oberen Teil von Annandale, von wo sich die eisenhaltige Quelle **Hartfell Spa** bzw. »Merlins Quell« zu Fuß aufsuchen läßt. Der Hügel darüber formt einen **Arthur's Seat** – ein feiner Aussichtspunkt, passend für König Artus, den Helden, Riesen und Gott.

Von Moffat bis Carlisle sind es rund 65 km. Zurück nach Hull sind es weitere 155 km.

Kommentiertes Ortsverzeichnis und Inhaltsverzeichnis einschließlich Angaben über Touristen-Informations-Zentren (TICs)

Aberdaron, s. Pwllheli.

Aberffraw, s. Anglesey.

Abergwili, s. Carmarthen.

Abersoch, s. Pwllheli.

Aberystwyth, Dyfed: TIC, Eastgate, Tel. (0970) 612125/617911.
Universitätsstadt am Meer; Walisische Nationalbibliothek. S. 158.
Strata Florida: Zisterzienserruine in schöner Umgebung. Nimmt Flüchtlinge von Glastonbury auf, die »den Gral« mitbringen. Nach Auflösung von Strata Florida genießen sie Gastrecht in der Powell-Familie von Nanteos. S. 159.
Nanteos: Heim der Powell-Familie, »Hüter des Grals«. Wagner in Nanteos. S. 160–161.
Llanbadran Fawr: Vorort von Aberystwyth. Keltische Klostersiedlung von St. Padarn. Vita: Artus stiehlt die Tunika, St. Padarn tritt ihm souverän entgegen. Heutige Kirche 12. Jh., eine der größten von Wales. Zwei Steinkreuze im keltischen Stil sind erhalten: eins zeigt St. Padarn. S. 161–163.
Tre-Taliesin: »Heim des Taliesin«, Taliesin ist ein Findelkind; am Hof von Maelgwyn Gwyned als junger Mann; später Bardenschule in Rheged. Charakter in *Mabinogion,* einer der Sieben, die Brans Haupt nach London bringen; Hofbarde von König Artus. Geoffrey of Monmouth: begleitet Artus nach Avalon. S. 163–165.
Bedd Taliesin/Taliesins Grab: Rest eines Grabhügels an der Seite des Moel y Garn mit glorioser Aussicht. S. 165.

Alderley Edge, s. Macclesfield.

Alnwick, Northumberland: TIC, The Shambles, Tel.: (0665) 603129 (nur während der Hauptsaison geöffnet, sonst: Morpeth, Tel.: (0670) 511 13 23). S. 219–220.
Alnwick Castle und Bamburgh Castle: die zwei schönsten Burgen Northumberlands (12. Jh.), die wie Illustrationen zur Artussage wirken. Malory gibt sie als Alternativen für Lancelots Joyous Gard. Bamburgh ist im 6. Jh. Hauptresidenz des angelsächsischen Königs Ida. S. 219–220.

Alyth, s. Perth.

Amesbury, Wiltshire: TIC, Redworth House, Flower Lane, Tel.: (0980) 232 55. S. 38–40.
Kirche von St. Mary und St. Melor, Rest einer vornehmen Klosteranlage der Benediktinerinnen (10. Jh.); Malorys Königin Ginevra nimmt hier zur Buße ihrer sündigen Liebe den Schleier. Lancelot wird von ihr abgewiesen. Geoffrey of Monmouth erwähnt ein Kloster »Ambrius« bei Salisbury; im Friedhof werden die am »Mount Ambrius« ermordeten Britenfürsten begraben. S. 38–40.
Stonehenge: Geoffrey of Monmouth deklariert die Steinkreise als Denkmal für die im Massaker von Mount Ambrius ermordeten Briten.
Salisbury Plain: Malory verlegt Artus' letzte Schlacht in die Ebene von Salisbury.

Anglesey, Gwynedd: TICs, Marine Square, Salt Island Approach, Holyhead, Tel.: (0407) 2622 (nur während der Hauptsaison geöffnet); ganzjährig geöffnet: Pen yr Orsedd, Llangefni, Tel.: (0248) 72 46 66.
Anglesey = »Môn, Mam Cymru«, »Mona, Mutter von Wales«: gespickt mit Altertümern aller Perioden. Größte druidische Studienstätte der keltischen Welt, die die Römer 60 n. Chr. zerstörten. Barden und Heilige der keltischen Kirche als geistige Erben der Druiden und ihr Verhältnis zu Artus. S. 185–186.

Lligwy Cromlech: Deckstein eines prähistorischen Grabes = Arthur's Quoit (Stein). S. 186.
Llwydiarth Faw: Arthur's Quoit bzw. Maen Chwyf: »Schaukelstein«, der vibriert, aber nicht kippt. S. 187.
Llanfechell: Maen Arthur = Artus' Stein. S. 187.
Llandeusant: Bedd Branwen, Grab von Brans schöner Schwester; stirbt aus Gram auf Anglesey. 7 Krieger rüsten ihr ein »Grab mit 4 Seiten«. Beim Öffnen (1813) kamen kremierte Knochen einer jüngeren Frau zum Vorschein. S. 187.
Aberffraw: Hauptstadt der Könige von Gwynedd bis ins 13. Jh. – vermutlich von Dünen zugeschüttet. Artus' Hof. Ogof Arthur: Höhle, die Artus als Versteck auf Piratenjagd dient. Vielleicht Realität hinter »Höhlenlegende«. S. 187–188.
Bei Beaumaris: Bwrdd Arthur: Hügelbefestigung. S. 188.
Palug's/Balu's Cat geflecktes Katzentier, das, aus dem Menai gefischt, sich zum Monster auswächst. Cai/Artus kämpfen mit ihm. Vielleicht ein Leopardenbaby. S. 188–189.

Arthuret, s. Carlisle.

Bala Lake, s. Dolgellav.

Badbury Rings, s. Wimborne Minster.

Bala Lake, s. Dolgellau.

Bamburgh Castle, s. Alnwick.

Bangor-is-y-coed, s. Llangollen.

Bardsey Island, s. Pwllheli.

Barry, S. Glamorgan: TIC, The Promenade, Barry Island, Tel.: (0446) 74 71 71 (nur während der Hauptsaison, sonst: Cardiff). S. 127.
Cadoxton, Stadtteil von Barry, und Barry Island, zwei Grün-

dungen von Heiligen, die zur Zeit des historischen Artus lebten. S. 127–128.
Penmark: Mit König Mark von Cornwall verbunden. S. 127–128.
Llancarfan: St. Cadocs Klostersiedlung; wichtiges Skriptorium, das Heiligenleben produziert und Propaganda gegen Artus. Verbindung mit dem Barden Aneirin? S. 129–130.
Llantwit Major: Große Kirche von St. Illtyd, einem Bretonen des 5./6. Jhs., einem älteren Cousin von Artus. Richtet 450 die römisch-christliche Gründung von Llantwit wieder her. Wird wichtigste Schule Britanniens. Artus soll hier neben St. David, St. Gildas, St. Samson studiert haben. »Illtyd Farchog« = Modell für Galahad. Große Kirche aus verschiedenen Epochen: Sammlung keltischer Grabkreuze: »Illtyd-Kreuz«. S. 130–134.

Bath, Avon: Abbey Church Yard, Tel.: (0225) 62831. S. Elegante Badestadt zur Römerzeit. Geoffrey of Monmouth setzt sie mit Mount Badon und Artus' Sieg über die Sachsen in Verbindung. S. 98.

Beaumaris, s. Anglesey.

Beddgelert, Gwynedd: nächstes TIC, Llanberis: TIC, Oriel Eryri, Tel.: (0286) 870765 (nur während der Hauptsaison geöffnet, sonst Llandudno, Tel.: 0492/76413 ext. 264). S. 178–179.
Dinas Emrys: Ambrosius' Festung = Ambrosius Aurelianus, unter dem Artus als dux bellorum fungiert. Nennius: Vortigerns Versuch, eine Festung zu bauen, schlägt fehl. Ein Junge, Ambrosius, soll als Opfer dienen. Prophezeit, daß unter Fundament in unterirdischem Wasserbecken zwei Drachen kämpfen – ein roter = Wales, ein weißer = Sachsen. Geoffrey of Monmouth übernimmt Geschichte: Junge = Merlin Ambrosius: Prophezeiungen. Archäologie: Turm und Wasserbecken in der eisenzeitlichen Festung nachgewiesen, die Briten im 5./6. Jh. wieder benützten. S. 178–182.

Berriowbridge, s. Bodmin.

Black Mountain, s. Llandovery.

Bodmin, Cornwall: TIC, Shire House, Mount Folly Square, Tel.: (0208) 6616. S. 59.
Bodmin Moor: Lohnendes Wandergebiet, ursprüngliche Moorlandschaft, die älteste Artusüberlieferung bewahrt: 1113, 20 Jahre vor Geoffrey of Monmouth, werden Kanonikern von Laon »Arthur's Chair« und »Arthur's Oven« gezeigt. S. 59–61.
»Trethevy bzw. Arthur's Quoit« bei St. Cleer, eindrückliche Reste eines prähistorischen Kammergrabs. S. 60.
»Arthur's Bed« (Grab) w. von Berriowbridge: sargähnlicher Granitblock. S. 60.
Dozmary Pool: düsterer See, mitten im Moor. Sir Bedivere soll König Artus' Schwert Excalibur hineingeworfen haben. S. 61.
»Arthur's Hall«/»Arthur's Hunting Lodge« (Halle/Jagdhaus), rätselhafte, mit Steinplatten ausgelegte, viereckige Grube bei St. Breward; »Arthur's Troughs« (Tröge), ausgehöhlte Steine; »Arthur's Downs« (Bodenerhebung). S. 61.
St. Petrocskirche in Bodmin: 1113 Schlägerei in der Kirche über den Ausspruch, daß König Artus noch lebe. S. 61–62.

Bossiney, s. Tintagel.

Brecon, Powys: TIC, Market Car Park, Tel.: (0874) 2485/5692 (nur während der Saison: sonst Llandrindod Wells). S. 139.
Brecon Beacons National Park: Wandergebiet. Zwischen höchsten Gipfeln »Arthur's Chair«. Artus = Riese. Bergsee Cwm Llwch: Feen. S. 138–139.
Brecon: ehemalige Hauptstadt von Brychans Königreich, Brycheiniog. Vater vieler Heiligen, z. B. St. Endellion, Großvater von St. Cadoc of Llancarfan. S. 139.

Brecon Beacons, s. Brecon.

Brent Knoll, s. Burnham-on-Sea.

Bridgend, M. Glamorgan: nächstes TIC, Sarn Service Area, Exit 36, M 4, bei Bridgend, Tel.: (0656) 4906. S. 134.
Pencoed: Coed-y-Mwstwr-Höhle: Begräbnisort des historischen Artus? S. 134–135.

Burnham-on-Sea, Somerset: TIC Berrow Road, Tel.: (0278) 767852/782377 ext. 31. S. 95.
Brent Knoll, Hügel im Fennland mit eisenzeitlicher Festung. Der Artusritter Ider erschlägt hier drei Riesen, fällt dabei aber selbst. S. 95–96.

Bosherston, s. Pembroke.

Cadair Idris, s. Dolgellau.

Cadbury Castle, s. Wincanton.

Caer Gai, s. Dolgellau.

Caerleon, s. Newport, Gwent.

Caerwent, s. Chepstow.

Caldey Island, s. Tenby.

Camboglanna, s. Haltwhistle.

Camborne-Redruth: Nächstes TIC, The Guidhall, Street-an-Pol, St. Ives, Tel. Penzance: (0736) 797600/796297. S. 76.
Über Redruth erhebt sich der Hügel Carn Marth, wo unter einem Steinhaufen König Mark von Cornwall begraben liegen soll. S. 76–77.

Cambridge, Cambridgeshire: TIC, Wheeler St., Tel. (0223) 322640. S. 201–202.

Eine der attraktivsten Universitätsstädte Europas. Im Prestigekampf mit Oxford, das de facto älter ist, behauptet Cambridge, von König Artus gegründet worden zu sein.

Camelford, Cornwall: TIC, North Cornwall Museum, The Clease, Tel.: (0840) 212954. S. 82.
Identifiziert mit »Camelot«.
Slaughterbridge: identifiziert mit »Camlan«. Auf der Aue oberhalb der Brücke soll Artus' letzte Schlacht stattgefunden haben. »Artus' Grabstein« weiter flußaufwärts. S. 82–83.

Canterbury, Kent: TIC, 13 The Longmarket, Tel.: (0227) 66567. S. 103–104.
Keltensiedlung, Römerstadt, britischer Hof. Nach Geoffrey of Monmouth unterzeichnet Vortigern hier das Bündnis mit Hengist und Horsa. S. 103–104.

Cardiff, S. Glamorgan: TIC, 3–6 Bridge St., Tel.: (0222) 27281.
Nationalmuseum: sehr interessante Sammlungen keltischer, römischer, britischer Gegenstände, aber schikanös bürokratisch. S. 125.
Dinas Powys: kleine Festung eines Zeitgenossen Artus'. Reiche Funde zeigen den Lebensstil der gehobenen Britenschicht. Metallmanufaktur – Tauschmaterial für Ware aus dem Mittelmeer. S. 126–127.
Steep Holm & Flat Holm: Inseln im Bristolkanal, auf die sich Heilige zurückziehen, u. a. Artus' Zeitgenosse St. Gildas. S. 127.

Cardigan, Dyfed: TIC, Prince Charles Quay, Tel.: (0239) 613230 (nur während der Hauptsaison, sonst: Aberystwyth, Tel.: (0970) 611125/617911. S. 158.
Craig Gwrtheyrn: besonders kunstvoll befestigtes eisenzeitliches Fort. Parallele zu Ganarew: Vortigerns letzte Festung. S. 158.

Carhampton, s. Minehead.

Carlisle, Cumbria: TIC, Old Town Hall, Green Market, Tel.: (0228) 25517. S. 214–216.
Römisch: Luguvallium am Westende von Hadrians Wall. Carlisle Castle früher Caer Lueil/Leil, Festung des halb-legendären Britenkönigs.
Carlisle = »Carduel« der Artusromane. Malory macht Carlisle manchmal zu Artus' Hauptresidenz. Ginevra soll vor Carlisle verbrannt werden und wird von Sir Lancelot vor dem Scheiterhaufen gerettet. Sir Gawain tötet unabsichtlich Gawains Brüder und macht sich ihm zum Todfeind. Carlisle ist auch der Ort der Versöhnung von Artus und Ginevra.
Eigene Tradition: *Carl of Carslisle* (»Kerl von Carlisle«); *Wedding of Sir Gawain and Dame Ragnell:* Gawain, nicht Artus, ist der Held der Geschichte. S. 215–126.
Arthuret: Gemeinde, in der Carwinley = Caer Gwendollau liegt. Der Barde Myrddin/Lailoken folgt seinem Herrn Gwendollau in die Schlacht von Arthuret und wird vor Grauen wahnsinnig. Geoffrey of Monmouth benützt dieses Material für seinen Merlin, wobei er die Chronologie korrigiert. S. 216–217.

Carmarthen, Dyfed: TIC, Lammas St., Tel.: (0267) 211557 (nur während der Hauptsaison, sonst: Swansea, Tel.: 0792/468321). S. 143–148.
Alte Demetiersiedlung wird zum römischen Moridunum; Geoffrey of Monmouth macht das walisische Caer Merddyn/Kaermerdin zu Merlins Vaterstadt. Seine Mutter war eine Demetierprinzessin, sein Vater ein *incubus*; Merlin sieht in die Zukunft. Historische Basis: Barde Myrddin – identisch mit Llallogen/Lailoken? Merlin-Eiche bis 1978 in Priory St.; Prophezeiung vom Ende Carmarthens. Merlin's Hill; Museum in Abergwili: Voteporix-Stein. Eisenzeitliche Hügelbefestigung: »Merlin's Chair«, »Merlin's Grave«, »Merlin's Grove«; Carreg Fyrddin = Merlins Stein; Merlins Voraussage. Spenser verlegt Merlins Höhle flußaufwärts unter die alte Burg von Dynevor bei Llandeilo.

Carn Gafallt, s. Rhayader.

Carwinley, s. Carlisle.

Castle-an-Dinas, s. St. Columb Major.

Castle Dore, s. Fowey.

Catterick, s. Richmond.

Chapel Point, s. Fowey.

Chepstow, Gwent: TIC, The Gatehouse, High St., Tel.: (02912) 3772. S. 109–112.
Höhle unter dem Schloß: »Potter Thompson«-Legende. S.109–112.
Lidney: Forest of Dean, römische und britische Eisenverhüttung und Waffenherstellung; Lydney Park: Tempelkomplex des Gott Nodens, »Nudd«, Herr von Annwn. S. 112.
Mathern: Kirchlein von St. Tewdric, des britischen Stammeskönigs, der im Kampf gegen die Sachsen fiel. Artus' Großvater? S. 118.
Caerwent: Bedeutende zivile Römerstadt Venta Silurum. Siluren: starker keltischer Stamm, zuerst heftig anti-römisch, später Verteidiger römischer Werte. St. Tathan, ein Zeitgenosse von Artus gründet christliche Gemeinde. Artus, der 37. Territorial-König von Glamorgan, vereinigt die keltische und die römisch-kaiserliche Linie in seiner Person. S. 118–120.

Chester, Cheshire: TICs, Town Hall, Northgate St., Tel.: (0244) 313126 ext. 2111/2250; Chester Visitor Centre, Vicar's Lane, Tel.: (0244) 313126. S. 199.
Römerstadt Deva mit Militärlager Devana Castra = »Chester«. *Annales Cambriae* umschreibt Chester als »Caer Legion« und Nennius macht daran Artus' 9. Schlacht fest.
Schlacht von Chester 615/616 bringt Angelsachsen zum ersten

Mal ans Irische Meer – damit sind die Briten vom Süden und Norden geteilt. S. 199.

Corbridge, Northumberland: TIC, Vicar's Pele, Market Place, Tel.: (043471) 2815 (nur während der Hauptsaison geöffnet, sonst Newcastle-on-Tyne, Tel.: (091) 2610691). S. 219.
High Rochester = römisches Fort Bremenium in den Cheviot Hills. Vermutlich »Breguoin«, wo Artus' 11. Schlacht stattfindet. S. 219.

Craig Gwrtheyrn, s. Cardigan.

Craig-y-Dinas, s. Pontneddfechan.

Criccieth, Gwynedd: TIC, The Square, Tel.: (076671) 2489 (nur während der Hauptsaison geöffnet, sonst Llandudno, Tel.: 0492/764131 ext. 264). S. 173.
Arthur's Quoit/Artus' Stein, Deckstein eines prähistorischen Kammergrabs über dem Dwyfor. S. 155.

Denbigh, s. Ruthin.

Denganwy, s. Llandudno.

Dinas Emrys, s. Beddgelert.

Dinas Powys, s. Cardiff.

Dolgellau, Gwynedd: TIC, The Bridge, Tel.: (0341) 422888 (nur während der Hauptsaison, sonst Machynlleth, Tel.: (0654) 2401. S. 167.
Cadair Idris: Idris', nicht Artus' Sitz! Idris walisischer Riese, Dichter und Astronom. S. 167–168.
Hochtal von Camlan: Schlacht von Camlan? Zumindest für König Artus von Glamorgan ein sinnvoller strategischer Punkt. S. 168.

Bala Lake: einer der hübschesten Seen. Über dessen Südende: Caer Gai, römisches Garnisonsfort, britische Festung, elisabethanischer Bauernhof. Gai = Sir Kay der Artusgeschichten. Macht seit der walisischen Überlieferung eine negative Entwicklung zum Antiritter mit. S. 168–170.
Carndocha im Lliw-Tälchen: Artus tötet den Riesen Rhita und begräbt ihn unter einem großen Stein auf der Tyn-y-bwlch-Farm. S. 171.

Dover, Kent: TIC, Townwall St., Tel.: (0304) 205108. S. 30–32.
Dover Castle: bei Malory Kampf zwischen Mordred und Artus. Sir Gawain fällt und wird in der Kapelle von Dover Castle beigesetzt. Bis mindestens 1485 ist der Schädel eine Sehenswürdigkeit in der Kapelle. Parallele zu St. Leonard in *Hythe,* wo 2000 Schädel liegen? Arthur's Hall, Bankettwhalle; Arthur's Gate, Tor; Arthur's »Kleine Halle«. S. 31–32.

Dozmary Pool, s. Bodmin.

Dumbarton, Strathclyde: nächstes ganzjährig geöffnetes TIC: 35–39 St. Vincent Place, Glasgow, Tel.: (041) 2274880). S. 234.
Castle Rock = Alcluid = Fels im Clyde. Römer siedeln hier Briten vor dem Antoninus-Wall an: Satellitenpolitik, um die Pikten und Schotten zu beruhigen. Nominelle Christen: Coroticus und St. Patricks Protestbriefe! Zweideutige Haltung der Briten von Strathclyde Artus gegenüber: Hueil, Gildas' Bruder. Lokalüberlieferung: Mordred in der Festung Alclud geboren. S. 234–235.

Dumfries, Dumfries & Galloway: TIC, Whitesands, Tel.: (0387) 53862 (nur während der Hauptsaison geöffnet, sonst Girvan, Tel.: 0465/4950). S. 238.
Caerlaverock Castle, um dessen Vorgänger die Schlacht von Arthuret entbrennt. S. 238.

Dunster Castle, s. Minehead.

Eamont, s. Penrith.

Ebbsfleet, s. Ramsgate.

Edinburgh, Lothian: TIC, Waverley Market, Prince's St., Tel.: (031) 5772727. S. 224–227.
Arthur's Seat, erloscher Vulkan – lohnendes Panorama. Spuren einer Festung aus der Eisenzeit. S. 224–225.
Burgfels von Edinburgh Castle: ehemalige piktische Anlage.
»Din Eidyn«, Residenz des Königreichs Manau Guotodin (Gododdin).
»Berg Eidyn«, Artus kämpft mit den »Hundsköpfen« = Pikten? Geoffrey of Monmouth: »Mount Agned« = »Maiden Castle« = »Mount Dolorous«.
»Mount Agned« von Nennius übernommen, der Artus' 11. Schlacht dorthin verlegt.

Eildon Hills, s. Galashiels.

Ericstane, s. Moffat.

Exeter, Devon: TIC, Civic Centre, Paris St., Tel.: (0392) 72434. S. 58.
Blackingstone Rock: König Artus und der Teufel. S. 58–59.

Falkirk, s. Stirling.

Fowey, Cornwall: TIC, The Post Office, 4 Custom House Hill, Tel.: (072683) 3616. S. 62.
Tristan Stone, ein über 2 m hoher Monolith mit Inschrift: »DRUSTANUS HIC IACET CUNOMORI FILIUS«. Cunomorus, britisch Cynvawr, König von Dumnonien im 6. Jh., wird zum König Mark der Tristan-und-Isolde-Sage. Drustanus ist latinisiert Tristan. S. 62–64.

Castle Dore: große eisenzeitliche Hügelbefestigung; im 5.–7. Jh. neu befestigt; Bankettkalle und weitere Gebäude gefunden in den 30er Jahren; möglicherweise König Marks Residenz. S. 63.
Kilmarth = »Marks Kirchlein« bzw. Einsiedelei. S. 65.
St. Sampsons Kirche, Golant: Nach Beroul schenkt Isolde dem Kloster ein kostbares Meßgewand, nachdem sie sich in der Klosterkirche mit Mark versöhnt hat. St. Sampson: Heiliger und Missionar, Zeitgenosse von Artus und Mark. S. 65.
Beroul gibt Marks Residenz mit »Lancien« an = Lantyn Manor s. von Lostwithiel? S. 65.
Chapel Point: Tristan's Leap (zwischen Mevagissey und Gorran Haven). Romantische Episode: Tristan rettet sich durch einen Sprung aus dem Kapellenfenster über die Klippen und Isolde vor dem Scheiterhaufen. S. 66.

Galashiels, Borders: TIC, Bank St., Tel.: (0896) 55551 (nur während der Hauptsaison geöffnet, sonst: Edinburgh, Tel.: 031/5772727). S. 220.
Dryburgh Abbey: Sir Walter Scotts Grab, großer Artus-Enthusiast; Artus' Grab nach der Lokalüberlieferung. S. 220.
Eildon Hills: Ex-Vulkane. Fort der Selgovae, richtiges Oppidum. Sage: »Höhlenlegende« mit Canonbie Dick, der Horn bläst, statt Schwert zu ziehen. S. 221–222.
»Castell Gunnion«: Fort oberhalb von Stow? Artus siegt bei Castell Gunnion im Zeichen eines Madonnenbildes gegen Pikten und Schotten. St. Mary in Wedale bewahrt das Bild bis ins 13. Jh. auf. S. 222–223.
Peebles: bis in unsere Zeit vorchristlich-keltische Bräuche: Beltane-Feuer bzw. »Beltane-Königin«. S. 223.
Drumelzier: »Merlin-Gebiet« fällt in »Caledonische Wälder«; Merlindale. S. 223.
Merlins Grab am Zusammenfluß Drumelzierbach und Tweed bzw. am Fuße des Kirchfelsens. Überlieferung von Merlin/Myrddin/Lailokens dreifachem Tod. S. 223–224.

Gerrans, s. Truro.

Glastonbury, Somerset: TIC, Marchant's Buildings, Northload Road, Tel.: (0458) 329 54. S. 48–58.
Jahrtausende alter Walfahrtsort; Kult der kosmischen Mutter, druidisch-keltisches Studienzentrum; älteste Marienkirche Britanniens; »Our Lady of Glastonbury«; Zentrum der New-Age-Bewegung. S. 48–49.
Glastonbury = Insel Avalon. Keltische »Anderswelt« auf dem Tor. Nach der Schlacht von Camlan bringt Morgane den tödlich verwundeten Artus zur Heilung hierher. S. 50–51.
Joseph von Arimathia bringt den Gral nach Glastonbury; ist unter Chalice Hill vergraben; erklärt die rote Farbe der eisenhaltigen Quelle von Chalice Hill; Lancelot du Lac als Einsiedler in Glastonbury. S. 52–53.
Grab von Artus und Ginevra auf dem alten Mönchsfriedhof, später vor dem Hauptaltar der Abtei. S. 53–58.
Pomparles Bridge: Artus bzw. Sir Bedivere schleudert Excalibur ins Wasser der Brue. S. 58.

Golant, s. Fowey.

Gower-Halbinsel, s. Swansea.

Hadrian's Wall, s. Haltwhistle.

Haltwhistle, Northumberland: TIC, Sycamore St., Tel.: (0498) 203511 (nur während der Hauptsaison geöffnet, sonst Carlisle, Tel. 0228/255 17). S. 217.
Hadrian's Wall; Camboglanna bzw. Birdoswald, auf walisisch Camlan. Rein philologische Basis für Artus' letzte Schlacht! Vercovicium, 20 000 m^2, 1000 Infanterie, zivile Siedlung, guterhaltene Ruinen, nebst interessantem Museum. S. 217–218.
Sewingshields Crags: landschaftlich lohnend; Mauer zieht sich über Hügelrücken. Ruine des Sewingshields Castle mit »Höhlenlegende«. S. 218–219.

King's & Queen's Crag: Volksüberlieferung, Artus wirft vom King's Crag im Ehestreit Ginevra auf dem Queen's Crag einen Felsbrocken an den Kopf! S. 219.

Harlech, Gwynedd: TIC, High St., Tel.: (0766) 780658 (nur während der Hauptsaison geöffnet, sonst Llandudno, Tel.: (0492) 764131 ext. 264). S. 171–172.
Burg von Harlech, »Bilderbuchburg« aus dem 13. Jh., vorher »Branwens Turm«, eine walisische Festung. Hierher bringen die sieben Überlebenden vom Massaker von Irland Brans Haupt zu einem 7jährigen Gelage. S. 171–172.

Hart Fell, s. Moffat.

Haverfordwest, Dyfed: TIC, 40 High St., Tel.: (0437) 3110 (nur während der Hauptsaison, sonst Swansea, Tel.: 0792/468321). S. 153.
Merlin's Bridge über Merlin's Brook. S. 153.

Hay-on-Wye, Powys: nächstes TIC, Brecon, Tel.: (0874) 2485/5692 bzw. Llandrindod Wells.
Antiquariate mit Artus-Literatur durch die Jahrhunderte. S. 139–140.

Helston, Cornwall. Nächstes TIC: Falmouth, Town Hall, The Moor, Tel.: (0326) 312300. S. 68.
Loe/Looe Pool: Lagune, landschaftlich reizvoll. Alfred Lord Tennyson läßt seinen Sir Bedivere Excalibur in Loe Pool versenken. S. 68.

High Rochester, s. Corbridge.

Hirwaun, s. Pontneddfechan.

Kelso, s. Galashiels.

Killibury Castle, s. Wadebridge.

Kilmarth, s. Fowey.

Kirkby Stephen, Cumbria: TIC, Bank House, 22. Market St., Tel.: (07683) 71804. S. 211–212.
Pendragon Castle: Burgruine (12. Jh.). Im 14. Jh. gehörte die Burg Robert de Clifford, einem Artusverehrer. Volksüberlieferung besteht darauf, Uther Pendragon, Artus' Vater, habe eine Festung auf dem Hügel besessen. Reim vom störrischen König, der den Eden umleiten will. Schätze seit Artus' Zeiten im Burghügel. S. 211.

Kirkcudbright, Drumfries & Galloway: TIC, Harbour Square, Tel.: (0557) 30494 (nur während der Hauptsaison, sonst Girvan, Tel.: 0465/4950). S. 237.
Mote of Mark: Hügelbefestigung mit vitrifizierten Mauern. Im 5./6. Jh. von Briten besetzt. Goldschmiedearbeiten und »Tintagel-Scherben«. Örtliche Überlieferung: Festung von König Mark, Isoldens Gatten. S. 237–238.
Nordbritische Höfe: berühmte Bardenschule, u. a. Taliesin, Aneirin, Myrddin. Lywarch Hens Totenklage für Urbgen/Urien of Rhegal. S. 238.
Beeswing: Loch Arthur. S. 238.

Llanberis, Gwynedd: TIC, Oriel Eryri, Tel.: (0286) 870765 (nur während der Hauptsaison geöffnet, sonst Llundudno, Tel.: 0492/76413 ext. 264). S. 184.
Snowdon: Yr Wyddha Fawr, Grab des Riesen Rhita, der die Bärte besiegter Könige zu einem Pelzmantel verarbeitet. Artus besiegt ihn laut Geoffrey of Monmouth. S. 182–183.
Cwm-y-Ilan wird mit Camlan identifiziert. Mordreds Pfeile töten Artus am Bwlch-y-Saethau, »Paß der Pfeile«; S. 183.
Carnedd Arthur: großes Steinhaufengrab über dem toten König. S. 183–184.
Bedivere wirft Excalibur in Llyn Lydaw; S. 184.

Höhlenlegende: Artus' Gefährten schlafen in Ogof Lanciau Eryri, der »Höhle der jungen Männer von Snowdon«, bis Artus sie braucht. S. 184.
Glaslynsee kennt ein *afanc*. S. 184.

Llanbadarn Fawr, s. Aberystwyth.

Llancarfan, s. Barry.

Llandeusant, s. Anglesey.

Llandovery, Dyfed: TIC, Central Car Park, Tel.: (0550) 20693 (nur während der Hauptsaison, sonst: Swansea, Tel.: 0792/469321. S. 141.
Pont-ar-Llechau: Castell Meurig, Festung von König Meurig, Artus von Glamorgans Vater. Pen-Arthur: Artushügel. »Arthur's Stone« in Sawdde. S. 141.
Black Mountain: Artus' Jagd auf den magischen Eber Tworch Trwyth. S. 141.

Llandrindod Wells, Powys: TIC, Rock Spa Park, Tel.: (0597) 2600.
Heilquellen. Hübsch restauriertes Kurhaus. S. 140.

Llandudno, Gwynedd, TIC, Chapel St., Tel.: (0492) 766413 ext. 264. S. 189.
Penmaenmawr: Ffon y Cawr = Der Stab des Riesen = Picell Arthur, »Artus' Speer«, ein langer, dünner Menhir aus dem 5./6. Jh. S. 189.
Denganwy: britische Festung auf einem römischen Fort. »Tintagel pottery«. Der Überlieferung nach Maelgwyn Gwynedds Residenz. Erstaunlichster Charakter des 6. Jh.: ein mächtiger, kultivierter Fürst, aber völlig amoralisch. Hält König Artus of Glamorgan die Treue – Parallele zu Lancelot du Lac. S. 189–193.
Taliesin als Teenager an seinem Hof: hält die traditionellen

Barden zum Narren. Prophezeit Maelgwyns Tod: Gelbfieber. S. 191.
Kirchlein von Llanrhos: Maelgwyn schließt sich da ein, um der Seuche zu entgehen. S. 193.

Llanfechell, s. Anglesey.

Llangollen, Clwyd: TIC, The Town Hall, Tel.: (0978) 860828 (nur während der Hauptsaison, sonst: Ruthin, Tel.: 08242/3992). S. 195.
St. Collens Kloster aus dem 6. Jh. Der Heilige hat Umgang mit Andersweltwesen – Gwyn ap Nudd im Glastonbury Tor und den Fairies von Llangollen. S. 195.
Gildas lamentiert über die verderbte britische Aristokratie. Zisterzienserkloster Valles Crucis als Nachfolger seiner Klostersiedlung (frühes 13. Jh.). S. 195.
Elisegs Pillar, eine Steinsäule bzw. Kreuz für Eliseg, den König von Powys, errichtet von seinem Urenkel (9. Jh.). Enthält Stammbaum der Könige von Powys – als einer der Vorfahren, Britu, den Sohn des Vortigern und der Sevira, Tochter des Kaisers Maximus! Hügel, auf dem die Säule steht, enthält Elisegs Grab. S. 196.
Craig Arthur: Felsabbruch, das Ende der Kalkbänder, die sich den Eglwyseg Mountain entlangziehen. S. 197.
Dinas Bran, Festung von Bran the Blessed. Assoziationen mit den Fischerkönigen der Gralsgeschichte und dem Gral. S. 197–198.
Bangor-is-y-coed: bis frühes 7. Jh. berühmtestes Kloster der keltischen Kirche; 2400 Mönche. 615/616 Schlacht von Chester. Massaker unter den Mönchen von Bangor. Nennius, Abt von Bangor. S. 198–199.

Llanrhos, s. Llandudno.

Llantwit Major, s. Barry.

Llwydiarth Faw, s. Anglesey.

Llyn Barfog, s. Machynlleth.

Llyn Cwm Llwch, s. Brecon.

Llyn Fawr, s. Pontneddfechan.

Loch Lomond, s. Tarbet.

Loe/Looe Pool, s. Helston.

London, TICs in Zentral-London u. a. British Travel Centre, 12, Regent St., Piccadilly Circus, Tel.: (01) 7303400; Tower off London, West Gate, Tel.: (01) 7303488 (nur während der Hauptsaison). S. 100–103.
Tower Hill: Brans Haupt bannt Feinde Britanniens; Artus gräbt es aus; Tower-Raben. S. 101.
Uther Pendragon feiert Ostern in London. S. 101.
Westminster: Königin Ginevra wird entführt. S. 101–102.
Themse: Elaine treibt in ihrer Barke den Fluß hinunter. S. 102.
Tower: Fluchtburg für Ginevra. S. 102.
»Größte Kirche«: Artus zieht Schwert aus Stein und Amboß und offenbart sich so als Britanniens rechtmäßigen König. Krönung. S. 102.

Lydney, s. Chepstow.

Macclesfield, Cheshire: TIC, Town Hall, Market Place, Tel.: (0625) 21955 ext. 115/114. S. 199.
Alderley Edge: Sandsteinrippe mit prähistorischer und historischer Kupfergewinnung. Sage von Merlin und dem Roßhändler – »Höhlenlegende«. »Merlin-Quelle«; »echte Merlin-Quelle«. S. 199–200.

Machynlleth, Powys: TIC, Canolfan Owain, Glyndwr, Tel.: (0654) 2401. S. 165.
Lyn Barfog, »der Bärtige«, sagenumwobener Bergsee. Beautyspot: Stein-/Bronzezeit-Niederlassung mit Steinwerkzeug- und Waffenherstellung. Konflikt Stein-/Bronzezeit- und Eisenzeitkultur spiegelt sich in örtlichen Sagen. S. 165.
Artus jagt das Seeungeheuer *afanc.* Carn March Arthur: zerstörter, bronzezeitlicher Steinhaufen; ein Block trägt den Hufabdruck von Artus' Pferd. S. 166–167.

Maen Cetti, s. Swansea.

Malpass, s. Truro.

Manorbier, s. Tenby.

Marlborough, Wiltshire: TIC, St. Peter's Church, High St., Tel.: (0672) 53989. S. 99.
Merlin's Mount: Kegelförmiger, prähistorischer Hügel, Silbury Hill im Kleinformat. Merlin soll darin begraben sein. Die Sarsensteine für Stonehenge stammen aus den Marlborough Downs. S. 99.

Mathern, s. Chepstow.

Meigle, s. Perth.

Minehead, Somerset: TIC, Market House, The Parade, Tel.: (0643) 2624. S. 93.
Dunster: Dunster Castle, an der Stelle einer keltischen Festung, wo Artus als Partner von Cadwy regiert. S. 93–94.
Carhampton: Artus schenkt St. Carannog aus Wales Land: Legende vom Altar und Lindwurm. S. 94.
An der Straße nach Williton steht St. Decumans Kirche, der Artus und Ginevra getraut haben soll. S. 94–95.

Moffat, Dumfries & Galloway: TIC, Church Gate, Tel.: (0683) 20620. S. 239.
Caledonische Wälder. Myrddin zieht sich unter Hart Fell, an die Quelle Hartfell Spa bzw. Merlins Quell zurück. S. 239.

Monmouth, Gwent: TIC, Church St., Tel.: (02912) 3772.
Geoffrey of Monmouth, Autor der *Historia*, ca. 1100 hier geboren. S. 113–115.
Ganarew: großartiges Wandergebiet. Auf Hügel Little Doward eisenzeitl. Festung. Geoffrey of Monmouth: Vortigerns letzter Schlupfwinkel, »Castle Genoreu«. Wird von Konstantins Söhnen darin verbrannt, was Merlin voraussagt. S. 113–115.
Arthur's Cave: Höhle in Altsteinzeit bewohnt. Unterschlupf des historischen Artus? Merlin vergräbt hier Artus' Schatz. S. 115–116.

Moretonhampstead, s. Exeter.

Mote of Mark, s. Kirkcudbright.

Mousehole, s. Penzance.

Montrose, Tayside: TIC, 212 High St., Tel.: (0674) 72000.
Arthurhouse: Name eines Steinhaufens (cairn) auf dem Hügel von Garvock über Laurencekirk. Guter Aussichtspunkt und nördlichste Artusassoziation Britanniens. S. 231–232.

Mynachlogddu, s. Newport, Dyfed.

Nanteos, s. Aberystwyth.

Nant Gwyrtheyrn, s. Pwllheli.

Newport, Dyfed: nächstes TIC, Town Hall, Fishguard, Tel.: (0348) 873484 (nur während der Hauptsaison, sonst Aberystwyth, Tel.: (0970) 611 25/617911). S. 155.

Carreg Coetan Arthur/Arthur's Quoit, gut erhaltenes Exemplar eines Dolmen. S. 155.
Carnmenyn-Gebiet oberhalb Mynachlogddu ist der Ursprungsort der Sarsensteine für Stonehenge. Die 90 Steine formten wahrscheinlich bereits ein Heiligtum bei Foel Drygarn – Merlin. Bluestone-Kreis Gors Fawr; Eber in keltischer Mythologie: Twrch Trwyth aus *Culhwch und Olwen*. König Artus ist Culhwchs Cousin ersten Grades und die Gewähr, daß der Eber besiegt werden kann. Carn Arthur; Bedd Arthur; Grab von Artus' Söhnen Cerrig Meibion Arthur; Steine von Artus' Rittern: Cerrig Marchogion. S. 155–158.

Newport, Gwent: TIC, Newport Museum and Art Gallery, John Frost Square, Tel.: (0633) 842962. S. 120.
Caerleon: Isca Silurum. Wichtige Römerfestung der 2. Legio Augusta. Kaserne, Bad, Amphitheater. Geoffrey of Monmouth macht daraus Artus' Hauptstadt. Vollversammlung: Artus hält Hof in aller Pracht. Lokale Überlieferungen: Amphitheater = Tafelrunde; Normannische Motte = Ginevras Turm; Höhlenlegende. Realer Bezug zu Artus: St. Cadoc gründet Kirchlein im 6. Jh. in Caerleon. S. 120–125.

Peebles, s. Galashiels.

Pembroke, Dyfed: nächstes TIC, 40, High St., Haverfordwest, Tel.: (0437) 3110 (nur während der Hauptsaison, sonst: Swansea, Tel.: 0792/468321). S. 150.
Bosherston Lake: Wandergebiet; Excaliburlegende. S. 150 bis 151.
St. Govan's Head: St. Govan's Chapel. Gawain soll hier unter dem Altar beigesetzt worden sein. Eine St. Govan aus 5./6. Jh. ist verbürgt: Gemahlin von König Tewdrig von Glamorgan – König Artus von Glamorgans Großmutter. Volksüberlieferung von St. Govan, der vor Piraten Schutz sucht und dem ein Wunder das Leben rettet. S. 151–153.

Pencoed, s. Bridgend.

Pendeen, s. Penzance.

Pendragon Castle, s. Kirkby Stephen.

Penmaenmawr, s. Llandudno.

Penmark, s. Barry.

Penrith, Cumbria: TIC, Robinson's School, Middlegate, Tel.: (0768) 67466). S. 212–214.
Brougham Castle: Burgruine (12. Jh.) in der Nähe des römischen Forts Bracavum. Sir Lancelot erschlägt einen Riesen, der in einer Höhle unter dem Schloß wohnt. S. 212.
Round Table Eamont: Erdwerk aus Bronzezeit. Tisch des Artus und seiner Ritter in der örtlichen Überlieferung. S. 213–214.

Perth, Tayside: TIC, The Round House, Marshall Place, Tel.: (0738) 22900/27108. S. 229.
Meigle: Kirchhof gilt als Begräbnisplatz von Ginevra. Sie soll sich mit Mordred davongemacht haben und von Artus wegen Ehebruchs getötet worden sein. Museum von Meigle bewahrt Steine verschiedener Perioden auf. Ginevra-Stein: Teil eines Kreuzes mit der Szene von Daniel in der Löwengrube? S. 229–230.
Alyth: Mordreds Festung auf Lower Barry Hill, zwei Wälle und Gräben aus Eisenzeit, wohin er die entführte Ginevra bringt. S. 230–231.

Penzance, Cornwall: TIC, Alverton St., Tel.: (0736) 62341. S. 71.
Gute Ausgangsbasis zum Erforschen der Land's-End-Halbinsel. Schiff-, Flug- und Helikopterhafen nach den Scilly-Inseln (s. Scilly Islands).

St. Michael's Mount, Marazion: ein Berg aus dem versunkenen Land Lyonesse; versteinerte Bäume weisen auf ehemalige Wälder in Mount's Bay hin. S. 68–70.
Mousehole (Mous'l): Merlin's Rock, Merlin prophezeite, daß Fremde vier Dörfer in Brand stecken würden; Spanierattacke von 1595. S. 74.
St. Levan: Ein gespaltener Stein im Kirchhof von St. Levan. Merlin prophezeit den Weltuntergang. S. 74–75.
Sennen, Pendeen, Zennor: Eigene Artusüberlieferung; hier kämpft er gegen Riesen und »rothaarige Dänen«. Trereen Dinas, eisenzeitliche Landzungenbefestigung auf Gurnard's Head, wird hier als Artus' Basis angesehen. S. 75–76.

Pont-ar-Llechau, s. Llandovery.

Pontneddfechan, W. Glamorgan: TIC, Pontneddfechan, Tel.: (0639) 721795 (nur während der Hauptsaison, sonst: Singleton St., Swansea, Tel.: 0792/468321). S. 135.
Craig-y-Dinas: »Höhlenlegende«, Artus und seine Ritter schlafen im Berg. Ein Fremder verhilft einem armen jungen Waliser Zutritt dazu. An das Gold in der Höhle sind Bedingungen geknüpft, die er nicht einhält. Zur Strafe geht es ihm schlechter als vorher. S. 135–136.
Hirwaun: Llyn Fawr, tiefer Bergsee. In der Volksüberlieferung mit »Dame vom See« assoziiert. 1911 großartige Funde aus der Bronze-Eisen-Zeit: Votivgaben. Heiligtum der »Göttin des tiefen Wassers«. Soll hier unter dem Namen »Morgan« verehrt worden sein = »Damen vom See« der Artusliteratur. S. 136–137.

Porchester Castle, s. Portsmouth.

Portsmouth, Hampshire: TIC, The Hard, Tel.: (0705) 826722. S. 33.
Portchester: Römer-Briten-Sachsen-Normannenfestung auf einer Landspitze im Portsmouth Harbour; möglicherweise »Llongborth« = der (Kriegs-)Hafen, bei dem Artus' Krieger Geraint, fällt. S. 33.

Preseli Mountains, s. Newport, Dyfed.

Pwllheli, Gwynedd: TIC, Y Maes, Tel.: (0758) 613000 (nur während der Hauptsaison geöffnet, sonst Llandudno, Tel.: (0492) 764131 ext. 264).
Lleyn-Halbinsel S. 172–177: Castell March bei Abersoch: privates Gutshaus (17. Jh.), angeblich König Mark von Cornwalls Hof auf dieser Stelle. »Mark« = walisisch: »march« = »Pferd«. Daraus leitet sich die König-Midas-ähnliche Sage von »König-March-mit-den-Pferdeohren« ab. S. 173.
Aberdaron: mittelalterl. Fährhafen für Pilger zur Insel Bardsey. Bardsey Island: christliche und vorchristliche Pilgerstätte: St. Cadfans Klosterareal von 516 wird im 13. Jh. von Augustinern übernommen: Kirche von St. Mary. 20000 Heilige sollen da begraben sein. Prähistorisch: Avalon-ähnliche Anderswelt-insel. »Glasinsel«, die über den Wellen schwebt. Walisische Triaden: Merlin zieht sich am Lebensende auf diese Insel zurück, um die »13 Schätze Britanniens« zu hüten. S. 173–174.
Vor Tudweiliog, am Mynyd Cefnamwlch Arthur's Quoit. S. 175.
Bei Tudweiliog: Carn Fadryn/Fodron: kegelförmiger Berg mit eisenzeitlicher Festung und Hüttenüberresten. Auf höchstem Punkt Arthur's Table (Tisch). S. 175.
Nant Gwyrtheyrn (Vortigerns Flußtal)/Vortigern's Hollow (Vortigerns Schlucht): weltabgeschlossenes Tal; Vortigerns letzter Schlupfwinkel: Bedd Gwyrtheyrn (Vortigerns Grab) wird im 19. Jh. geöffnet: männliches Skelett in Kistengrab. Auf Yr Eifl: Tre'r Ceiri = Stadt der Riesen: bronzezeitliche Siedlung mit massiven Steinmauern und Hüttengrundrissen. Ca. 150 viereckige, römische Zellen beweisen römische Besetzung; Wiederbesiedlung durch Briten im 5./6. Jh. nachgewiesen. S. 175–177.

Ramsgate, Kent: TIC, Argyle Centre, Queen St., Tel.: (0843) 591086. S. 28.

Ebbsfleet: Rekonstruktion des Langbootes von Hengist und Horsa. S. 29.
Richborough Castle: römische Festung *Rutupiae*. S. 29–30.

Reynoldstown, s. Swansea.

Rhayader, Powys: TIC, The Old Swan, West St., Tel.: (0597) 810591 (nur während der Hauptsaison, sonst: Llandridnod Wells, Tel.: (0597) 2600. S. 140.
Fahrt durch das Landesinnere empfehlenswert. Carn Gafallt von Nennius erwähnt: auf dem Hügel liegt ein Stein mit dem Pfotenabdruck von Artus' Hund Cabal. Erinnerung an Sonnenkult? S. 140.

Richborough Castle, s. Ramsgate.

Richmond, N. Yorkshire: TIC, Friary Gardens, Victoria Rd., Tel.: (0748) 3525/5994 (nur während der Hauptsaison, sonst: Motel Leeming, Service Area A1/A 684, Bedale, Tel.: 0677/23613). S. 209–210.
Große, steinerne Normannenburg. Enkelsohn des 5. Earl und Heinrich II. ist ein Prinz Artus, der jung verstirbt. Potter Thompson-Sage: findet Artus und seine Ritter in einer Höhle unter der Burg. Horn und Schwert auf dem Tisch. Potter wagt weder das eine noch das andere zu ergreifen und flieht. Geheimgang zur Easby Abbey. S. 209–210.
Catterick = römisches Lager Cataractonium = Cathreath, wo 598 die Schlacht der Männer von Manau Gododdin mit den Angeln stattfindet, wovon die Totenklage *Y Gododdin* (6. Jh.) erzählt, die Aneirin zugeschrieben wird. S. 208–209.

Roche, s. St. Columb Major.

Rocky Valley, s. Tintagel.

Ruthin, Clwyd: TIC, Craft Centre, Tel.: (08242) 3992. S. 193.

St. Asaph: Geoffrey of Monmouths nomineller Bischofssitz (1151). S. 193.
Denbigh/Landynog: Glyn Arthur, Moel Arthur, Hügelbefestigung. S. 193.
Ruthin: hübsches, altes Städtchen auf steilem Hügel. Marktplatz: Hueil's Stone, großer Kalkstein, auf dem Artus Gildas Bruder Hueil hinrichten ließ. Volksüberlieferung faßt den Machtkampf der beiden in die Geschichte um eine schöne Geliebte. S. 193–194.

St. Albans, Hertfordshire: TIC, 37 Chequer St., Tel.: (0727) 64511; 66100 ext. 294. S. 108.
Eine der wichtigsten römischen und britischen Städte. Der kranke Uther Pendragon kämpft hier gegen die Sachsen von einer Sänfte aus; er wird vergiftet.

St. Asaph, s. Ruthin.

St. Breward, s. Bodmin.

St. Cleer, s. Bodmin.

St. David's, Dyfed: TIC Tel.: (0437) 720747 (nur während der Hauptsaison, sonst Swansea, Tel.: 0792/4688321). S. 153–154.
St. David's: Mönchssiedlung im 6. Jh. wird Bischofssitz. St. David/»Dewi Sant«, Nationalheiliger, ist König Artus' Onkel. Wird in der Kathedrale begraben. Giraldus Cambrensis' Grab. S. 153–154.
St. David's Head: Coetanarthur/Arthur's Quoit: steinzeitliches Grab. S. 155.

St. Columb Major: Nächstes TIC, Cliff Road, Newquay, Tel.: (0637) 871345/6/7. S. 77.
Sö. davon liegt die beeindruckende eisenzeitliche Festung Castle-an-Dinas, Herzog Gorlois von Cornwalls Lager, vor dem er im Kampf gegen Uther Pendragons Mannen fällt. S. 77–78.

Der Hügel von St. Denis auf der andern Seite von Goss Moor erhebt ebenfalls den Anspruch, Herzog Gorlois letztes Lager zu sein. S. 78.
Roche sö., davon besitzt die Ruine einer romantischen Einsiedelei; Berouls Einsiedler Ogrin soll hier gehaust haben. S. 78–79.

St. Denis, s. St. Columb Major.

St. Endellion, s. Wadebridge.

St. Govan's Head/Chapel, s. Pembroke.

St. Levan, s. Penzance.

St. Michael's Mount, Marazion, s. Penzance.

Salisbury Plain, s. Amesbury.

Scilly-Islands: TIC, Town Hall, Hugh Town, St. Mary's, Tel.: (0720) 22536. S. 71–73.
Bergspitzen des versunkenen Landes Lyonesse bilden die Inseln. Seven Stone Reef vor Land's End bezeichnet die Hauptstadt des Königreichs, über das Tristans Vater herrscht. Eigene Version von Artus' Ende. S. 71–73.

Sennen, s. Penzance.

Snowdon, s. Llanberis.

Stirling, Central: TIC, Dumbarton Rd., Tel.: (0786) 76019. S. 228–229.
Erdwerk »Round Table« im ehemals königlichen Park King's Knot, der vermutlich zum »Round-Table-Spiel« benützt wurde, einer Mischung von Bankett, Turnier und Maskerade. S. 228–229.

Camelon: Vorstadt von Falkirk. Römersiedlung im Schutze des Antoninus-Walls. Camelon = Camlan? S. 228.

Stonehenge, s. Amesbury.

Stow, s. Galashiels.

Strata Florida, s. Aberystwyth.

Swansea, W. Glamorgan: TIC, Singelton St., Tel.: (0792) 468321. S. 171.
Gower-Halbinsel: Megalithgrab Maen Cetti mit »Arthur's Stone«, an den eine reiche Volksüberlieferung anknüpft. S. 171–172.

Swindon, Wiltshire: TIC, 32 The Arcade, Brunel Centre, Tel.: (0793) 30328; 26161 ext. 3056. S. 100.
Liddington Castle: große eisenzeitliche, strategisch wichtige Festung. Auch vom alten Namen »Badbury Castle« her eine Möglichkeit für »Mount Badon«. S. 100.

Tarbet, Strathclyde: TIC, Pier Rd., Loch Lomond, Tel.: (03012) 260 (nur während der Hauptsaison geöffnet, sonst Glasgow, Tel.: (041) 2274880). S. 232.
Ben Arthur, Berg von 881 m nw. von Loch Lomond. Artus auf Strafexpedition gegen Sachsen und Pikten. Hungert sie auf Inseln im See aus. S. 232–234.

Tenby, Dyfed, nächstes TIC, Kingsmoor Common, Kilgetty, Tel.: (0834) 813672 (nur während der Hauptsaison, sonst: Swansea, Tel.: 0792/468321).
Entzückender, ummauerter Badekurort. S. 148.
Caldey-Insel von Tenby erreichbar. Im 5./6. Jh. keltisch-christl. Kloster. St. Illtyds Kirche aus dem 13.–15. Jh.: Ogham-Stein; Glasfenster zeigt St. Illtyd als Artusritter. S. 148–149.
Manorbier: Geburtsort von Giraldus Cambrensis (de Barri),

dem Kleriker und Politiker, der walisische Reiseberichte verfaßte und Artusmaterial sammelte. Befragte 1192/3 die Mönche von Glastonbury über den Fund von König Artus' Grab. S. 149–150.

Tintagel, Cornwall: Nächstes TIC: North Cornwall Museum, The Clease, Camelford, Tel.: (0840) 212954. S. 83–92.
Dorf: sehr kommerzialisiert, vor allem in der Hauptsaison.
Tintagel Castle: Seit Geoffrey of Monmouths Uther Pendragon- und Ygerne-Geschichte König Artus' Geburtsort.
Geschichtlicher Abriß Tintagels; 1930–34 zum erstenmal Funde von Tonware aus dem Mittelmeerraum von 450–650 n. Chr. Theorie, daß ein Teil der Ruinen auf dem Plateau von einem keltischen Kloster stammen. Seit Großbrand 1983 Dutzende von unidentifizierbaren Häusergrundmauern entdeckt – um 500 muß eine ganze Stadt auf Tintagel gestanden haben!
Merlin's Cave: Tunnel, der unter der »Insel« durchgeht.
Bossiney: normannische Motte im Dorf hat eine eigne Tafelrundenlegende. S. 92.
Rocky Valley: »Cornish chough«, eine Dohlenart ersetzt hier Artus' Raben. S. 93.

Tintern Abbey, Gwent: TIC, Tintern Abbey, Tel.: (02918) 431 (nur während der Hauptsaison, sonst: Chepstow).
Zisterzienserabtei in wunderbarer Lage am Wye, leitet sich von »Din Teyryn«, der Festung König Tewdrig von Glamorgan her. Tewdrig soll Artus' Großvater sein. S. 116.

Tregeare Rounds, s. Wadebridge.

Tre-Taliesin, s. Aberystwyth.

Truro, Cornwall: TIC, Municipal Buildings, Boscawen St., Tel.: (0872) 74555. S. 66.
Malpass: Isolde wird vom als Aussätzigen verkleideten Tristan huckepack über die Furt getragen. S. 66–67.

Gerrans/Gerrans Bay: Beides soll sich vom Artusritter Geraint aus »Geraint und Enid« herleiten, von dem es heißt, er sei im großen Tumulus von Veryan begraben. Auch von Falmouth via Fußgängerfähre erreichbar. S. 67.

Tudweiliog, s. Pwllheli.

Vercovicium, s. Haltwhistle.

Wadebridge: Nächstes TIC, North Cornwall Museum, The Clease, Camelford, Tel.: (0840) 212954. S. 79.
Nö. Killibury Castle, eine teilweise erhaltene eisenzeitliche Hügelbefestigung, die zu Artus' Zeiten besetzt war; wird mit »Kelliwic«, Artus' Hof, wie ihn die walisischen Quellen angeben, identifiziert. S. 79–80.
Nordufer der Camelmündung: Rock bei St. Minver. Jesus Well: Quelle, die der Legende nach von dem halbwüchsigen Jesus aus den Dünen geschlagen wurde. S. 80–81.
Kirche von St. Endellion: sie ist eine walisische Heilige, Patenkind von König Artus. S. 81.
Tregeare Rounds: Eisenzeitliche Festung am Hügelhang über der B3314, Kandidat für »Dimilioc«, das Lager von Herzog Gorlois. S. 81–82.

Wells, Somerset: TIC, Town Hall, Market Place, Tel.: (0749) 72552. S. 97.
Wookey Hole: Höhlensystem in die Mendiphügel. »Hexe« von Wookey Hole. Artus tötet in früher, walisischer Quelle eine Hexe in einer Höhle. Skelett der »Witch of Wokey Hole« im Museum von Wells. S. 96.

Wimborne Minster, Dorset: TIC, The Quarter Jack, 6 Cook Row, Tel.: (0202) 886116. S. 37.
Badbury Rings: Großangelegte eisenzeitliche Hügelbefestigung, deren Anfänge in die Neusteinzeit reichen; Anwärter für »Mons Badonicus«, an dem Artus um 500 die Sachsen zum Stehen brachte. S. 37–38.

Wincanton, Somerset: TIC, The Library, 7 Carrington Way, Tel.: (0963) 32173. S. 45.
Cadbury Castle: In der Volksüberlieferung mit König Artus' Camelot gleichgesetzt. 1966–70 Grabungen beweisen, daß ein britischer Fürst vom Typ eines Artus Cadbury im 5./6. Jh. wiederbestigt hat. S. 45–48.
Flüßlein Cam: Ort von Camlan, Artus' letzter Schlacht? S. 48.

Winchester, Hampshire: TIC, The Guildhall, The Broadway, Tel.: (0962) 65406. S. 33–37.
Keltensiedlung; Römerstadt *Venta Belgarum*; Hauptstadt von Wessex, später von ganz England. Normannenpalast begonnen von Wilhelm dem Eroberer.
The Great Hall, High St.: Nur noch Heinrichs III. »Große Halle« steht. An der Giebelwand ist die »Tischplatte von der Artusschen Tafelrunde« aufgehängt. Malory sieht in Winchester Camelot; paßt zur Politik der Tudorkönige: Artus II.; Heinrich VIII. läßt sich als Artus auf die Tischplatte porträtieren. S. 34–37.

Wookey Hole, s. Wells.

York, N. Yorkshire: TICs, De Grey Rooms, Exhibition Square, Tel.: (0904) 21756/7; Railway Station, Tel.: (0904) 643700. S. 207–208.
Die schönste nord-englische mittelalterliche Stadt; steht auf dem römischen Hauptquartier Eboracum. Constantin der Große. Im 5./6. Jh. richtet sich eine sächsische Attacke nach der andern darauf. Geoffrey erwähnt Kämpfe, die Aurelius Ambrosius, Uther Pendragon und Artus um York führen.

Zennor, s. Penzance.